일제의 식민지배와 재조일본인 엘리트

일러두기

일본 인명과 지명은 국립국어원의 외래어 표기법에 따라 표기했으며, 그 외에는 한자음과 한자를 병기했다.

일제의 식민지배와
재조일본인 엘리트

한양대학교 비교역사문화연구소 기획

최혜주 엮음

나가시마 히로키 · 최혜주 · 이형식
이승엽 · 박찬승 · 이규수 · 홍양희 지음

어문학사

책머리에

한양대학교 비교역사문화연구소(소장 박찬승)는 2008년 한국연구재단 인문한국(HK) 지원사업에 선정되어 10년간 '트랜스내셔널 인문학(Transnational Humanities)' 연구 프로젝트를 진행하고 있다. 트랜스내셔널 인문학 기획은 근대의 여러 범주와 그것의 경계를 '주어진 것'으로 취급하는 기존 인문사회과학에 대한 문제제기에서 출발한다. 특히 국민국가 개념에 의거한 일국사적 사유를 지속적으로 문제화함으로써, 지구화를 새로운 방식으로 사유하고 상상하는 '트랜스내셔널 관점(Transnational Perspective)'의 정립을 추구한다.

최근 어느 특정의 국민국가의 관점이 아니라 좀 더 객관적인 시각에서 다양한 현상을 바라보자고 하는 '트랜스내셔널리즘 인문학'이 주목받고 있다. 서구 역사학계나 일본학계는 '트랜스내셔널 역사학'의 등장과 함께 식민지와 제국을 둘러싼 다양한 연구가 진행 중이다. 비교역사문화연구소는 이와 같은 연장선상에서 출발하여 '제국 일본'이라는 패러다임 하에 식민본국과 식민지간의 상호작용에 주목하는 연구를 수행하면서 재조일본인 엘리트에 주목하였다.

식민지시기 재조일본인은 1910년에 약 17만 명에서 1945년에는 약 75만 명으로 늘어났다. 이들 가운데 약 20만 명은 식민지 조선을 지배하는 실질적인 '주체'였다. 재조일본인 엘리트는 식민지배와 깊은 관련을 갖고 있었으며 관료, 경찰, 판검사, 금융가, 학자, 언론인, 의사, 지주, 자본가, 상인들로 지배적 지위에 있던 이들도 포함할 수 있다. 이들은 주로 1905년 이후 조선에 와서 각각 자기 분야의 전문적 지식을 토대로 조선을 조사하고 연구했으며, 이를 토대로 지배정책을 입안하고 집행하는 역할을 담당했다.

재조일본인 엘리트는 일본인으로서 식민지 조선을 개발하고 피식민자인 조선인을 지도하는 위치에 서려고 했다. 이들은 식민권력과 식민정책에 협력하기도 했지만, 때로는 갈등을 일으키기도 했다. 또한 본국의 일본인과 동일성을 공유하면서도 그들과 차이성을 갖는 특수한 존재였다. 따라서 식민지시기 조선에 관한 연구에서 각 분야에서 활동하던 재조일본인의 존재 형태에 대한 연구는 매우 중요하다고 생각된다.

이 책은 이러한 연구의 일환으로 2017년 5월 26일에 개최된 학술회의「일제의 식민지배와 재조일본인 엘리트」에서 발표된 논문 7편을 한 권으로 묶은 것이다. 내용을 간략히 소개한다.

나가시마 히로키는「일본의 한국통치와 구마모토 출신자 인맥—나카무라 겐타로(中村健太郎)를 중심으로」(1장)에서 한국통치와 일본 지역과의 상관관계를 다루고 있다. 특히 구마모토 출신자에 주목하면서 나카무라 겐타로의 언론활동을 중심으로 그들이 왜 한반도 언론에 관여했는지를 밝히고 있다. 조선어를 아는 구마모토 출신자들은 조선어를 구사하며 현지 사회에 침투하여 기반을 쌓아 갔다. 이 글에서는 언어를 매개로 의사소통이 가능했던 일본인 조선어 통역의 존재는 중요하다고 지적하고 있다. 나아가 일본통치하의 한반도에서 조선총독부의 '어용지'로 불린『경성일보』,『매일신보』와 그 경영에 깊이 관여했던 구마모토현 출신자의 동향을 밝혔다.

최혜주는「한국병합 전후 시데하라 다이라(幣原坦)의 행적과 교육론」(2장)에서 한국 병합 전후, 일본에 의한 조선인 교육정책에 관여한 시데하라 다이라의 행적과 교육론을 중심으로 살펴보았다. 19세기 말 이래 일본에서는 교육이나 조선에 대한 관심의 고조와 함께, 교육미디어를 비롯한 언론활동이 활발하게 되어, 조선 지배를 지탱하는 여론이 만들어졌다. 이 글에서는 시데하라가 그 실천자가 된 사실에 주목하였다. 참여관시대, 문명과 교육의 발전이라고 하는 명목으로 진행된 시데하라의 활동은 한국을 병합하기 위한 일본화에 있었다. 저자는 시데하라의 조선교육론에는 항상 조선인의 피식민자로서의 자세가 따라다니고 있었다고 지적하였다. 조선의 민족적 아이덴티티가 확립하기 이전, 이렇게 교육정책을 통하여 조선에 일본문화를 침투시키고 있었던 것에서 결국 조선은 망국의 길을 더듬어간 것이라고 설명한다.

이형식은「'조선군인' 가네코 데이이치(金子定一)와 대아시아주의운동」(3장)에서 '지나통', '조선통'('조선군인'), 대아시아주의자로서 활약한 가네코 데이이치의 행동과 사상에 대해서 살펴보았다. 저자가 가네코에 주목한 것은 1930년대의 재조일본인 연구가 주로 조선쌀 옹호운동을 비롯한 사회경제사 분야에 집중되어 있어 만주사변 이후의 재조일본인 연구가 미흡했기 때문이다. 그리고 조선군이 조선총독부와 함께 식민통치의 중요한 축이었고, 만주사변 이후 식민지정책을 결정하는 중요한 세력임에도 연구가 부족했기 때문이다. 이 글은 종래의 연구가 조직으로서의 조선군에 치중했던 반면, 가네코를 통하여 조선군과 관동군, 일본 군인과 조선인 단체 및 조선인의 움직임을 자세히 고찰했다는 점에 연구의 의의가 있다. 그리고 가네코가 투란주의와 대아시아주의를 실현하기 위해 조선인 및 조선인 단체와 어떠한 관계를 맺으면서 이데올로그로서 활동했는가를 논리와 인맥의 양면에서 다룬다.

이승엽은 「재조일본인 중의원 의원 오이케 주스케(大池忠助): 식민지 조선의 '정치공간'과 '지역'」(4장)에서 재조일본인들의 제국의회 진출 중 오이케 주스케의 사례를 통해 그의 정치활동이 가지는 의미를 살펴보았다. 오이케는 경제적 성공을 거둔 부산지역 명망가로 출신지 쓰시마에 출마하여 중의원 의원에 당선되었다. 저자는 오이케의 중의원 의원선거 출마는 쓰시마라는 '제국 본국'의 한 지방과, 부산이라는 식민지의 한 지방을 잇는 정치적 활동으로서도 주목된다고 보았다. 이 글은 오이케의 선거활동을 통해 '식민지와 제국 본국'의 연관만이 아니라, '식민지의 특정 지역'과 '제국 본국의 특정 지역'을 잇는 관점으로 확장을 시도해 보았다는 점에 의미가 있다. 정치가로서의 오이케는 그를 지원한 야당세력 및 지역민의 이해관계보다는 '재조일본인'으로서의 이해를 우선시했다고 분석하고 있다.

박찬승은 「재조선 일본인 저널리스트의 조선통치정책론 비교—〈민중시론〉사의 아베 가오루(阿部薰)와 마치다 조사쿠(町田長作)를 중심으로」(5장)에서 아베와 마치다의 '내지연장론'과 '조선자치론', 그리고 '문화정치'에 대한 비판에 초점을 맞추어 비교 분석하였다. 이 글은 지금까지 일제의 지배정책 연구가 총독부 관료를 중심으로 진행된 데 비해서 재조일본인 저널리스트의 지배정책론에 주목한 본격적인 연구라는 점에서 의미가 있다고 생각한다. 저자는 아베와 마치다의 일본 통치정책에 대한 관점이 상당히 달랐으며, 특히 마치다는 총독지배정책에 대해 상당히 비판적이었다고 말한다. 마치다가 내지연장주의의 문제점, 참정권 부여의 무의미, '문화정치'의 한계 등을 지적한 것은 특기할 만한 내용이라고 분석하고 있다.

이규수는 「다키 구메지로(多木久米次郎)의 조선 진출과 농장 경영」(6장)에서 효고현 출신 정치가 다키 구메지로의 사업가로서의 조선 진출과정과 전북을 거점으로 한 농장경영 양상을 다루고 있다. 이 글에서는 다키의 조선 진출 모색과정, 토지구입 실태와 그 과정에서 중의원 신분을 배경으로 한 조선총독부와의 유착 가능성, 전형적인 식민지 지주로서의 수탈모습과 조선인의 저항을 정리하였다. 특히 '조선총독부-재조일본인 엘리트(다키 구메지로)-조선인'이라는 세 주체의 상호 관계에 주목하였다. 기존에 밝혀진 다키의 주요 행적과 1958년에 간행된 전기, 『다키 구메지로』를 비판적으로 검토함으로써 재조일본인이 조선에 구축한 식민지 사회의 구조적 특성은 무엇이며, 또 그런 사회구조적 특성은 식민지 지배정책과 서로 어떤 연관성을 지니고 있는지를 분석하였다.

홍양희는 「'同姓同本'='同族'이라는 상상: 젠쇼 에이스케(善生永助)의 '同族部落'의 발명과 식민지 정치학」(7장)에서 조선총독부 촉탁 젠쇼의 '동족부락' 연구를 '지식 구성' 및 '지식의 정치'라는 관점에서 정리하였다. 구체적으로는 젠쇼가 식민지 조선에서 수행한 마을 조사의 결과물인 '동족부락' 연구가 구사한 식민지 정치학, 그리고 그것이 가진 식민지적 효과에 초점을 맞추어 논의를 전개하였다. 이 글에서는 촌락조사와 '동성동본' 마을의 발견, '혈연공동체'로서 '동족부락'의 발명, '동족부락'과 식민정치학을 다루고 있다. 저자는 젠쇼의 논의는 식민주의자의 식민지 재현방식을 그대로 구현한 것으로 보았다. 세계에 유래가 없는 독특한 '동족부락'은 조선의 '미개성'과 '원시성'을 드러내는 지표가 되었기 때문이라고 분석하였다. 이 글은 지금까지 연구가 부족했던 조선총독부 촉탁에 주목하고, '동족부락'이 젠쇼에 의해 발명되었음을 밝힘으로써 부계혈통 중심적인 가족제도의 역사성을 드러낸 데 연구의 의의가 있다.

이상의 논문들은 일제의 지배정책을 주로 총독부 관료를 중심으로 진행해온 기존 연구에서 벗어나 재조일본인 가운데 언론인,

교육자, 군인, 정치가, 사업가(지주), 관료의 활동을 본격적으로 분석한 독창적인 연구로 연구사적 의의를 높이 평가할 수 있다. 재조일본인은 한일관계의 접점을 이루는 존재다. 재조일본인의 존재형태를 규명함으로써 일본의 식민지배가 어떤 메커니즘을 바탕으로 기존의 조선사회를 재편해 나갔는지 실증할 수 있다. 이 책에서는 한정된 지면에 다양한 주제를 다루지 못했지만 앞으로 재조일본인에 관한 연구는 특히 '조선총독부-재조일본인 엘리트-조선인'이라는 세 주체의 상호관계에 주목하여 계속적으로 추진되어야 할 것이다.

이 책을 간행하면서 독창성 있는 주제를 발표하고 귀중한 원고를 보내준 필자들에게 감사드린다. 2017년에 국제학술회의를 개최했을 때 종합토론 좌장으로 흥미롭고 진지한 토론으로 질의를 끌어내준 윤해동 교수님과 이형식, 장신, 김영숙, 전성현, 김동명, 배석만, 이정선 교수님께도 감사를 표하고 싶다. 또한 이 학술회의를 지원해준 한국연구재단과 출판을 맡아준 어문학사의 편집부에게도 감사의 말씀을 드린다.

2018년 5월

최혜주

차례

책머리에 5

1장
일본의 한국 통치와 구마모토 출신자 인맥 17

1. 시작하며 18
2. 한성신보의 창간과 구마모토국권당(熊本國權黨) 20
3. 낙천굴(樂天窟)과 구마모토현 유학생 24
4. 나카무라 겐타로(中村健太郎)와 경성일보·매일신보 28
5. 도쿠토미 소호와 조선 문화 33
6. 마치며 37

2장
한국 병합 전후 시데하라 다이라의 행적과 교육론 39

1. 시작하며 40
2. 일본의 조선 교육사정 조사와 교육방침 책정 44

3. 시데하라의 도한과 참여관 취임 58
4. 시데하라의 조선 교육론 69
5. 마치며 89

3장

'조선군인' 가네코 데이이치와 대아시아주의운동 93

1. 시작하며 94
2. 가네코 데이이치의 생애와 경력 98
3. 가네코 데이이치와 만주사변 106
4. 가네코와 조선대아세아협회 115
5. 가네코의 민족론 및 조선관 133
6. 마치며 137

4장

재조일본인 중의원 의원 오이케 주스케 139

1. 시작하며 140
2. 제국의회와 식민지 조선 관계 의원 143
3. 제12회 총선거와 오이케 주스케의 활동 147

4. 오이케의 의정활동과 당선 무효 소송 162

5. 마치며 170

5장

재조선 일본인 저널리스트의 조선통치정책론 비교 173

1. 시작하며 174

2. 융합·동화정책에 대한 찬반론 179

3. '내지연장론'과 '조선자치론' 191

4. '문화정치'에 대한 비판 203

5. 마치며 221

6장

다키 구메지로의 조선 진출과 농장 경영 225

1. 시작하며 226

2. 조선 시찰 231

3. 토지 매입 236

4. 농장 경영 244

5. 소작쟁의 252

6. 마치며 259

7장

'동성동본' = '동족'이라는 상상 263

1. 시작하며 264
2. 촌락 조사와 '동성동본' 마을의 발견 270
3. '혈연공동체'로서 '동족부락'의 발명 279
4. '동족부락'과 식민지 정치학 288
5. 마치며 297

참고문헌 302

초출 일람 322

지은이 소개 323

색인 326

1장

일본의 한국 통치와 구마모토(熊本) 출신자 인맥

나카무라 겐타로(中村健太郎)를 중심으로

나가시마 히로키(永島広紀)

1. 시작하며

한국 통치에 관련된 일본인이라고 해도 그 세대와 출신지 또는 학력·경력 등에 따라 여러 변수가 존재하는 것은 물론이다. 다만 근대 한일 관계는 이른바 '메이지유신(明治維新)' 후로 재편되어 메이지 말년인 1910년(메이지 43)에 한국 병합이 된 것처럼, 일본 측에서 보면 45년간 계속된 '메이지 시대' 거의 전 시기의 추이에 따라 변해갔다.

따라서 적어도 한국 통치 초기부터 중기에 관여한 일본인들은 세대적으로 보면 에도(江戶) 시대 말기(幕末)부터 메이지 시대 전반에 태어난 자들이다. 막부(幕府)와 조정(朝廷), 막부와 300여 개의 여러 번(藩)으로 구성된 '조막(朝幕) 관계'와 '막번(幕藩) 체제' 시대의 영향이나 연고는 또한 당시 일본인의 의식과 행동 규범을 고려할 때 가장 중요한 요소일 것이다.

특히 자신의 출신지가 어떻게 '유신'기를 맞았는가 하는 문제는 메이지기의 일본인의 자아(정체성) 상태를 생각할 때 가장 고려되어야 한다. 예를 들어 메이지유신의 중심세력이 된 야마구치(山口, 長州) 출신의 정치인과 군인들이 일본의 한국 지배에 깊이 관여한 사실을 모르는 사람은 없을 것이다. 단, 이토 히로부미(伊藤博文)를 대표적인 존재로 하는 조슈(長州) 출신자와 대한제국 정부를 '언어'의 측면에서 중개한 '쓰시마번(對馬藩)' 출신의 통역관에 대해서는 또 다른 역사적 배경이 있었음에 틀림없다. 또한 보신전쟁(戊辰戰爭)에서 '조적(朝敵)'이 된 지방에서, 특히 '도호쿠(東北) 지방'에서 오히려 많은 유력 군인·교육자·법조관계자가 배출되는데, 이는 근대적인 고등교육의 보급과 확대로 번벌(藩閥)에 대한 한(恨, ressentiment)이 '학력(學歷)' '관력(官歷)'에 의해서 희석되어 가는 과정이기도 했다.

한편 이러한 근대 일본의 '지방' 문제는 오히려 언론계·문필가의 세계에 농후하게 잔존하게 된다. 특히 1940년대 전시(戰時) 통합 이전에 일본의 각 지방에는 여러 신문사가 난립하여 구(舊) 번 시대 이래의 전통적인 귀속의식과 인맥을 끌고가면서 '민당(民黨)'계(즉 자유민권운동)와 '이당(吏黨)'계로 나뉘었다. 또 메이지 중기 이후부터 쇼와(昭和)기에는 지지하는 정당, 즉 '정우회(政友會)'계인가 '헌정당(憲政黨, 民政黨)'계인가 하는 정론(政論)적인 속성하에, 예컨대 조선 통치에 관련된 보도에서도 그 의지하는 입장에 따라 다종다양한 논진(論陣)이 펼쳐졌다.

특히 규슈(九州)·시모노세키(下關)의 각 신문사는 경성과 부산에 지국을 설치하고 특파원을 파견하거나 통신원을 배치하는 일이 많았고, 조선뿐만 아니라 널리 중국 동북부(滿洲)의 뉴스를 전송하면서 치열한 부수(部數) 경쟁을 전개했다.

또한 후쿠오카(福岡)의 양대 신문인 『규슈일보(九州日報)』(玄洋社 계열)와 『후쿠오카일일신문(福岡日日新聞)』(정우회 계열)은 각각 부산의 양대 신문인 『조선시보(朝鮮時報)』와 『부산일보(釜山日報)』를 지원하면서 제휴 관계를 맺고 있었다. 구마모토(熊本)에서도 『규슈일일신문(九州日日新聞)』(熊本國權黨 계열)과 『규슈신문(九州新聞)』(정우회 계열)이 병립했다. 이런 점에서 한반도의 일본어 신문을 중심으로 언론계를 고찰할 경우에는 역시 이러한 일본의 지방사회의 언론 상황을 항상 염두에 둘 필요가 있다.

이 글은 이와 같은 문제의식을 갖고 일본 통치하의 한반도에서 조선총독부의 '어용지(御用紙)'로 불리면서도 독특한 조직상의 연혁을 가지고 있던 『경성일보(京城日報)』와 그 경영에 깊이 관여했던 구마모토(熊本)현 출신자의 동향을 밝히는 것을 당면 목표로 한다.

2. 한성신보의 창간과 구마모토국권당(熊本國權黨)

1881년 12월 개항장인 부산 지역에서 『조선신보(朝鮮新報)』라는 책자 형태의 작은 신문이 발간된 것이 한반도에서 일본어 신문의 효시가 된다. 잠시 있다가 1892년 12월에는 『부산상황(釜山商況)』이라는 이름의 신문이 다시 발행되기 시작했고, 『동아무역신문(東亞貿易新聞)』 시기를 거쳐 1894년 11월에 이 신문은 『조선시보』로 개제했다. 이때 구마모토국권당(熊本國權黨) 계열의 지방신문인 『규슈일일신문(九州日日新聞)』에서 『조선시보』의 편집자로서 파견된 이가 아다치 겐조(安達謙藏)이며, 아다치는 구니토모 시게아키(國友重章),

고바야카와 히데오(小早川秀雄) 등과 함께 서울에서 『한성신보(漢城新報)』를 창간했다. 1895년 2월의 일이었다. 그리고 『아다치 겐조 자서전(安達謙藏自敍傳)』(1960년)에 따르면, 구 미토번(水戸藩) 출신의 외교관으로 당시 부산 총영사로 복무하고 있던 무로타 요시아야(室田義文)의 의뢰로 휴간 상태에 있던 『동아무역신문』을 인수하여 『조선시보』로 재출발시켰다고 한다.[1]

한편 여기에 뒤지지만 흑룡회(黑龍會)의 구즈 료키치(葛生亮吉)가 중심이 되어 우에다 쓰토무(上田務)와 함께 1905년 1월에 창간한 것이 『조선일보(朝鮮日報)』이고, 『조선시사신보(朝鮮時事新報)』 시기를 지나 1907년 10월에 개제된 것이 『부산일보』이다. 이처럼 한반도의 언론계, 특히 최초이자 최대의 개항 도시였던 부산에서는 이렇게 구마모토 출신자와 후쿠오카 출신자에 의한 경합이 벌어졌다.[2]

그런데 구마모토 출신자가 왜 이런 형태로 한반도의 언론에 관여했던 것일까?

가토 기요마사(加藤清正)의 '울산성(蔚山城) 공방(攻防)'으로 대표되는 근세 이래의 기억(구마모토 시내에는 지금도 '우루산마치蔚山町'가 존재한다)도 있고, 또 가토 기요마사가 건립한 혼묘지(本妙寺)에는 임

---

1 『安達謙藏自敍傳』, 新樹社, 1960년 8월, 52면.

2 이러한 후쿠오카인과 구마모토인의 경합 관계에 대해서는 졸고 『近代日本における'アジア主義'の形成と'朝鮮問題'」(九州史學硏究會, 『境界からみた內と外』, 岩田書院, 2008년 12월) 및 졸고 「'興亞'の實踐據點としての'釜山港'と玄洋社·黑龍會」(有馬學 編, 『近代日本の企業家と政治』, 吉川弘文館, 2009년 2월)를 함께 참고하기 바란다.

진왜란 때 포로가 된 조선인이 주지(住持)가 되기도 했다. 이처럼 근대 이전부터 구마모토와 한반도 사이에는 구체적인 사람을 매개로 한 역사 관계가 있었다. 더욱이 히고(肥後)·구마모토번(熊本藩)에는 번유(藩儒, 번이 고용하는 유학자)들이 많아 주자학 연구에 여념이 없던 지방 풍습도 있었다. 그중에서도 메이지유신을 사상 면에서 지지한 요코이 쇼난(横井小楠)을 배출한 구마모토를 많은 '근황(勤皇)의 지사(志士)'들이 찾는 등 지방에 있으면서도 구마모토 지역은 일본의 근세 사상의 특이한 지위를 차지했던 것이다.

한편 구마모토에서는 신도(神道) 계열의 사족(士族) 반란인 '신푸렌(神風連, 敬神黨)의 난'(1876년 10월)이 일어나 메이지 정부에 반기(反旗)를 들고, 다음 해 1877년에는 가고시마(鹿兒島)의 사족과 호응하여 세이난전쟁(西南戰爭)에도 반정부 측으로 참여했다. 사족 반란의 종식 이후 일본 국내에서는 급속히 '국회 개설' '헌법 제정'을 슬로건으로 한 이른바 '자유민권운동(自由民權運動)'이 고조되는데, 구마모토에서 그 중심이 된 이가 사사 도모후사(佐佐友房)였다. 이 사사가 중심이 되어 '자명회(紫溟會, 구마모토국권당)'가 결성된 것이다.

구 구마모토 번주였던 호소카와가(細川家)는 원래 교토(京都)의 유력자였고, 가토가(加藤家)의 개역(改易) 후에 부젠(豊前)·고쿠라(小倉)로부터 전봉(轉封)한 점에서 헤이안(平安) 시대의 명가(名家)였던 고노에가(近衛家)에 가까웠다. 특히 고노에 아쓰마로(近衛篤麿)의 '아시아주의' '대외 강경파'적 행동에 동조하여, 고노에의 '동아동문회

(東亞同文會)'에 참여한 사람 중에는 '조선협회'에도 이름을 올렸던 사사 도모후사 등이 있었다.

이 사사 도모후사는 '향당(鄕黨)' 자제(子弟)의 교육사업에도 깊이 관여하고 있었다. 즉 '동심학사(同心學舍, 훗날 濟濟黌)'를 설립(1882년)했다. 사사는 원래 구마모토번의 번교(藩校)인 '시습관(時習館)'의 관계자 모임인 '학교당(學校黨)'에 관계했으며, 이 학교당은 요코이 쇼난 계열의 '실학당(實學黨)'과 첨예하게 대립했다. 또한 실학당의 계보를 잇는 '구마모토영학교(熊本英學校)'와도 대립 관계에 있어, 이 구마모토영학교 출신으로 메이지부터 쇼와기에 걸쳐 유명 언론인이었던 도쿠토미 소호(德富蘇峰)가 설립한 '오에의숙(大江義塾)'과도 반목했다. 덧붙이면 구마모토영학교는 에비나 단조(海老名彈正)나 도쿠토미 소호 등을 배출했고, 또 오에의숙에서는 손문(孫文)의 신해혁명(辛亥革命)을 지원한 것으로 알려진 미야자키 도텐(宮崎滔天)을 양성했다. 여하튼 완전히 '백가쟁명(百家爭鳴)' 상태의 구마모토였는데, 하나의 지방 도시임에도 그 '학구열'은 매우 높았고, 또 그것을 실제 행동으로 옮길 때에도 선구적인 지역이었다. 그리고 그 실천의 한 가지 방법이 급박한 정세였던 한반도에서 언론활동을 하는 것이었다. 사사 도모후사는 동생 사사 마사유키(佐佐正之)를 비롯한 구마모토국권당과 세이세이코(濟濟黌) 관계자를 한반도에 보내는 동시에 구마모토현에서 일하며 현비(縣費)로 한국 유학생을 파견하기에 이르렀다. 일찍이 외무성의 통역관으로 채용되었던 쓰시마 출신자를 제외하면, 공비(公費)에 의한 어학 유학의 기선을 잡은 곳도 사실은 구마모토였던 것이다.

3. 낙천굴(樂天窟)과 구마모토현 유학생

사사 마사유키는 약업(藥業)을 남대문에서 경영했고, 또 사사 도모후사의 친구였던 쓰다 세이치(津田靜一)는 필동(筆洞, 大和町)에 거처를 두고 자기 집을 '낙천굴(樂天窟)'이라고 명명했다. 그리고 사사 마사유키는 형의 알선을 통해 구마모토현의 당국자들과 교섭했는데, 1896년 3월에는 '현령(縣令) 제17호'로 조선으로의 유학생 파견이 포고되어 같은 해 9월에 제1기생이 도한(渡韓)했다. 이에 따라 1896년부터 1904년까지 단속적으로 5회에 걸쳐 31명의 젊은이들이 조선 땅을 밟게 되었다. 그런데 한국 병합 직전 시기인 1910년 4월 3일자로 '낙천굴 동창회' 명의로 『회보(會報)』가 발행되었다. 이 잡지에는 구마모토현비 유학생 명단과 당시 소속이 수록되어 있다. 이것을 기재하면 다음과 같다. 여기에 또 다른 자료[3]로 정보를 추가해 보면 다음의 표와 같다(화살표 뒤는 확인할 수 있는 최종 관직).

---

3 유학생 출신 지역에 대해서는 사사 마사유키 「韓國と熊本縣人(六)」(『九州日日新聞』 1910년 8월 19일자 5면) 및 「韓國と熊本縣人(七)」(『九州日日新聞』 1910년 8월 20일자 5면)에 의거했다. 또한 『朝鮮總督府職員錄』, 『朝鮮總督府官報』에서 확인했다.

제1기	尾田滿	다마나(玉名)	경성지방재판소 ⇒ 조선총독부 통역관(경무국 보안과)
	隈部一男	기쿠치(菊池)	학부 비서과 ⇒ 전주고등보통학교 서기
	松田辰尾	구마모토(熊本)	진해방비대(鎭海防備隊) 경리부
	佐伯達	야쓰시로(八代)	궁내부 비서과
	淸水(村上)三男	호타쿠(飽託)	평양항소원 ⇒ 조선총독부재판소 통역관(경성복심법원)
	安田保治	구마모토(熊本)	※ 1898년 8월 사망
제2기	園木末喜 (1883년 12월생[4])	기쿠치(菊池)	통감부 감사부 ⇒ 이왕직 사무관(李堈公附)
	鶴田一喜	구마모토(熊本)	대한천일은행(大韓天一銀行)
	中村健太郎	호타쿠(飽託)	경시청
	山田保	야쓰시로(八代)	
	松岡壽八	야쓰시로(八代)	외무성
	宮島敏雄 (1883년생[5])	아시키타(葦北)	농상공부 광무국 ⇒ 이왕직 통역관 겸 서무과장
	中內乙熊	시모마시키(下益城)	※ 1902년 11월 16일 사망
	池部鶴	호타쿠(飽託)	※ 1904년 6월 사망
	櫻井邑雄	아소(阿蘇)	※ 1905년 1월 5일 사망
	宮島秋汀	아시키타(葦北)	※ 1909년 2월 7일 사망
제3기	岡原七郞	구마모토(熊本)	평양지방재판소 ⇒ 조선총독부재판소 통역관(평양복심법원)
	中津數彦	기쿠치(菊池)	공주경찰서 ⇒ 공주지방법원 통역생
	隈部雅	가모토(鹿本)	농상공부 ⇒ 조선총독부 속(총독관방 외사과)

4 『朝鮮紳士錄』(朝鮮紳士錄刊行會, 1931년 7월), 242면.

5 『昭和二十年度 朝鮮年鑑』(京城日報社, 1944년 10월), 415면.

	福島善治	가모토(鹿本)	도요하시(豊橋) 기병(騎兵) 제25연대 제2중대 ⇒ 통영군 서기
	有田米藏	기쿠치(菊池)	내부 경무국 보안과 ⇒ 조선총독부 도속(道屬, 전라북도 지방과)
제4기	家入傳	아소(阿蘇)	통감부 감사부 ⇒ 경성부 토목과 주사
	交野忠雄	호타쿠(飽託)	경성지방재판소 ⇒ 조선총독부 재판소 통역관(평양복심법원)
	福島一二	기쿠치(菊池)	공주지방재판소
	相場淸 (1886년 7월생[6])	구마모토(熊本)	내부 경무국 ⇒ 외무성 경시 겸 조선총독부 도경시(道警視, 함경북도)
	福島直盛	다마나(玉名)	※ 1910년 1월 1일 사망
제5기	小野登	호타쿠(飽託)	의주경찰서 ⇒ 조선총독부 도속(道屬, 경상남도)
	中尾親義	기쿠치(菊池)	안동구(安東區)재판소 ⇒ 조선총독부 재판소 통역관(대구복심법원)
	工藤正次 (1888년 4월생[7])	기쿠치(菊池)	의주지방재판소 ⇒ 조선총독부 통역관(총독관방 외사과)
	倉元大喜 (1888년 10월생[8])	기쿠치(菊池)	구루메(久留米) 보병 제56연대 제10중대 ⇒ 제주읍장
	横田數喜	기쿠치(菊池)	메이지대학(明治大學) 재학 ⇒ 조선총독부재판소 통역관(경성복심법원)
	田中義三郎	구마모토(熊本)	※ 1904년 6월 사망
	近藤武雄	우토(宇土)	※ 병으로 제명(除名)

위에서 보듯이 경찰 또는 사법기관을 중심으로 적지 않은 졸업생이 관공서에 채용되었던 것을 알 수 있다. 또한 이왕직(李王職)에

6 앞의 책 『朝鮮紳士錄』, 1면.
7 위의 책, 143면.
8 위의 책, 147면.

서 왕공족(王公族)의 통역관을 지낸 사람도 여기저기 보인다. 특히 2기생인 미야지마 도시오(宮島敏雄)는 상공국(商工局) 광무과(鑛務課) 통역생에서 1920년 10월 14일자로 조선총독부 속(屬) 겸 통역관(식산국 광무과 근무)으로 승직하고, 다시 1923년 4월 11일자로 이왕직 속 겸 찬시(贊侍)로 옮기고,[9] 또 1923년 6월 20일자로 이왕직 통역관으로 승직[10]했다. 또한 4기생인 아이바 기요시(相場清)는 최남선(崔南善)의 『조선상식문답(朝鮮常識問答)』을 번역한 것으로도 알려져 있다. 아이바는 고등경찰과 직원으로서 도서 검열에 종사하던 관계로 『소년』지 주간이던 최남선과 친해졌다고 한다.[11]

여하튼 졸업생들이 채용되었던 해당 부국(部局)에서는 역시 고도의 통역·번역 능력이 요구되었기에 구마모토현 유학생의 거취도 매우 자연스러운 흐름이었다고 할 수 있다. 그 후 도쿄외국어학교(東京外國語學校)나 동양협회전문학교(東洋協會專門學校) 경성분교의 졸업생들이 여러 부서에서 한국어 통역으로 활동하게 되는데, 그 선구적인 존재가 낙천굴에 모였던 구마모토 출신자들이었던 것은 일본인의 한국어 학습사상에서도 하나의 신기한 광경인 동시에 여기에는 이러한 역사적 배경이 있었던 것이다.

9 『宮內省省報』 152호(1923년 5월).

10 『宮內省省報』 154호(1923년 7월).

11 「夏の松原町—相場先生訪問記」(『親和』 117, 日韓親和會, 1963년 8월, 41면).

4. 나카무라 겐타로(中村健太郎)와 경성일보·매일신보

바로 제2기생 중에 나카무라 겐타로(中村健太郎)라는 인물의 이름을 찾을 수 있다. 나카무라는 말년에 구마모토 지방 서점에서 자비로 출판한 『조선 생활 50년』(1969년 7월)이라는 회고록[12]을 남겨, 자신이 한국으로 건너간 경위와 그 후의 상황을 상세히 기록으로 남겼다. 이 책에 따르면 한국 병합 전후 나카무라의 약력은 다음과 같다.

세이세이코(濟濟黌) 졸업

구마모토현 파견 조선 유학생

평양일어학교 임시 교원

경부철도건설사무소 근무

한성신보사에 입사(한국어 편집 담당)

대한제국 경무부(경시청) 출사(出仕)

매일신보 편집에 종사

동민회(同民會) 조직

조선불교사 주재 기관지 『조선불교』의 편집·발행

조선불교단 이사

---

12 구마모토 지방의 사료 복각을 많이 했던 청조사(青潮社, 구마모토시)에서 간행했다. 또한 이 출판사에서는 나카무라의 와카(和歌) 작품을 모은 『가집(歌集) 삼소(三笑)』를 1967년 8월에 발행했다.

도한한 지 얼마 안된 시기의 나카무라 겐타로
(『歌集 三笑』, 1967년 간행)

조선총독부 경무국 보안과 촉탁

나카무라의 경력은 대략 3기로 구분된다. 즉 ① 유학 및 견습 시절, ② 조선어 신문(每日申報)의 편집과 검열, ③ 조선 불교계에 관여한 시기이다. 이 책에는 특별히 언급되어 있지 않지만, 나카무라는 1920년대부터 1940년대에 걸쳐 오랫동안 조선총독부 경무국 보안과의 촉탁으로도 근무했다. 1945년 말에 구마모토로 귀국하여 그대로 이 지역에서 산 모양이고, 전후(戰後)의 자세한 동향은 알려지지 않은 부분[13]이 많다.

그런데 먼저 그의 경력은 역시 조선어 통역업무에서 시작되었고, 회고록에 따르면 경부철도건설사무소 시절의 지방 근무로 어학 능력을 길렀다고 한다. 또한 고향 선배가 경영하는 한성신보사에 들어가 이 신문의 조선문 지면을 담당했다. 잘 알려져 있는 것처럼 『한성신보』는 외무성(주한일본공사관)의 자금 원조에 의해 민씨(閔氏) 정권에 대한 언론 공작을 기대하며 창간된 신문으로, 조선어·일본어 양국어를 사용하는 특이한 신문이었다.

13 구마모토시(熊本市) 오에마치(大江町)의 자택에서 1969년 11월에 88세의 생애를 마감했고, 차(茶) 행상으로 생계를 유지했다고 한다(濱田正雄, 「中村健太郎さんを悼む」, 『親和』 197, 1970년 4월, 30~31면).

다만 보호국화에 따라 통감부가 설치되자 『한성신보』는 그 경영권이 통감부로 넘어가 『경성일보』로 개제되었다. 그리고 병합 후에도 계속 조선총독부의 감독하에서 신문 발행을 지속하여 1945년 말까지 존속했다.

장년기의 나카무라 겐타로(『每日新報』 1938년 5월 5일자)

또한 나카무라는 1938년에 매일신보(每日新報) 창간 34년을 기해서 개최된 전임자 좌담회에 변일(卞一)·방태영(方台榮)·홍승구(洪承耉) 등과 함께 참석했다. 경시청에 있던 시절 혼자서 검열업무를 담당한 사실이나, 경성일보에 처음으로 이광수(李光洙)의 글을 게재한 경위를 말하기도 했다(『每日新報』 1938년 5월 5일자). 바로 사이토(齋藤) 총독 시대의 '문화정치'를 신문 제작을 통해 지지한 인물이었다고 할 수 있다.

한편 나카무라는 '동민회(同民會)'와 '재단법인 조선불교단(朝鮮佛敎團)'을 조직하여 불교계에서 '내선융화(內鮮融和)'사업을 추진했다고 되어 있다.[14] 확실히 1920년 단계에 이원석(李元錫) 등과 도모하여 '조선불교대회'를 발기하고 각종 강연회를 기획[15]하는 동시

14 內田じゅん, 「植民地期朝鮮における同化政策と在朝日本人ー同民會を事例として」(『朝鮮史硏究會論文集』 41, 2003년 10월); 孫知慧, 「植民地朝鮮における中村健太郎と朝鮮佛敎團の活動とその意義」(『東アジア文化交渉硏究』 9, 2016년 3월).

15 『四大德巡講誌』(朝鮮佛敎團, 1929년 4월).

에, '조선 30본산(本山)(훗날 31본산)'과도 공동보조를 취하였다. 조선불교사(朝鮮佛教社)가 발행한 월간지 『조선불교(朝鮮佛教)』는 1924년 5월 이후 본인의 건강 문제로 인해 휴간 시기(1931~1932년경)를 갖고서 전시기까지 계속 발행된 모양인데, 현재 한국에서 출판된 영인본(民族社, 『韓國近現代佛教資料全集』, 1996년)에는 제1호 이후 1930년대 중반까지의 것밖에 수록되어 있지 않다. 1930년대 중반 이후분은 한국뿐만 아니라 일본 국내의 대학 도서관을 중심으로 소장되어 있는 경우가 있고, 적어도 1938년도 까지의 간행물은 확인할 수 있다.

또한 고야마 후미오(小山文雄)의 『신사(神社)와 조선』이라는 서적을 1934년에 간행하고, 1936년의 '2·26사건'으로 암살된 사이토 마코토(齋藤實)의 추도 문집(『사이토 子爵을 그리워하다』)을 1937년 2월에 조선불교사에서 간행하는 등 다방면에 걸친 출판활동도 확인된다.

게다가 『조선불교』지에는 창간호에 구로이타 가쓰미(黒板勝美)의 글이 게재되고, 또 이능화(李能和)의 「조선불교사(朝鮮佛教史)」 연재도 시작되는 등 불교를 통한 고고미술·불교건축에 관한 논고가 단속적으로 게재되었다. 이후에도 세키노 다다시(關野貞)나 오가와 게키치(小川敬吉)(총독부 技手[16])의 사찰 건축에 관한 논고, 제12호(1925년 4월)에는 도쿠토미 소호의 글(「大正一切經(一)」)이 게재되었다.

---

16 후쿠오카(福岡)현 지쿠조(築上)군 출신(1882~1950). 조선총독부 박물관, 고적조사과, 종교과, 사회교육과에서 오랫동안 기수(技手)로 근무하고, 1943년 1월에 퇴임(杉山信三, 「『故小川敬吉氏蒐集資料』目錄について」/水谷昌義, 「小川敬吉氏と『小川敬吉氏蒐集資料』」/『朝鮮學報』 116, 1985년 7월 및 浦川和也, 「小川敬吉と『小川敬吉資料』について」/『佐賀縣立名護屋城博物館紀要』 9, 2003년 3월).

만년의 나카무라 겐타로 부부
(『조선 생활 50년』, 1969년 간행).

그 후에도 다카하시 도루(高橋亨)를 비롯한 경성제국대학(京城帝國大學) 관계자의 논문이 소개된 적이 많고, 최남선 논문의 번역(「조선불교」, 『조선불교』 76~78호, 1930년 9~11월), 이병도(李丙燾)의 논고(「고려 太祖와 開泰寺」, 『조선불교』 97호, 1934년 2월) 등 일일이 셀 수 없을 정도이다.

이러한 일의 배경에는 당연히 조선총독, 총독부 학무국의 종교 담당과(고적조사과 ⇒ 종교과 ⇒ 사회교육과[17])와의 관계, 특히 오다 쇼고(小田省吾)[18] 와의 관계가 배후에 있었다. 『조선불교』지에서도 오다의 글은 적잖이 볼 수 있다. 위에서 서술한 대로 나카무라는 오랫동안 경무국 보안과의 촉탁을 지냈는데, 조선총독부 학무국의 종교과장(⇒ 사회교육과장)—중추원 서기관/통역관에는 조선인 고등관이 배치되는 인사 관행이 형성되어 있었다. 조선어를 구사하면서 조선 문화에도 정통하던 일본인의 존재는 적어도 '국어(일본어)'가 보급되는 단계 이전에는 매우 중요한 위치를 차지하지 않을 수

17 졸고 「朝鮮總督府の'社會教育'と'地方改良'」(松田利彦 他編, 『地域社會から見る帝國日本と植民地』, 思文閣出版, 2013년 3월).
18 오다의 경력과 업적에 대해서는 졸고 「The Compilation of the Annals of the Korean Emperors Kojong and Sunjong by the Japanese Imperial Household Library and the Yi Royal Household」(ACTA ASIATICA 114, 2018)도 참고하기 바란다.

없던 것이다.

5. 도쿠토미 소호와 조선 문화

그런데 보호국기 및 병합 당초 경성일보사에는 내분이 끊이지 않았다고 한다. 특히 구마모토 출신자와의 알력이 계속되었다. 그래서 데라우치 마사타케(寺內正毅) 총독은 구면의 언론인이자 『고쿠민신문(國民新聞)』을 주재하던 도쿠토미 소호에게 경성일보사의 경영 감독을 위촉하고 신문사 재건을 의뢰했다.[19] 사장에는 그의 제자인 요시노 다자에몬〔吉野太左衛門, 곧 아베 미쓰이에(阿部充家[20])로 교체〕이 취임하고, 도쿠토미 소호 자신은 감독으로 종종 경성을 찾게 되었다.

『조선 생활 50년』에 게재된 가장 만년의 도쿠도미 소호의 사진

19 졸고 「朝鮮總督 寺內正毅」(『寺內正毅と帝國日本』, 勉誠出版, 2015년 8월 수록)를 참고하기 바란다.

20 이형식, 「경성일보·매일신보 사장 시절의 아베 미쓰이에(阿部充家)」(『일본역사연구』 42, 2015년 12월).

'세키도분코(成簣堂文庫)'라는 개인 컬렉션으로도 알려진 도쿠토미 소호에게 조선은 경성일보의 경영뿐 아니라 업무로 경성을 찾으면 꼭 고서점을 돌며 아사미 린타로(淺見倫太郞)·아유카이 후사노신(鮎貝房之進) 등 조선 거류 일본인 개인 수집가와 자주 교환(交歡)할 수 있는 곳이었다. 또한 사료의 복각도 열심히 해서, 고려조의 문인인 이제현(李齊賢)의 문집 『역옹패설(櫟翁稗說)』〔일본의 모 다이묘가(大名家)에 전래〕을 민유샤(民友社)에서 '세키도분코 총서' 제2편으로 영인(1913년 6월)하여 간행했다.

그리고 "선생님은 자주 조선의 고서점을 보러 가셨다. 그 무렵 김상만(金相萬)이라는 서점이 하나 있었다. (중략) 필자가 조선어를 하는 관계로 서점에는 꼭 필자를 데리고 가셨다"라고 나카무라 겐타로가 회상하는 것처럼(『조선 생활 50년』, 53면), 이렇게 단골 고서점을 돌 때에는 나카무라와 보통 동행했다고 한다.

이런 경위도 있어 도쿠토미 소호는 「조선인명사서(朝鮮人名辭書)」, 「조선사 편찬」, 「해인사(海印寺)의 일체경(一切經) 인쇄」라는 조선총독부, 총독관방 참사관실(구 '취조국')이 진행하던 각종 구관조사에 근거한 문화재 보호사업을 적극적으로 데라우치 총독에게 건의했다. "반드시 나 한 사람의 의견이라고는 할 수 없으나, 나의 의견도 또한 다소 관계가 있었다고 생각된다"[21] 라고 말할 정도였다.

이 밖에도 조선 귀족(자작)인 중추원 부의장 김윤식(金允植)의

---

21 德富猪一郎, 『蘇峰自傳』(中央公論社, 1935년 9월), 475면.

『설문해자익징(說文解字翼徵)』(1912년 간행)의 출판을 후원했다. 이 책이 제5회 제국학사원상(帝國學士院賞)을 수상(1915년도) 하는 등 도쿠토미 소호의 조선사·조선문화에 대한 관심은 매우 높았다.

그러나 데라우치 마사타케의 수상 취임을 둘러싼 『고쿠민신문』의 보도로 생긴 다툼이 직접적인 계기가 되고, 또 그 이전부터 경성일보의 주식회사화를 둘러싼 경영 방침상의 불화가 표면화하게 되어 도쿠토미 소호와 데라우치는 사이가 틀어지게 되었다. 그 결과 도쿠토미 소호가 경성일보 감독을 사퇴하는 소동으로 발전하고 만다.

그래도 도쿠토미 소호는 자신이 경영하는 민유샤에서 「근세 일본 국민사」 시리즈를 간행하여 이것이 당시 대 베스트셀러가 된다. 특히 「근세 일본 국민사」 7·8·9권에는 『도요토미(豊臣) 씨 시대』 정(丁)·무(戊)·기(己)편으로 『조선 전쟁(朝鮮役)』 상·중·하권이 배정되었으며, '제본판(竝製版)'(상: 1921년 5월, 중: 1922년 1월, 하: 1922년 5월)과 함께 '보급판'(상: 1935년 4월, 중: 1935년 5월, 하: 1935년 6월)을 간행했다.

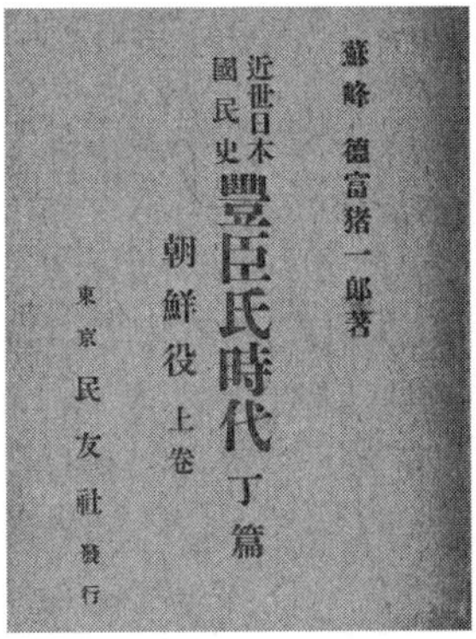

「근세 일본 국민사」 시리즈 중 7권 『도요토미(豊臣) 씨 시대』 정 편

이 책은 현재에도 임진왜란·정유재란〔분로쿠(文祿)·게조(慶長) 전쟁(役)〕에 관한 고전적인 가치를 지니며, 특히 조선 측 사료를 다수 사용하고 있는 점에 큰 특징이 있다. 그중에서도 특기할 것은 '오대산본(五臺山本)'인 『선조실록(宣祖實錄)』을 발 빠르게 사료로 다루고 있는 것이다. 도쿠토미 소호는 시라토리 구라키치(白鳥庫吉)의 간청에 의해 데라우치 총독이 도쿄제국대학(東京帝國大學)에 기증〔간토대진재(關東大震災)로 대부분이 소실, 일부 잔존〕한 선조실록에서 임진왜란·정유재란 관계 기사를 발췌·작성했다. 이와 함께 1922년 3월 18일부터 20일에 걸쳐 고쿠민신문사에서 '근세 일본 국민사 조선 전쟁 사료 전람회'를 개최했다. 게다가 근세 일본 국민사의 집필을 위해 '도쿠토미 수사실(修史室)'을 설치했을 정도였다.

1921~1922년에 발간된 '제본판' 상권 「예언(例言)」의 일부로 '보급판'에서는 삭제된 "본서의 자료에 대해서는 와타나베 요스케(渡邊世祐) 군, 오타니 고즈이(大谷光瑞) 군, 이치무라 산지로(市村瓚次郎) 군, 아사미 린타로(淺見倫太郎) 군, 이케우치 히로시(池內宏) 군, 기노시타 미치오(木下道雄) 군, 오다 쇼고(小田省吾) 군, 오다 간지로(小田幹治郎) 군, 에하라 젠쓰이(江原善槌) 군, 가토 간가쿠(加藤灌覺) 군, 세노 우마쿠마(瀨野馬熊) 군, 아유카이 후사노신(鮎貝房之進) 군, 가미무라 간코(上村觀光) 군, 이와무라 시게미쓰(岩村成允) 군 등에게 신세진 것이 많다. 특히 나카무라 겐타로(中村健太郞) 군은 나의 요구에 응해 경성에서 여러 차례 참고 서류를 보내주었다(밑줄은 필자)"라는

문구가 확인된다.

이는 도쿠토미 소호의 조선 사료 수집의 교우(交友) 범위를 단적으로 보여주는 것이다. 또한 그 말미에 보이는 것처럼 '근세 일본 국민사 조선 전쟁'의 완성에는 도쿠토미 소호를 사숙(私淑)하고 있던 나카무라 겐타로의 조력이 크게 작용했던 것이기도 하다.

6. 마치며

아마 일본의 한 지방 사람들이 이렇게까지 한꺼번에 '조선 통치'에 관여한 예는 달리 찾기 어려울 것이다. 물론 구마모토 출신자들의 대외적 활동은 한반도뿐만 아니라 중국 대륙으로도 향했으며, 어디까지나 그들만의 '흥아(興亞)'의식(뒤집어 보면 '아시아 침략'?)이 발로된 하나의 사례에 불과한지도 모른다. 일본 통치기에 조선에 거주했던 일본인 사회에서는 아마 1930년대 이후가 되면 예전의 '향당' 의식이 급속히 약화되었다고 추측된다. 하지만 노구치 준(野口遵)의 일본질소〔日本窒素, 최초의 공장은 구마모토의 미나마타(水俣)에 설치되었다〕가 함경남도 흥남에 설치한 공장에 구마모토 출신자가 많이 고용되었던 이유는 어쩌면 1920년대까지의 동향의식의 연장선상에서 나온 행동규범 때문이었을지도 모른다.

그렇다고 해도 '조선어를 아는 구마모토 출신자'들이 현지 사회에 침투하여 그들 나름의 지반을 쌓아간 사실이 물론 '지배/피지배'라는 식민지 사회의 전제를 허무는 것은 아니다. 그럼에도 예컨대 '준(準) 황족'으로서 이왕공가(李王公家)(이왕직)는 조선인 사회보다도 오히려 재조일본인 사회에서 '권위'로 자리했으며, 존중하지 않을 수 없는 '전통/구관' 그 자체였다. 그런 의미에서 역시 언어를 매개로 의사소통을 어느 정도 가능하게 했던 일본인 조선어 통역들의 존재는 중요하다고 하지 않을 수 없다.

또한 조선 사회에서 근대 종교로서 '불교'계의 거취를 둘러싸고도 단순히 '친일'이냐, '반일'이냐 하는 이분법으로는 도저히 풀 수 없는 문제를 내포하고 있다. 즉 동아시아 전체에서 내려다본 불교의 근대적인 '복권' '부흥'의 일막이라는 통시적이고 지역횡단적인 시점을 결여할 수 없는 것이다. 그런 의미에서 이 글에서 나카무라 겐타로라는 인물의 업적을 세밀히 추적함으로써, 말하자면 미시적인 부분에서 '일본 통치하의 조선'의 실상이 상당한 정도로 명료하게 되었다고 생각한다.

그리고 이 글에서는 나카무라 겐타로의 '조선불교사' 경영 시절의 일에 대해서는 사료상의 제약 때문에 제대로 언급할 수 없었다. 앞으로도 1930년대 이후 그리고 그의 구마모토 귀국 후까지 내다보며 나카무라 겐타로의 행동을 계속해서 추적하고 싶다.

2장

한국 병합 전후 시데하라 다이라(幣原坦)의 행적과 교육론

—

최혜주

1. 시작하며

일본에서는 청일·러일전쟁기를 통해서 국가주의가 높아지면서 대외팽창 분위기가 고조되었다. 일본은 청일전쟁에 승리한 결과 대만을 식민지로 확보하고 국제사회 가운데 제국주의국가로서 그 면모를 드러냈다. 식민사업의 거점을 확보하기 위해서 해외사정 조사를 추진하고, 그 일환으로 조선 사정에 대한 조사에도 착수하였다. 여러 방면에 걸친 분야에서 다양한 인물, 예를 들면 외교관, 군인, 기자, 실업계 인사, 학자, 교육자 등이 조사에 참여하였다. 그리고 그들이 조선의 사정을 직접 조사, 시찰한 내용은 그 뒤에 보고서나 단행본의 형태로 전해졌다.[1]

이 글에서는 이러한 조사 가운데 특히 조선의 교육사정에 대해서 일본은 어떠한 관심을 가지고 있었는지 주목하였다. 그중에서도 일본의 조선인 교육정책과 관련하여 1900년에 교사로 조선에 건너간 시데하라 다이라(幣原坦, 1870~1953)에 초점을 맞추려고 한다. 시데하라는 대한제국 정부 학부의 학정참여관(이하 참여관)으로 조선의 교육행정에 관여하고, 식민지 교육의 기초를 쌓은 인물이다. 그는 조선의 교육행정에 관여하는 가운데 일본어 교과서의 편

1 최혜주, 「개항 이후 일본인의 조선사정 조사와 안내서 간행」, 『한국민족운동사연구』73, 2012; 최혜주, 「1900년대 일본인의 조선이주 안내서 간행과 조선인식」, 『한국민족운동사연구』75, 2013; 최혜주, 「1910년대 일본인의 조선사정 조사와 안내서 간행」, 『한국민족운동사연구』81, 2014.

시데하라 다이라

찬사업에 착수하는 한편, 조선사 관련 저술이나 식민지 교육에 관한 많은 저서를 남기고 있다.[2]

지금까지 한국[3]에서 시데하라에 관한 연구는 조선의 학부 고문으로서의 활동 및 조선사 연구와 식민지 조선 '경영'에 대한 논고가 있다.[4] 일본에서는 조선에서의 고용교사, 학무관료로서의 시데하라의 교육정책에 대한 연구축적이 있다.[5] 이러한 실증적 성과가 있는 한편, 그의 저술에 대한 구체적인 분석 혹은 당시 일본의 조선 교육을 둘러싼 언론 상황과 시데하라의 교육론과의 상호관계, 나아가 참여관을 퇴임한 뒤의 시데하라의 동향에 대해서

---

2 幣原坦, 『文化の建設ー幣原坦六十年回想記』, 吉川弘文館, 1953, 幣原坦年譜略, 227~232면.

3 이 글에서는 대한제국기에 대해서는 한국, 그 전후의 기간은 조선이라고 나누어 부른다. 이 장에 한해서 현대의 대한민국과 구별하기 위해 국호를 조선으로 통일했다. 민족의 호칭에 대해서는 조선인으로 통일한다.

4 최혜주, 「시데하라의 고문활동과 한국사연구」, 『국사관논총』79, 1998; 최혜주, 「시데하라의 식민지 조선경영에 대한 연구」, 『역사학보』160, 1998; 이성열, 「을사늑약 전후 일본인 학정참여관 幣原坦의 교육간섭」, 『교육행정학연구』20-4, 2002.

5 小澤有作, 「幣原坦論序說ー植民地教育指導者の足跡と思想」, 『海峽』1, 1974; 稲葉繼雄, 「舊韓國における教育の近代化とお雇い日本人」, 『日中教育文化交流と摩擦』, 阿部洋 編, 第一書房, 1983; 馬越徹, 「漢城時代の幣原坦ー日本人お雇い教師の先驅け」, 『國立教育硏究所紀要』115, 國立教育硏究所, 1988; 金泰勳, 「20世紀初頭における日本の對韓教育政策: 韓國民衆の教育救國運動との關わりを中心に」, 1993; 日本大學大學院文學硏究科教育學專攻博士論文: 佐藤由美, 『植民地教育政策の硏究』, 龍溪書舍, 2000; 稲葉繼雄(홍준기 옮김), 『구한말 교육과 일본인』, 온누리, 2006, 6장 참조.

는 이제까지 깊이 연구하지 않았다. 또한 시데하라의 교육방법, 혹은 교육적 신념에 대해서는 평가하는 경향도 있지만, 여기에는 일부 보류가 필요하다. 이 글에서 서술하는 것처럼 조선의 학생에 대한 시데하라의 국가주의적인 대응이 인정되기 때문이다. 즉 기존의 연구에서는 시데하라의 교육정책이 조선의 식민지화에 연결되고 있었다는 점을 적절하게 비판하지 않았다. 이러한 점에 비추어 이 글에서는 시데하라의 활동 및 교육론을 밝히기 위해 먼저 청일·러일전쟁 전후 일본정부의 대한방침과 조선인 교육에 대한 일본에서의 관심의 고조에 대해서 개관한다. 다음에는 시데하라의 조선 도항의 경위를 설명한 뒤에 조선의 참여관 취임 이후, 조선인 교육에 관한 견해를 어떻게 전개하고 있었는가에 대해 고찰한다. 마지막에는 시데하라의 조선인 교육론에 대해서 그 교육방침과 식민교육론을 중심으로 검토한다.

한편 이 글에서 다루는 자료는 메이지 시기 일본에서 간행된 주요한 교육 관련 잡지와 시데하라의 교육론이 담긴 『학교론(學校論)』(1909), 『조선 교육론(朝鮮教育論)』(1919) 등이다. 잡지에 대해서 부언해 두면, 후술하는 것처럼 교육을 논한 것을 비롯하여, 교사를 대상으로 한 것, 실업 관계, 기독교 관계 잡지 등 다양하다. 이것은 당시 일본 혹은 일본의 교육계가 조선 교육에 보인 높은 관심을 나타낸다. 인용 자료의 대부분은 교육에 관한 강령이나 단체의 규약, 시데하라의 담화 등 객관적 사실을 보도한 것이지만, 교육 관계자나 언론인의 조선 교육에 대한 생각이 나타난 것도 있고, 조선인 교육에 대한 당시 일본의 언론 상황이나 관심을 아는 데도 이들 자료는 유용하다.

이 장에서는 당시 교육잡지로서는 최대 규모의 발행부수를 자랑하는 『교육시론(教育時論)』, 『교육보지(教育報知)』, 『교육공보(教育公報)』 등을 사용하였다. 특히 『교육시론』을 중심에 두고 논해가려고 한다. 『교육시론』은 교육 이외에도, 정치, 사회, 문화 등에 관한 정보를 많이 발신하고, 그 논설도 여러 갈래에 걸치고 있다. 그리고 청일전쟁 후에는 청국, 조선에 대한 교육에 의한 세력 부식을 논하는 주장이 노골적으로 등장한다.[6] 『교육시론』 이외의 자료에 대해서는 때에 따라 설명을 붙여가고 필요에 따라 『대한매일신보(大韓每日申報)』 등의 신문자료를 분석하고자 한다.

---

6 尾崎ムゲン, 「教育雜誌にみるアジア認識の展開ー1900年代はじめの『教育時論』を中心に」, 『近代日本のアジア認識』, 古屋哲夫編, 綠蔭書房, 1996, 301면, 307면. 오자키(尾崎)는 『교육시론』의 아시아 인식에 대해서, "약육강식의 입장에서 아시아를 다룬다는 매우 단순 명료한 발상에서 출발하고 있다"고 평하고 있다. 『교육시론』은 1885년 4월에 창간, 발행소는 開發社, 持主 겸 편집인은 오카무라 마쓰타로(岡村增太郎)이다. 5개월 후에는 오카무라에서 니시무라 쇼자부로(西村正三郎)로 교체되었지만, 이 시기부터 전국적인 판로를 확립하고 있다. 한편 오카무라는 1889년의 도미 이후 이전의 "개인을 주체로 하고 아동, 학생의 정신으로부터 나오는 교육론을 바꾸어, 강권적인 국가주의적 주장으로 전향"했다고 한다(林三平, 「『教育時論』における國民教育論の動向ー明治教育政策史覺書(2)」, 『青山學院女子短期大學紀要』22호, 1968, 143면, 145면, 162~163면).

2. 일본의 조선 교육사정 조사와 교육방침 책정

1) 청일전쟁 전후의 조선인 교육방침

청일전쟁이 발발하기 직전인 1894년 7월 주한일본공사 오토리 게이스케(大鳥圭介)는 조선정부에 내정개혁안 5개조를 제시하면서 이를 시행할 것을 요구하였다. 오토리는 조선정부가 이 내정개혁 권고를 받아들이지 않을 경우 군대를 동원하여 한성의 왕궁을 점거하는 것이 좋겠다는 의견을 무쓰 무네미쓰(陸奧宗光) 외무대신에게 전하였다. 조선에서는 이미 동학농민전쟁 때문에 경황이 없었으므로 내정개혁 요구를 주권 침탈로 받아들이고 교정청을 두어 스스로 개혁을 하겠다고 발표하고 거부하였다. 이에 오토리는 7월 23일 경복궁을 점령하고 조선국왕을 포로로 삼는 폭거를 저질렀다. 이 사건은 청일전쟁 개전의 신호탄이 되었다. 그런데 이때 제시된 내정개혁안의 내용을 살펴보면 일본정부가 나중에 추진해갈 조선 교육정책의 방향성이 나타나 있다.[7] 이 가운데 교육에 관한 사항인 제5조의 내용을 살펴보면 첫째, 일반 학정은 시의를 참작하

7 「朝鮮教育制度改造の方法を講究すべし」, 『教育時論』335, 〈社說〉, 1894. 8. 5.
제1조 중앙정부의 제도로부터 지방제도에 이르기까지 적의 개혁을 더하고 인재를 선발할 것.
제2조 재정을 정리하고 부원을 개척할 것.
제3조 법률 및 재판의 법을 정돈할 것.
제4조 신속하게 병비경찰을 정비하여 국내의 변란을 진정하고 아울러 국가의 안녕을 보지할 것.
제5조 일반의 학정을 약정(約定)할 것.

여 개정하고 각 지방에 소학교를 분설하여 어린아이를 교양한다. 둘째, 소학을 설치하고 점차 중학, 대학을 설치한다. 셋째, 학생 중 준수한 자를 선발하여 외국에 분견(分遣) 유학시킨다고 되어 있다.

이 개혁안은 조선정부가 거절하였지만 일본정부는 장차 조선을 청국의 속박으로부터 독립시켜 자신의 보호국으로 만들어간다는 구상을 가지고 있었다. 이를 위해 조선에서 여러 개혁을 착수하면서 특히 교육정책에도 심혈을 기울인 이유는 조선인의 내면적인 개혁이야말로 가장 중요하다고 생각하고 있었기 때문이다. 이러한 일본정부의 방침에 대해서는 일본의 언론계에서도 보조를 맞추었다. 잡지 『교육시론』의 사설에서는 다음과 같이 조선의 교육제도를 개조할 방법을 강구하였다.

> 조선인의 심의(心意)를 개조하는 것은 교육 외에 좋은 방편이 없는 것은 물론이지만 제반기관의 개량을 촉구함과 동시에 학정의 개량에도 충분한 힘을 넣어 조선정부를 유도하여 착착 개량의 실효를 올리지 않으면 안 된다. 그러나 교육제도의 개량도 정치기관의 개량과 같이 그 나라의 입국주의 및 풍속인정에 어긋나서는 안 된다. 조선정부를 도와서 교육제도의 개량을 행하려고 할 때 조선입국의 주의, 풍속인정을 관찰하여 경솔한 거동이 있어서는 안 된다. (중략) 혹 우리는 공평무사한 마음을 가지고 저 조선을 위해 도모하고 그 교육제도를 개조하여 현세에서 문명개화의 묘미를 맛보게 하고 싶지만, 과연 저

들이 우리 호의를 수납하여 장래 오래도록 우리와 친선할 것인지 아닌지. 만약 저 조선이 우리 요구를 받아들여 크게 그 교육제도를 개조하여 대중소의 학교를 설립하고 무학(無學)의 무리를 학(學)으로 나가게 한다면, 이것으로 아국에 대한 악감정은 도리어 금일보다 늘어나는 경향이 없게 될 것이 아니겠는가.[8]

이처럼 일본이 주도하여 조선의 교육제도를 개량하고 이를 통해 '문명'을 맛보게 한다. 더 나아가서는 일본인에 대한 '악감정'을 완화시키겠다는 의도가 내포되어 있다. 일본은 청일전쟁에서 승기를 잡아가면서 본격적으로 청과의 종속 관계에 있던 조선을 독립시킬 다양한 방법을 모색해왔다. 그 일환으로 조선 사정을 조사하기 위한 단체가 설립되어, 조선 교육도 조사, 시찰의 대상이 되었다.

먼저 동방협회(東邦協會)에 대해 살펴보자. 1891년에 설립된 아시아주의 단체인 동방협회도 그 흐름에 놓을 수 있다.[9] 동방협회는 청국이나 조선을 열강의 간섭으로부터 배제시키기 위해 일본의 적극적인 팽창정책이 필수라고 주장하였다.[10]

---

8 「朝鮮教育制度改造の方法を講究すべし」, 『教育時論』335호, 1894. 8. 5.

9 동방협회는 주로 "동양·남양에 관한 사항의 '강구'를 사업 목적"으로 내걸고 있으면서, 그 내실은 민간단체로서 "국가팽창 발전기에 국책의 배후에서 역할을 해내"고 있었다고 평가되고 있다. 이 글에서 인용하는 『동방협회회보(東邦協會會報)』는 그 기관지로, 『동방협회보고(東邦協會報告)』가 출판법에 의해 출판 금지를 명령받은 후, 1894년에 개제된 것이다(安岡昭男, 「東邦協會についての基礎的研究」, 『法政大學文學部紀要』22, 1976 참조).

10 최혜주, 「일본 동방협회의 조선사정 조사활동과 조선인식」, 『한국독립운동사연

동방협회의 주요활동은 강연회, 시찰원 파견, 교육사업, '지나' 조사회(支那 調査會) 결성, 출판활동 등이었다. 이 가운데 교육사업을 중시한 것은, 동양을 이끌어 문명화시키는 것은 일본인이라고 자부했기 때문이다. 즉 일본이 '동양의 맹주'가 되어 아시아주의를 확산시키기 위해서였다.[11] 이러한 취지 아래 1892년 1월 11일에 동방협회의 지원하에 도쿄 간다(神田)에서 러시아어 학교가 개교하였다.[12] 이어서 일본의 문화를 조선에 전파한다는 취지에서 1894년에 경성학당 설립이 추진되어, 1896년 4월에 개교하게 되었다. '동방의 선각자'로서 일본의 책임을 완수하기 위해 교육사업의 추진 준비가 진행되어 간 것이다.[13]

동방협회는 조선에 미야케(三宅雄次郎)를 파견하여 한 달간 경성, 인천 주변의 사정을 탐색하고 돌아오게 하였다. 귀국 후 미야케는 일본이 조선에서 가장 먼저 손을 대야 하는 분야는 교육이며, 이것이 "조선인의 사상에 변동을 주고 그들에게 세계의 대세를 알

구』43, 2012.

11 「東邦協會臨時總會速記錄」, 『東邦協會會報』15호, 광고, 1895.10, 90~94면.

12 러시아어 학교는 속성을 목적으로 본과 2년, 연구과 1년을 수업 연한으로 하고, 입학자의 연령은 14세 이상으로 하였다. 1894년에 최초의 졸업생을 배출했는데, 이 이후의 상황에 대해서는 확인할 수 없고, 폐지되었다고 생각한다. 개교 이유에 대해서 이하의 세 가지를 들 수 있다. 동방협회의 러시아에 대한 관심, 이제까지 러시아어 학교가 존재하지 않았던 것, 그리고 시베리아 철도 건설과 오쓰(大津) 사건 등, 설립 당시의 러시아를 향한 일본의 경계나 관심의 고조이다. 학교 설립은 협회 이사인 다카하시 겐조(高橋健三)가 중심이 되었다고 생각되고, 실제 초대교장으로 부임하고 있다(朝井佐智子, 「東邦協會露西亞語學校の變遷と實態」, 『愛知淑德大學現代社會研究科研究報告』7호, 2011).

13 本多庸一, 「朝鮮教育談」, 『東邦協會會報』40호, 1897. 11, 60~79면.

게 해준다"고 보았다. 교육을 통해 "조선과 일본이 친한 관계이며, 결코 일본을 원수로 삼을 것이 아님을 알게 해야 한다"는 것이다. 우선 교육법의 개량 가운데 급무로 착수할 것은 "사범학교를 두고 속성으로 교원을 양성할 것과 조선의 언문으로 만든 교과서를 아동에게 읽히는 것"이라고 말한다.[14] 이를 실행하기 위해 일본의 교육자는 분발하여 국가에 보답하는 길을 모색하자고 강조하였다.

또한 동방협회는 조선국교육연구회[15]를 만들어 조선의 교육에 관한 사항을 조사하고 그 제도와 방법을 연구하였다. 잡지 『교육보지』의 주필 오쿠야마(奧山千代松)도 그 회원이었다. 그는 "조선의 영구한 독립을 기하기 위해서, 먼저 그 나라의 교육을 완전하게 만들기 위한 조선국교육연구회가 설립되었다"고 설명하였다. 그리고 "조선국의 교육을 연구하는 것은 저 적청(敵淸)을 정벌하는 것과 함께 우리 국가의 급무가 되는 것이 아니겠는가"고 지적하여, 조선에서 교육을 통해 청국의 영향을 구축할 것을 시사했다. 교육정책의 중요성 때문에 그는 이 연구회에 국고에서 연구비를 지원하도록 요구하면서, 일본정부가 전쟁 비용과 함께 교육 비용을 지출하는

14 「三宅雄次郎氏の朝鮮教育談」, 『教育時論』336, 〈內外雜纂〉, 1894. 8. 15.

15 「朝鮮國教育研究會規約決定す」, 『教育時論』339, 〈內外雜纂〉, 1894. 9. 15.
제1조 본회의 목적은 널리 조선국의 교육에 관한 사항을 취조하여 그 제도 및 방법을 연구하고 이로써 해국 교육의 진보를 돕는 데 있다.
제3조 본회의 회원이 되려고 하는 자는 회원 2명 이상의 소개가 필요하다.
제5조 본회의 사무소는 대일본교육회 사무소 안에 둔다.
제8조 본회의 회원은 본회의 비용을 지변하기 위해 매월 금 20전을 내야 한다.

것은 국가의 임무로써 당연한 처분이라고 주장하였다[16]

한편 조선정부는 1894년에 갑오개혁을 실시하면서 6월 28일 조선의 교육을 총괄하게 될 학무아문을 신설하였다. 학무아문에는 총무국(總務局), 성균관급상교서원사무국(成均館及庠校書院事務局), 전문학무국(專門學務局), 보통학무국(普通學務局), 편집국(編輯局), 회계국(會計局) 등을 두었다. 그중 전문학무국은 중학교와 대학교, 기예학교, 외국어학교, 전문학교를 관할하고, 보통학무국은 소학교와 사범학교를 관할하였다. 학무아문은 설치와 함께 학무아문 고시를 통해 교육정책의 방향성을 제시하였다. 학무아문이 발표한 교육의 기본 방침의 특징은, 먼저 소학교 교육에 우선순위를 두면서 교육 대상을 공경대부의 자제로부터 '범민(凡民)'의 준수한 자에 이르기까지 국가가 설립하는 교육기관에서 교육을 받을 수 있음을 선포한 것이었다. 또한 교육기관의 중심이 전통적인 서원이나 성균관이 아닌 소학교, 사범학교, 대학교, 전문학교 등으로 바뀌게 되었

16 「朝鮮國教育研究會に對し國庫補助の必要あり」, 『教育報知』440, 1894. 9. 22. 『教育報知』는 『教育時論』보다 2주간 빠른 1885년 4월, 구사카베(日下部三之介)에 의해 教育報知社로부터 창간되었다. 양 잡지는 이후 발간되는 민간 교육잡지에 큰 영향을 주었다고 생각되고, "교육잡지의 兩大關"이라고도 불렸다. 발행부수에 대해서도 시기에 따라서는 『교육시론』이나 동 시기의 대표적 교육 잡지 『대일본교육회잡지(大日本教育會雜誌)』에 필적, 혹은 능가했다고 한다(榑松かおる·菅原亮芳, 「民間教育雜誌の成立に關する一斷面(上)-「教育時論」と「教育報知」をてがかりとして-」, 『櫻美林論集一般教育篇』15호, 1988, 46~50면). "교육계의 정치가"로도 평가되는 구사카베는 문부성의 속관(屬官)이고, 『교육보지』도 중앙의 상업적 교육지로서의 성격이 강하다. 1986년에는 발행소가 東京教育社로 변경되지만, 同社도 "구사카베가 주최한 기업체"로 보인다(木戸若雄, 『明治の教育ジャ-ナリズム』, 近代日本社, 1962, 28~32면).

다. 근대적 교육기관으로 바뀜에 따라 비록 교육 내용에서 경서(經書), 문예(文藝), 백가(百家)의 글이 들어가 있었다 해도 교육기관에 맞게 교육 내용도 바뀔 수밖에 없었다.[17]

일본의 조선국교육연구회에서도 이 '학무아문 고시'에 대해 그 요점이 "소학교와 사범학교의 시설"이라고 하면서 "두 시설은 정중하게 하지 않으면 안 된다. 만약 불행히 두 시설을 잘못하게 되면 교육 전반이 모두 향상되지 않을 것이다. 그리고 조선국은 이런 시설에 경험이 없는 것은 논할 여지가 없다. 이때 두 가지를 적당하게 시설할 방법을 연구하여 조선정부의 경영을 보조하는 것은 실로 조선국교육연구회의 급무이다"[18]라고 설명한다. 즉 조선은 이 소학교와 사범학교에 대한 경험이 없으므로 조선국교육연구회가 그것을 연구하고 보조하는 임무를 맡는 것이 급선무라고 주장하였다. 결국 일본인 교육자가 도한하여 조선인을 교육하는 형태로 간섭을 의도한 것이다. 그러나 이 연구회는 조선의 사정과 청일전쟁 때문에 효과를 보지 못하고 다음 해 해산되었다.[19] 이러한 간섭적 태도는 동 연구회 관계자에게 그 뒤에도 계속되었다.

청일전쟁 이후 일본에서는 일본인, 조선인, 중국인의 교육 문제를 둘러싸고 각 지역의 교육을 준비할 필요성에 대한 주장[20]과 함

17 이만규, 『조선교육사 II』, 제16장 신교육의 계몽기, 거름, 1988.
18 「朝鮮國教育研究の必要切迫す」, 『教育報知』442, 1894. 10. 6.
19 「朝鮮國教育視察の趣意」, 『教育報知』478, 〈新報〉, 1895. 6. 29.
20 「時勢に對する教育問題」, 『教育時論』350, 〈社說〉, 1895. 1. 5.

께 일본인 교육자의 도항을 촉구하는 언설(言說)이 등장하고 있었다.[21] 이것은 청일개전 이래 정치가, 실업가는 조선이나 만주로 나가 실정을 살피고 현황을 조사하고 있으나 교육자는 거의 한 사람도 건너가는 사람이 없는 것에 대한 문제의식이 있었기 때문이다. 교육이야말로 급무라고 생각하는 교육자 아이하라 신지(藍原新二)는 교육을 빠르게 시행하면 "조선의 독립을 하루빨리 강고하게 만드는 것"이라고 생각하였다. 따라서 조선 교육을 맡아야 할 책임은 일본인에게 있다고 하여 일본인 교육자의 자각을 거듭 강조하였다.[22]

이러한 조선 교육을 일본인이 주도해야 한다는 논조는 1897년 11월 6일 도쿄 아오야마학원(青山學院) 원장 혼다 요이치(本多庸一)의 동방협회 초청 연설에서도 보이고 있다. 그는 이 연설에서 조선 교육은 첫째, 일본국민의 도덕상의 책무다. 둘째, 조선은 동양의 발칸반도로 위험 지위에 있으므로 호국(護國)의 요무로서 인의(仁義)를 아는 일본인 교육자의 도한이 필요하다. 셋째, 조선인이 일본인을 보면 시의심(猜疑心)을 가지고 신의를 둘 수 없지만, 교육을 시설하여 문화로써 나누어 준다면 평화적으로 조선인을 심복시킬 수 있다. 넷째, 일본인이 조선인 교육에 종사하는 것은 장차 동양의 맹주로 설 일본국을 위해 필수적인 연습이라고 언급하였다.[23] 동방협

---

21 「教育家の渡港を促求す」, 『教育時論』350, 〈時事寓感〉, 1895. 1. 5.
22 「朝鮮國教育視察の趣意」, 『教育報知』477, 〈新報〉, 1895. 6. 22.
23 「朝鮮教育談」, 『教育時論』453, 〈內外雜纂〉, 1897. 11. 15.

회 이외에 동아동문회도 평양에 학교를 설치하여 교육사업에 착수하는 것이 급무라는 인식을 가지고 있었던 것을 확인할 수 있다.[24]

이처럼 일본은 청일전쟁에 승리한 이후 '동양의 맹주'를 꿈꾸며 조선을 청으로부터 독립시켜 보호국으로 차지할 야망을 가졌다. 조선에서의 교육사업은 침략의 수단, 식민지화의 사전포석 활동으로 평가할 수 있다. 따라서 교육사업 진출을 위해 조선 교육의 중요성을 강조하고 교육자의 도한을 촉구하였던 것이다. 후술하듯이 시데하라가 1900년에 도한하게 된 배경도 그러한 시류와 무관하지 않은 것이었다.

2) 러일전쟁 이후의 조선인 교육방침

일본은 1904년 러일전쟁을 시작하면서 조선을 군사적으로 점령하고 한일의정서를 강요하여 조선정부를 일본의 통제 아래 두고 내정간섭의 권리를 확보하였다. 한일의정서는 표면적으로 동아시아의 평화와 한국의 독립, 영토 보전 등을 내세웠으나, 실제 노린 것은 정치·군사적 침략의 확고한 발판을 마련하는 것이었다.

그런데 이 시기 일본에서는 러일전쟁 이후 한국에 교육고문을 파견하라는 주장이 등장하는 데, 이것은 한일의정서를 충실히 이

24 「大日本海外教育會」, 『教育時論』499, 〈內外雜纂〉, 1899. 2. 25; 「清韓教育と東亞同文會」, 『教育時論』508, 〈時事寓感〉, 1899. 5. 25; 동아동문회의 교육사업에 대해서는 채수도, 『일본제국주의의 첨병, 동아동문회』 제4부 동아동문회의 교육 및 유학사업 참조, 경북대학교출판부, 2011.

행하면서 동시에 한국에서의 교육사업을 추진하려는 의도에서였다. 『교육시론』은 교육의 실시 방법에 대해 다음과 같이 논했다.

> 우리나라는 한국의 정부 및 인민에 대해서 정치, 경제, 교육 등의 방면을 향해 역시 크게 유도·계발하는 바가 없어서는 안 된다. 특히 교육사업은 저 국가 인민의 개선상 근본적 생명을 주는 것이라면 더욱 주의와 진취를 요해야 한다. 이것을 위해서는 중앙정부를 향해 상당한 인물을 골라 교육고문으로 추천하고, 대소학교에는 반드시 2, 3의 본방교사를 고빙해야 한다. 그리고 보통교육을 펴는 학교는 필수과로 일본어과를 두는 등 종종의 좋은 방편이 있다. 우리는 한국 경영에서 정치적 경제적 방면에만 그 힘을 넣지 말고 동시에 또 교육적 방면에 크게 그 정성을 다하여 국민의 근본적 개선을 기도하기를 바란다.[25]

이처럼 교육사업이 조선인에게 '근본적 개선'에 필요한 '근본적 생명'을 주는 것이므로 이를 위해 교육고문의 자격을 '상당한 인물'로 추천해야 한다고 주장하였다. 또한 조선인의 교육을 경영하기 위해서는 반드시 일본인 교사를 파견해야 하며, 가장 중요한 것이 일본어를 보급하는 일이라고 생각하였다. 그 이유는 "한국의 문화를 발달시키는 데 필요한 것은 물론이지만, 또 우리나라 세력부식

25 「韓國經營と教育」, 『教育時論』685, 〈時事寓感〉, 1904. 4. 25.

의 지대요건이다. 언어는 자연 또는 정치적 국경을 넘어 국경을 확장하는 것이다. 언어가 사용되는 범위의 확장은 그 나라의 세력권의 확장"[26]이라고 하여 일본 세력을 부식하고 영토를 확장할 수 있는 중요한 기회라고 생각했기 때문이다.

다음 한일의정서의 효력을 실질적인 것으로 하려면 일본은 조선의 각종 방면의 경영에 참여해야 하지만, 우선 교육 방면은 더욱 힘을 쓰지 않으면 안 된다고 말한다. "금일의 급무는 한국 학부의 교육방침을 확정하여 그 방침에 따라 각종 학교의 경영을 기설(企設)하는 데 있다. 즉 본방인을 교육고문으로 삼아 피국(彼國)의 당국자에게 조력할 필요가 있는 이유이다. 다만 그 인물에 관해서는 충분히 선택하여 결코 하룻밤에 만든 교육야심가를 파견하지 말기를 바란다"[27]고 하여 교육고문을 신중하게 선택할 것을 촉구하였다.

일본은 러일전쟁이 만주로 확대되는 가운데 전황이 유리하게 전개되자 1차 한일협약을 조선정부에 다시 강요하였다. 그리하여 일본인 재정고문을 초빙할 것과 일본정부가 추천하는 외국인 외교고문을 고용할 것 등을 요구하였다. 1차 협약을 통해 일본은 조선의 예속화를 한 걸음 더 진전시켰다. 조선정부는 이 협약으로 일본정부가 추천하는 재정고문과 외교고문을 어쩔 수 없이 고용해야만 하였다. 이에 따라 외교권의 실질적 장악뿐만 아니라 재정장악을

---

26 각주 25와 동일.

27 「韓國教育顧問派遣の議」, 『教育時論』686, 〈時事寓感〉, 1904. 5. 5.

통한 조선 내정의 식민지적 편성을 꾀하려는 일본의 의도가 노골화하기 시작하였다.

이러한 상황 아래서 교육 방면에서의 조선사정에 대한 조사도 계속되었다. 1904년 5월 일본 교육단체의 전국기관인 제국교육회(帝國教育會) 안에 한국교육조사부[28]를 설치하여 위원을 두고 교육에 관한 여러 사항을 조사하게 하였다. 이 조사를 마친 뒤, 조사부는 한반도에 일본의 고등학교 수준의 학교를 설립하여 학생에게 '고등 학술'을 가르칠 것을 제기하고, 따로 평양, 안주, 정주, 경성(鏡城) 등에 소학교 정도의 학교를 설치할 계획이라고 발표하였다.[29] 이 조사부에 시데하라도 위원으로 참가하고 있었다.[30] 조사부

28 1904년 5월 13일에 일한교육협회를 설립하기 위해서 조사위원을 위촉해서, 5월 20일에 쓰지 신지(辻新次) 회장을 비롯하여 牧瀨五一郎, 湯本武比古, 高島平三郎, 日下部三之介, 星松三郎, 金子忠平 등이 출석하여 협의하고, 한국교육조사부 설치를 결의하였다. 이 회의에서 책정한 「한국교육조사부규정」은 이하의 내용이었다. "제1조 한국교육조사부는 회장의 자문에 응해 한국교육에 관한 제반의 사항을 조사한다, 제2조 한국교육조사부에 부장 1명, 주사 2명, 위원 약간명을 둔다, 제3조 전항의 부장 주사 및 위원은 회장이 이들을 촉탁한다. ① 체육조사위원을 두고 위원의 선정 및 위원수는 회장에게 일임한다. ② 有馬中佐의 간담회를 개최한다(「調査委員會」, 『教育公報』284, 〈會報〉, 1904. 6. 15.). 6월 22일에 열린 이사회에서 부장에 자작 나가오카 모리요시(長岡護美) 씨, 주사에 根本正, 星松三郎가 당선되어, 위원 60명을 신설할 것을 정했다. 28일, 제1회 부회에 부장 長岡자작을 비롯하여 岡部자작, 辻新次회장, 古市公威, 波多野傳三郎, 根本正, 重岡薰五郎 등 20명이 출석하고 조사의 대강에 대해 각자 의견을 말한 뒤, 5명의 조사안 기초위원을 선발하고 산회했다(「韓國教育調査部」, 『教育時論』692, 〈時事彙報〉, 1904. 7. 5.).

29 「帝國教育會の近事」, 『教育時論』689, 〈時事彙報〉, 1904. 6. 5.

30 「韓國教育調査部長, 主事及び委員囑託」, 『教育公報』285, 〈會報〉, 1904. 7. 15. 전술한 제국교육회는 대일본교육회가 개칭한 것이다. 그 제국교육회의 기관지인 『교육공보』는 교육 잡지의 선구로서 "형식, 내용 모두 제일류"라고 평가받았다.

회에서는 한국에서 시행할 교육제도의 조사를 특별위원들이 맡아, 「대한국학제대강(大韓國學制大綱)」이란 제목으로 4장 22조 및 별관(別款) 4조로 이루어진 초안을 탈고하여, 8월 15일에 이 초안에 대한 검토와 한국교육의 근본문제에 대한 논의를 진행하였다.[31]

한편 한국교육에 대한 관심은 관민 양측이 직접 한국을 시찰하는 상황에서 다음 단계로 발전하게 되었다. 러일전쟁이 진행되고 있을 때 한국교육 상황에 대한 논의가 일어났다. 하나는 일본어에 의한 '위압과 간섭'을 통해 그들을 지각시킬 필요가 있다는 주장[32]이다. 다른 하나는 전후경영으로 가장 중요하고 근본적인 것이 교육이므로 "조선을 죽음의 장소로 결심하여 진군하자"는 주장[33]이 등장하여 전후의 상황을 예측하는 의논이 전개되었다.

또한 동방협회에서 파견한 고무치 도모쓰네(神鞭知常)는 현지 시

대일본교육회 발행의 『대일본교육잡지(大日本教育雜誌)』가 1896년에 개제된 것이다. 1898년에 회장에 선출된 쓰지 신지는 문부성에서 학제의 제정에 진력한 인물로, "문부성의 쓰지(辻)인가, 쓰지의 문부성인가"라고 말해질 정도의 영향력을 가졌다. '문부성에 안면이 있어 잘 통하는 관력이 높은 인물'을 회장에 앉히는 것으로 동 잡지는 정부와의 원활한 관계를 유지했다. 1904년의 러일전쟁에 쓰지는 그 '서언'에서 개전의 이유를 러시아의 '한국'과 '청국'에의 침략과 우리나라에의 위협에 있었다"라며, 동양평화를 위해 어쩔 수 없었다고 설명하고 있다(『帝國教育會機關誌「教育公報」』 解說編, 大空社, 1984, 145~186면).

31 「韓國教育調査部會」, 『教育時論』696, 〈時事彙報〉, 1904. 8. 25.

32 「韓民の教育」, 『教育時論』696, 〈時事寓感〉, 1904. 8. 15.

33 「戰後の戰爭」, 『實驗教授指針』3~16, 〈指針〉, 1904. 8. 20.
『實驗教授指針』의 창간은 1902년이다. "국민교육의 개량진보를 꾀하고, 특히 교육방법을 연구하고 지도하는" 것을 목적으로 설립된 교수법연구회의 기관지이다. 집필진은 고등사범학교나 각 현의 사범학교 부속소학교의 훈도이고, 독자층은 교원이 중심이었다고 생각된다(教育ジャーナリズム史研究會編, 『教育關係雜誌目次集成 第1期·教育一般編』 제20권, 日本圖書センタ, 1987, 「各誌解題」 참조).

찰을 통해 조선에서의 보통교육이 급무라고 언급하였다. 그는 "저급해도 좋으므로 보통교육을 시행하여 그중 이학(理學), 화학, 산수학, 지리의 개황, 역사의 개황 등을 알게 하고, 신체의 훈련을 그 이후에도 게을리 하지 않도록 하는 길을 강구하는 것이 급무"라고 하였다. 동시에 "한국민은 장래 가르칠 만한 가치가 있는 자이고, 종래 들은 것처럼 결코 구제할 수 없는 자라는 것은 느끼지 못했다"고 현지의 실정을 근거로 말하면서, 구체적 교과목을 들어 낮은 수준의 보통교육이 필요하다고 주장하였다.[34]

한국인에게 보통교육이 필요하다는 주장은 점차 세력을 넓혀 한일 양국의 담당자들 사이에 서로 논의가 이루어지게 되었다. 당국자 사이에서는 구체적으로 "군비를 축소하여 그 잉여금으로 각 지방에 소학교 중앙에 중학교 및 전문학교 등을 설립할 방침"이 추진되었다. 이때 후술하듯이 당시 한성중학교에 근무하던 시데하라를 학부 고문으로 기용하는 절차를 교섭하게 되었다.[35]

한편 문부성에서도 교육사업의 중요성을 감안하여 실제로 한국조사의 필요성을 거론하며 노지리 세이이치(野尻精一) 시학관(교육감독관)을 한국에 파견하기로 결정하였다.[36] 이것은 한국의 학부 고문을 시데하라로 내정하고 있던 것을 염두에 두고, 문부성에서 직접 담당관을 파견하여 그 실정을 살핀 것으로 볼 수 있다. 학부 고문

34 神鞭知常, 「韓國視察談」, 『東邦協會會報』116, 〈講演〉, 1904. 10. 20.
35 「韓國教育と顧問傭聘」, 『教育時論』708, 〈時事彙報〉, 1904. 12. 15.
36 「文部省の韓國教育」, 『教育時論』712, 〈時事彙報〉, 1905. 1. 25.

의 인선에 대응해서는 먼저 외무성이 인선을 문부성에 의뢰하고, 문부성에서는 시데하라에게 교섭한다는 경위가 있었다. 노지리 시학관의 보고에 따르면 한국인 대부분이 에도 시대의 데라코야(寺子屋)와 같은 서당 교육에 만족하는 것이 놀랍다고 한다. 그는 한국 교육의 근본적 해결을 위해서는 메카타 다네타로(目賀田種太郎) 재정고문에 따라 재정이 정리된 뒤에야 가능하다는 진단이었다.[37] 또한 시찰 결과 시급한 문제로 교과서 편찬에 착수하면서 "피아(彼我)의 사정이 다르면 본 내지의 것을 취하여 바로 응용해야 한다. 먼저 신지식의 수입과 한국인으로서 필요한 기예를 주는 것을 급무로 한다"고 문부성의 방침을 결정했다.[38]

3. 시데하라의 도한과 참여관 취임

1) 시데하라의 도한

먼저 시데하라의 성장과 경력에 대해 주로 자신에 대한 기술(『문화건설(文化の建設)』)을 토대로 살펴보자. 시데하라는 1870년 9월 사카이(堺)현 맛타(茨田)군 가도마(門眞)촌〔현재의 오사카부(大阪府) 가도마시(門眞市)〕에서 신지로(新治郞)의 장남으로 태어났다. 외교관 출신

37 「野尻氏の韓國教育談」, 『教育時論』723, 〈時事彙報〉, 1905. 5. 15; 「韓國教育の現狀」, 『實驗教授指針』4-11, 〈彙報〉, 1905. 6. 5.
38 「韓國の教育」, 『教育時論』721, 〈時事彙報〉, 1905. 4. 25.

으로 종전 처리를 맡았던 기주로(喜重郞) 수상은 그의 동생이었다.[39] 1893년 제국대학 국사과를 졸업하고 '문화의 건설'이라는 측면에서 류큐(琉球) 문화에 관심을 가졌다. 그해 8월에는 가고시마(鹿兒島) 조시칸(造士館)의 교수가 되어 사쓰마, 류큐의 역사를 연구하였다. 1894년에 청일전쟁이 시작되자 규요마루(球陽丸)를 타고 류큐를 방문하여 일본 문화가 류큐에 준 영향을 다시 한 번 확인하였다. 재직하던 조시칸은 구 시마즈(島津)번의 번교(藩校: 번의 공식 학교)였는데, 1896년 9월에 고등학교를 폐지하고 중학교로 격하되자 그만두고 도쿄여자고등사범학교에서 1년간 역사를 가르쳤다. 그 후 문부성 전문학무국장(專門學務局長) 마쓰이 나오키치(松井直吉)로부터 야마나시(山梨)중학교에서 교원과 학생 사이에 소동이 일어났다는 『요로즈초호(萬朝報)』의 보도를 전해 들은 시데하라는 현지에 파견되어 진정시키는 데 성공하였다. 그 인연으로 이 학교에 부임하게 되었고, 1898년에는 교장을 지냈다.[40] 1900년에 도쿄고등사범학교(東京高等師範學校, 현 東京敎育大) 교수가 된 시데하라는 이해 10월 문부성의 지명을 받고 11월 6일자로 이 학교에 적을 둔 채 한국으로

39 臼井勝美外編, 『日本近現代人名辭典』, 吉川弘文館, 2001.

40 幣原坦, 『文化の建設』, 吉川弘文館, 1953, 1, 3, 10면; 栗原古城, 「文學博士幣原坦君」, 『敎育界』8·11 〈人物月旦〉 1909. 9. 3. 시데하라는 일본 문화가 남방으로부터 전파했기 때문에, 류큐 문화는 문자, 언어, 풍속에서 일본 본토와 차이가 없다고 생각했다. 류큐 최초의 군주인 슌텐왕(舜天王)은 永万원년(1165)에 도래한 미나모토노 다메토노(源爲朝)와 오사토 안지(大里按司)의 누이 사이에서 태어났다고 한다. 이러한 인식은 시데하라의 1910년 이후 류큐 문화에 관한 본격적인 연구를 심화시켜, 식민지 경영에 대한 이론적 기초를 구축하는 길이 되었다.

부임하게 되었다.[41]

시데하라가 도한하게 된 배경은 앞에서 살펴봤듯이 청일·러일 전쟁 이후 한국을 둘러싼 일본의 교육사업 가운데 평가할 수 있다. 제국교육회가 주도한 한국교육 논의에서도 시데하라는 한국교육 조사부 위원으로 참가하고 있었다. 한편 시데하라가 도한을 수락한 개인적 동기도 있었다. 그는 후년의 회고록에서 자신의 출신지가 "상대(上代)로부터 조선과 문화적으로 연계가 있었던" 토지였다고 설명한다. 일본에 유학을 전해준 왕인(王仁)의 묘가 그의 향리에서 2리 정도 떨어진 곳인 기타카와치(北河內)군 스가와라무라(菅原村)에 있다. 왕인의 자손도 일본에 살면서 「니시노후히도베(西史部)」의 관직을 받는 등 이 지역은 조선과 문화적으로 관련이 있는 곳이었다. 또한 백제 멸망시 왕족 등이 일본에 귀화해서 만든 백제사(百濟寺)도 같은 가와치(河內)에 있으며, 백제가 전해준 일본 불교와 인연이 있는 장소이기도 했다. 시데하라는 이러한 향리의 역사적 배경에서 한국에 부임하는 것을 "1000년 전에 받은 문화적인 은혜에 보답할 수 있는 좋은 기회"라고 생각하여 문부성의 요청에 응한 것이다.[42] 그러나 장래 그의 역할은 학부 고문으로 식민지 조선의 교육을 좌우할 수 있는 중요한 기초를 마련하는 데 있었다. 이것이 그의 말대로 문화적인 은혜에 보답하기 위한 것이었다고 하면 은

---

41 幣原坦, 『文化の建設』, 吉川弘文館, 1953, 22면.
42 위의 책, 23~24면.

혜를 원수로 갚았다고 하지 않을 수 없다.

당초 시데하라는 학부 고문으로 고빙될 예정이었지만, 현지의 상황은 이를 허락하지 않았다. 시데하라는 당시에 대해 술회한다. "경성에서는 생각지도 않은 정쟁이다. 일본당이 있는가 하면 러시아당도 있다. 쉽게 일본인을 학부 고문으로 할 형편이 아니다. 다만 일청전역 이래 '신학문'이라는 소리가 높아져 홍현(紅峴)의 박영효 저택이 우선 학교부지가 되고 여기에 비로소 소교사(小校舍)가 만들어져 '신학문'을 위해 사용하게 되었고 모든 일은 나의 도착을 기다려 결행하려는 것이었다"고 언급하였다.[43] 이를 위해 시데하라는 1900년 9월에 외부대신 박제순이 주한특명전권공사 하야시 곤노스케(林權助)에게 요청하여 11월 관립중학교(현 경기고등학교)의 외국인 교사로 입국하였다. 외국인 교사의 고빙 조건 및 자격 요건은 다음과 같다.

① 보수는 월액 은화 2백 원 내외, 3년 기한.

② 보통학문을 한 사람으로 교육상 경험이 있는 자.

③ 외국어(영어)를 할 줄 알고 외국 사정에 밝은 자.

④ 한학의 소양이 있는 자.

⑤ 고빙되는 교사는 해당 중학은 물론 당국의 학제상에 참여할 경우도 있음.[44]

---

43 앞의 책, 제3화「文勳への返報」, 吉川弘文館, 1953, 25면.

44 日本外務省記錄,「韓國政府學部ニ於テ中學校新設ニ付該校敎師幣原坦招聘ノ件」,

이 조건의 대부분은 주한일본공사 측의 의도를 반영한 것이었고, 한국정부안은 제1항에만 한정되었다. 특히 일본은 제5항의 조건으로 인해 한국의 학정에 간섭할 절호의 기회를 갖게 되었다.

한편 한국에서도 외국인 교사의 수요가 없지는 않았다. 당시 한국의 중학교는 관립중학교가 하나 있을 뿐이었다. 이때 인기가 높았던 외국어 학교는 통역관 양성을 목적으로 했기 때문에 여기에서 '신학문(新學問)'을 배울 수는 없었다. 학부는 외국어 학교를 없애고 대신 신설되는 중학교에서 통역관을 양성할 계획까지 수립해 놓았다. 그리하여 이를 위해 중학교를 개교시켜야 했던 것이다. 신설 관립중학교는 교장 이하 교원 7명을 확보한 뒤, 1900년 10월 3일에 개교하게 되는데, 교장이나 교관은 주로 유력 문벌가문 출신자이며, 결코 '신학문'을 담당할 만한 명망가들이 아니었다고 한다.[45] 따라서 '신학문'을 담당할 외국인 교사가 필요했으며 미국인 헐버트[46]와 일본인 시데하라가 촉탁 교관의 자격으로 초빙되었다.

학부대신 이재극(李載克)은 관립중학교 교사로 부임한 시데하라에게 '신학문'을 가르쳐달라고 주문하였다. '신학문'이란 한국인이 알지 못하는 학문의 총칭으로 경제학, 생물학, 이화학 등이다. 당

1900. 9. 5.

45 『경기90년사』 제2장 관립중학교 시대, 경기고등학교 동창회, 1990.

46 헐버트(Homer Bezaleel Hulbert, 1863~1949)는 이미 1886년 정부의 초청으로 내한하여 육영공원(育英公院)에서 영어를 가르친 적이 있었다. 1891년 일시 귀국했던 그는 1893년 다시 내한하여 문화사업과 외교활동을 하면서 한성사범학교에서 교편을 잡기도 하였다. 그 후 1900년 관립중학교가 세워지자 영어를 가르치게 되었다.

시의 관립중학교 심상과(尋常科)의 교과과정은 윤리, 독서, 작문, 역사, 지리, 산술, 경제, 박물, 물리, 화학, 도화, 외국어, 체조 등으로 편성되었다. 고등과(高等科)는 독서, 산술, 경제, 박물, 물리, 화학, 외국어, 법률, 정치, 공업, 상업, 의학, 측량, 체조로 되어 있다.[47] 시데하라는 대체로 학생들이 유서(儒書)를 읽고 있음에 착안하여 사서오경(四書五經)의 기초 위에 문리(文理)를 종합한 강의를 하였다. 그는 학정의 상담, 경제학, 화학, 물리학, 동물학, 식물학 등을 유생들에게 가르치고 문화를 개발하는 일까지 인수하였다.[48]

이 시기에 시데하라는 자기 학문 연구에도 힘을 쏟아 『사학잡지(史學雜誌)』 등에 논문을 발표하고, 한국연구회(韓國硏究會)를 조직하여 활동하였다.[49] 직무의 여가를 이용하여 사적을 답사하고, 거의 1만 엔이라는 거액의 사재를 들여 역사상의 유물을 모았는데 특히 기록, 고문서류가 많았다고 한다.[50] 그가 이방인으로 한국교육을 조정하게 되는 때는 참여관이 되면서부터였다.

47 『경기90년사』 제2장 관립중학교 시대, 경기고등학교 동창회, 1990.

48 幣原坦, 『朝鮮教育論』 附錄 2. 朝鮮の文教, 六盟館, 1919.

49 이 연구회는 1902년에서 1905년까지 일본인을 중심으로 활동하고, 『韓國硏究會談話錄』을 4호까지 발행하였다. 여기에 논문을 발표한 이들은 시데하라를 비롯하여, 시오카와(鹽川牛溪生), 아유카이 후사노신(鮎貝房之進), 나카지마(中島多嘉吉), 고야마 미쓰토시(小山光利), 다나카 지로(田中次郎), 나카니시 조이치(中西讓一), 와타제 쓰네요시(渡瀨常吉)가 있다(櫻井義之, 『朝鮮硏究文獻誌』 10면 참조).

50 시데하라가 이때 수집한 고문헌은 지금 도쿄의 도요분코(東洋文庫)에 소장되어 있다.

2) 참여관 취임

학부의 관제는 1907년 12월 13일 칙령 53호에 따라 전면적인 수정이 가해지기까지 수차에 걸쳐 부분 개정이 있었다. 1차 한일협약 체결과 2차 한일협약(을사조약)의 조인으로 한국정부 안에 일본인 참여관이 부임하면서 교육정책에서 한국 학부의 자주적 성격이 크게 후퇴하여 일본의 간섭은 한층 노골화되었다. 특히 다른 고문의 명칭과 달리 학부 고문이 참여관을 칭하게 된 것은 "고문으로서보다도 한층 실제의 교육 사무에 관여할 자격을 갖는 것"[51]이라는 설명처럼, 한국의 학정에 깊이 간섭하려는 일본의 의도를 뒷받침하는 것이었다. 1905년 1월 16일자로 전권공사 하야시가 외무대신 고무라 주타로(小村壽太郎)에게 보낸 전문에는 관립 중학교사 중에서 일본인 고문을 고빙하고 싶다는 내용이 포함되어 있다. 이렇게 해서 시데하라는 중학교 교사를 거쳐 학부 고문으로 학부행정의 중추에 참가하는 기회를 얻게 되었으며, 1905년 2월에는 일본정부의 추천으로 학부 고문인 참여관에 임명된 것이다.[52]

---

51 「幣原氏の契約」, 『教育時論』713, 〈時事彙報〉, 1905. 2. 5.

52 『日本外務省記錄』, 「韓國ニ於テ學部顧問聘用並ニキ學政改革ノ件」 1905. 2. 24. 외무대신의 이름으로 시데하라에게 보낸 내훈에는 다음과 같이 되어 있다. 제1_ 귀관은 본 대승(大丞) 및 재한 제국공사의 지휘감독을 받아 학무 가운데 만일 중요한 사항에 속하는 것은 반드시 미리 제국공사의 동의를 얻어 이를 시행해야 한다. 제2_ 학무에 관한 중요 안건으로 특히 경비와 관계되는 것은 메가타(目賀田) 재무고문에게도 협의하여 그의 동의를 받도록 해야 한다. 제3_ 귀관은 항상 한국 학무의 현황, 개혁의 방안, 기타 학무에 관한 중요사항에 대해 본 대승에게 보고해야 하며, 그 보고는 재한 제국공사를 거쳐 본 대승에게 송부하도록 해야 한다.

한편 시데하라가 참여관으로 고빙될 때 작성한 약관(約款)의 내용은 1905년 1월 31일자 『대한매일신보』에 소개되었는데 다음과 같다.

> 제1조 학부대신은 계약의 소재 조건을 좇아 시데하라를 학부참예관[53]으로 고빙하여 교육상 사무에 기초의안을 전관하여 정부에 제의할 것.
>
> 제2조 대한국 학부는 일절 교육상 문서를 시데하라에게 자문하여 시데하라의 동의를 경한 후에 처리할 것.
>
> 제3조 시데하라의 봉급은 월 금화 3백 원으로 정하여 매월 말일에 지급할 것.
>
> 대한정부는 상당한 관사를 시데하라에게 공급하되 상당한 관사를 공급지 못할 때에는 관사료로 매삭에 금화 25원씩 급여할 것.
>
> 제4조 시데하라가 귀국할 때에는 선차료 외에 매일 금화 2원을 지급할 것.
>
> 제5조 본 계약을 해약하는 필요가 일어나는 때에는 서로 협의하여 경성에 있는 일본제국 대표자의 동의를 경하여 파약할 것.

시데하라가 참여관이 되어 제일 먼저 착수한 일은 소학교의 개혁이었다. 1895년 당시 소학교는 4교가 개교하여 약 187명이 재학하고 있었다. 1902년에는 관립심상소학교 9교, 공립은 25교, 고등

53 참여관의 '與'에 '預'자를 쓰는 일도 있었다.

소학교 1교가 있었는데,[54] 1905년에 이 9개의 소학교를 개혁하여 일본소학교의 수준과 비슷하게 하였다. 이를 위해 이수과목 가운데 일본어 1과목을 더했는데 가장 급무가 된 것은 교과서 편찬이었다.[55] 통감부는 신제(新制) 보통학교 체제가 갖추어지자 새로운 교과서 편찬을 서둘렀다. 학부에서는 1905년 11월 17일 현재 학부본청에 근무하는 일본인 4명 가운데 통역관을 제외한 나머지 3명이 교과서 편찬에 관계하였고, 이는 일본어 교육을 통한 한국어 말살을 의도한 것이다. 당시에는 학부에 시데하라, 우에무라(上郁正巳, 통역관), 와타제 쓰네요시(渡瀨常吉), 다카하시 도루(高橋亨)가 근무하고 나머지는 교과서 편집 촉탁이었다.[56]

54 「韓國の教育に就きて」, 『教育界』1-3, 〈論說〉, 1902. 1. 3.

55 「韓國教育と日本語」, 『教育硏究』17, 〈雜報〉, 1905. 8. 1.
교과서 편찬에 착수하는 것을 설명한 후 그 중요성을 다음과 같이 말한다.
"과거에 우리나라가 한국과 접촉하면 반드시 피를 흘리는 역사였다. 그 결과 저 국인이 우리에게 갖는 악감은 어쩔 수 없는 것이라고 말하지 않을 수 없다. 그러나 그 사이 피아의 사정이 분명하지 않기 때문에 의심은 암귀를 만들고, 점점 저격(沮隔)을 가져온다. 이번 저 소학교과에 일본어 1과를 더했다고 하는 것은 근본적으로 그 장벽을 제거하는 것이고 따라서 화충(和衷)의 실적이 오르게 될 것이다."
한편, 집필자에 대해서는 분명하지 않다.
『교육연구(教育硏究)』는 일본에서 처음 만들어진 교원양성기관으로 1873년에 설립된 도쿄고등사범학교 부속소학교의 교원으로 구성된 '초등교육연구회'가 발행한 교육 잡지다. 1904년 4월에 창간하여 도중 휴간을 포함하여 현재까지 월간지로 발행이 계속되고 있다. 이 소학교는 외국제도 및 교육방법의 모범, 외국인 교사의 초빙 등을 넣었지만, 동 교는 전국의 소학교 교육의 모범이 될 만큼 주도적 역할을 담당하고 있고, 『教育硏究』에 대해서도 같은 역할이 있었다고 생각된다(田中陽子, 「明治期『教育硏究』誌に掲載された歐美關係の論文と掲載の意義」, 『日本家庭科教育學會誌』38권 3호, 1995, 30면).

56 시데하라를 이어 학부참여관이 된 미쓰지(三土忠造) 재임시에는 그의 사무관 다나카(田中玄黃), 마쓰미야(松宮春一郎), 우에무라(上郁正巳), 고스기(小杉彦治)

시데하라가 한국에 와서 중학교사를 거쳐 참여관으로 활동하고 있을 때에도 일본 국내에서는 한국인의 교육을 어떻게 경영할 것인가를 두고 끊임없이 논란이 일었다. 메이지의 대표적 기독교 지도자, 에비나 단조(海老名彈正)가 발행한 『신진(新人)』의 사설에 따르면 그 논의는 첫째, 오로지 한국인의 손으로 경영되도록 사립학교에 일임해야 한다는 설, 둘째, 한국정부의 학부를 통해 일본 문부성의 의견을 따라 조직적·통일적으로 경영해야 한다는 설, 셋째, 일한 정부로 하여금 유지자 혹은 단체의 교육사업을 보조육성하고 자유 경영에 의해 한국 개발을 도모해야 한다는 설이 있었다고 한다.[57] 문부성에서는 시데하라 한 사람의 힘으로 교육 '경영'의 효과를 올리기 어려우므로 여러 명의 시학관을 파견할 예정이었다.[58] 그러나 당시 이러한 교육정책을 실현할 만한 재정적 여유가 없었다. 한국의 사정이 아직 여러 명의 시학관을 파견할 예산도 없고, 오히려 경찰력을 동원하여 재정을 쇄신·정리하는 것이 목하의 급무라는

및 서기 2명, 기수 1명 등 8명이 일어독본, 지리, 역사, 산술, 이과, 수신 등의 교과서편찬에 참여하였다. 大垣丈夫, 7.「韓國의 新學政」,『대한자강회월보』2호, 1906. 그러나 미쓰지는 중의원에 출마하기 위해, 불과 1년 10개월로 사직하자, 오다 쇼고(小田省吾)가 맡게 되었다(최혜주,「오다 쇼고의 교과서 편찬활동과 조선사 인식」,『동북아역사논총』27, 2010).

57 「韓國敎育の方針」,『新人』6-5, 〈社說〉, 1905. 5. 1.
『신진』은 기독교를 전파할 목적에서 1900년에 에비나(海老名彈正)가 간행한 잡지이다. 기사에 이름이 없지만, 에비나의 설교가 기사가 된 것이라고 생각되고, 내용은 기독교론에서 만한동화론, 제국주의론, 사회주의론까지 다양하다(今泉淑夫ほか編,『日本思想史辭典』, 山川出版社, 2009).

58 「韓國視學官の差遣」,『敎育時論』726, 〈時事彙報〉, 1905. 6. 15.

주장과 교육사업은 경찰과 재정이 정리된 이후에 착수해야 한다는 지적이 나왔다.[59]

또한 재정 이외에도 곤란한 상황이 있었다. 영문학자 구리바라 고조(栗原古城)는 참여관 시데하라를 둘러싼 당시의 상황에 대해 술회하였다. "당시 조선에서 일반의 문교를 맡은 중책으로 시데하라 군도 여기서 크게 자신의 교육상의 포부를 실행해 보려고 기대한 듯하다. 그러나 대신이나 차관이 모두 조선인으로 사리에 통하지 않고 당시의 공사 하야시 곤노스케(林權助)가 생각하는 바가 있어서 한인 교육에서 그다지 힘을 쓰지 않았던 자이므로 충분하게 그 수완을 펼칠 수가 없었다"고 동정하고 있다. 그러면서도 구리바라는 "초창기에는 특히 일본세력이 반도에서 금일처럼 신장되지 못했다. 시데하라가 7년 동안 어려움에 처했을 때 학부에 일본인 세력을 부식해 둔 것은 반도의 교육사상에서 멸할 수 없는 공적이라고 말하지 않을 수 없다"고 지적하여, 시데하라의 움직임에 따라 일본인이 학부를 장악하게 된 점을 높게 평가하고 있다.[60]

이처럼 시데하라가 학부 고문으로 와서 근대 교육의 학제 개편

59 「韓國へ視學官差遣の世說」, 『教育時論』727, 〈時事彙報〉, 1905. 6. 25.

60 栗原古城, 「文學博士幣原坦君」, 『教育界』8-11, 〈人物月旦〉, 1909. 9. 3. 古城은 구리바라(栗原元吉)의 아호(雅號)이다. 그는 영문학 연구자, 번역가로도 알려져, 전후는 릿쇼(立正)대학의 교수를 지냈다. 나쓰메(夏目漱石)의 제자의 한 사람으로 요사노(与謝野鐵幹)나 이시카와(石川啄木) 등과도 친교가 있었다(鏡味國彦, 「古城栗原元吉の足跡」, 『立正大學文學部研究紀要』8호, 1992 참조). 다만 구리바라가 『교육계(教育界)』, 혹은 시데하라와 어떠한 접점을 가졌는가에 대해서는 不明이다. 향후의 과제로 하고 싶다.

을 하고 학교 행정에 관여한 것은 일제의 식민통치를 원활하게 추진하기 위한 준비에 불과한 것이었다. 특히 학부 고문의 명칭이 다른 고문들과 달리 학부참여관인 점은 학정 깊숙이 간섭하려는 의도에서 붙여진 것으로 시사하는 바가 크다. 기본적으로 고등교육기관인 대학을 재정 탓으로 설립하지 않으면서, 일본 문화를 이식하고 건설한다는 이름 아래 일본어를 배우게 하고 나아가 일본어 교과서를 편찬케 한 것은 일본의 의도가 무엇이었는가를 엿볼 수 있는 대목이다. 한민족의 정체성을 갖추지 못한 상태에서 일본 문화를 받아들인 것은 결국 조선이 망국의 길을 걷는 지름길이 되었다.

4. 시데하라의 조선 교육론

1) 병합 전후의 교육방침

시데하라가 참여관이 되어 착수한 것은 앞에서 살펴본 것처럼, 소학교를 개선한 초등학교 설립과 이를 감독 시찰하는 시학기관의 설치 및 새로운 교과서 편찬이었다. 시데하라의 교육방침을 나타내는 개혁안인 「한국교육개량안(韓國教育改良案)」(1905. 4. 11.)은 다음과 같이 식민 교육정책의 기본적인 틀을 제시한 것이다.

① 한일의정서(韓日議定書)의 취지에 근거하여 한국이 백반의 시설

을 개선하는 데 필요한 교육을 할 것.

② 한국민의 행복을 위해 선량하고 평화적인 국민성을 함양시킬 것.

③ 일본의 문화를 수입하고, 한국을 개발시키기 위해 점차 일본어를 보급시킬 것.

④ 종래 한국의 국교인 유교(儒教)를 파괴하지 않고 그 위에 신지식을 일반에게 개발시킬 것.

⑤ 학제(學制)는 번잡한 것을 피하고 과정(課程)은 간이하게 할 것.[61]

이 기본방침에서 그가 특히 강조한 것은, 하나는 한일의정서를 준수하여 '문화 개발'을 하지 않으면 안 된다는 점이다. 일본어를 습득함에 따라 동양과 서양의 장점을 하나로 한 일본 문화를 그대로 어떤 수고도 없이 받아들일 수 있는 것은 한국에게는 매우 유리한 것이라고 주장하였다. 다른 하나는 한국의 유교가 일본 문화에도 많은 영향을 미쳤으므로 이것을 배척할 수는 없지만, 유교에 기초한 '신지식'을 개발해야 한다고 생각하였다.

먼저 시데하라의 일본어 교육 실천부터 살펴보자. 시데하라가 전년의 사건을 회상한 1906년 2월의 『교육계』의 기술에 의하면, 당시 한국의 소학교 교사는 "교수법도 모르고 교육학이라는 것도 들

61 幣原坦, 『文化の建設』 제4화 「朝鮮に於ける學制の創定」; 幣原坦, 『朝鮮史話』 제20화 「朝鮮保護誌」, 16. 學政の整理, 冨山房, 1924.

어본 적이 없었다. 다만 한학을 가르치는 데" 지나지 않았다. 한학의 복습시간에 대부분의 시간을 써온 것이다. 그래서 1905년 여름, 당시 유일한 고등소학교인 경성의 소학교에 시데하라가 부임하였다. 같은 해 10월 시데하라는 소학교에서 "모범적 경험"을 하기 위해, 수업과목 가운데 "필요없는 것으로 보이는" 한학의 복습시간을 줄이는 대신에 일본어 수업을 1주간에 6시간 충당하는 것을 시도하였다. 이에 대해 한국 학생들로부터 이론이 분출하였다. 학생들은 "우리 한국이 금일의 상황에서 독립하고 있는 것은 한학(漢學)이 있기 때문이다. 이번 한학 시간을 일본어 시간으로 바꾸었다고 하는 것은 우리나라를 없애고 일본화하려고 하는 것"이라고 한목소리로 일본어 교사에게 반발하였다. 이때의 소동은 일단 수습되었지만, 누군가가 선동하고 있다고 생각한 시데하라는 후일 그 주동자를 알아내서, "제재를 가하기 위해" 자신의 방으로 호출하여, "설득하거나 화를 내고 혹은 달래서 이치에 맞게 설명했"다. 그러나 "학생이 교사에게 끌려 나가는 것"을 이제까지 경험한 적이 없던 한국 학생들로부터 "경악"이 일어났기 때문에, "우리 집으로 데려갔다". 그 주동자는 "이후 이러한 일을 결코 하지 않는다고 맹세하며 눈물을 흘렸"다. 시데하라는 금후 같은 일이 반복되면 퇴학으로 그치지 않는다고, "상당한 처분을 할 것이므로 주의하라고 말하고 돌아왔다".[62] 시데하라 자신은 이 사건에 대해서 주동자를 회심시킨

---

62 「韓國の教育」, 『教育界』5·4 〈訪問〉 1906. 2. 3.

것을 자랑하고 있었지만, 학생의 눈에는 교훈으로 삼으려는 본보기로 비친 가능성은 부정할 수 없다. 일찍이 야마나시에서 교편을 잡고 있었을 때의 시데하라를 '학생들을 사랑하는 마음, 학생들을 믿는 마음을 가진 인물'이라고 평가할 수 있다. 그러나 참여관 취임 이후에는 '일본정부에 자기의 능력을 인정받는 일에 보람을 느끼기 시작하여' '식민지 교육행정가로서의 측면이 강해졌다'. 이것을 감안한다면 시데하라가 '소박한 교육자' 외에 다른 속성을 지니고 있었다는 것을 부정하기 어렵다.[63]

또 이 이전, 이토 히로부미의 내한이 결정되었을 때, 학생 사이에서 동요가 퍼졌다. 시데하라는 "어떤 일이 있어도 일본은 자네들의 나라를 빼앗거나, 자네들의 생명재산에 불안전을 주는 일은 결코 없다"고 타일러, 사태의 수습을 꾀했다.[64] 시데하라는 일단 불

63 佐藤由美, 『植民地教育政策の研究』, 龍溪書舍, 2000, 50~52면.

64 「韓國の教育」, 『教育界』5·4 〈訪問〉 1906년 2월 3일자.
이상의 에피소드는 시데하라가 특별히 『교육계』에 맞춘, '말해진 담화(談話)의 요항(要項)'이다. 『교육계』에 대해서 보충해 두면, 동 잡지는 "교과서를 중심으로 출판계의 제패를 노린" 金港堂의 출판물로 일시 최대의 발행부수를 자랑하였다(尾崎ムゲン, 「教育雜誌にみるアジア認識の展開」, 1996, 301~302면). 금항당은 1875년에 하라(原亮三郎)가 창업했다. 당시에 교과서는 특별한 상품이고, 이익이 매우 큰 것이었다. 1892년의 '教科書疑獄事件'에 의해 위기에 빠진 금항당은 나중에 해외 진출을 노리고, 근대적 교육제도가 모색되고 있던 중국에서 1903년에 商務印書館과 합병하고, 상업적 성공을 거두었다(吳倩, 「20世紀初頭における商務印書館の教科書と日本」, 『アジア文化硏究別册』20호, 2014, 58~61면). 시데하라와 하라의 관계에 대해서는 불명이지만, 당시 '아침식사 전이었음에도 한 손님이 가고 두 번째 손님이 옴'(「幣原學部參與官を訪ふ」, 『國學院雜誌』12·3 〈彙報〉, 1906. 3. 15) 정도로 바쁜 시데하라에게 4면에 걸친 장문의 담화를 건네게 만든 것은, 양자 사이의 특별한 관계가 있었다는 것을 추측할 수 있다.

만이나 의심이 일어나면, 이것에 대해 제재를 가하거나, 혹은 위무에 노력하는 '모범'을 보였다고 말할 수 있을 것이다. 이듬해 『국학원잡지(國學院雜誌)』의 기자가 시데하라를 방문하여 일본어 교육의 현황에 대해 물었다. 시데하라는 "금후는 한국민도 점점 일본어를 학습할 필요를 느낄 것이므로 열심히 노력해서 전파에 힘쓰면 성공할 것"이라고 전망한다. 그리고 실제 부산의 학교를 소개하면서 "아라나미 헤이지로(荒浪平次郎)란 사람이 경영하는 개성학교가 있는데 학생도 많고 상당히 성황인 것 같다"고 일본어 학습의 순조로운 침투를 넌지시 비추고 있었다.[65]

2절에서 언급한 대로 한국의 교육사업에서 가장 신경을 써야 하는 것은 일본어 보급이고, 소학교에서 필수과목으로 해야 한다고 주장해 왔다. 조선인의 일본어 습득은 "한국의 문화를 발달시키는 데 필요한 것은 물론이지만 또 일본 세력을 부식시키는 지대요건(至大要件)"이라고 말한 대로 일본어를 통한 문명화라는 대의명분이 한국 식민지화와 표리일체의 관계에 있었음은 말할 필요가 없

65 「幣原學部參與官を訪ふ」, 『國學院雜誌』12-3, 〈彙報〉, 1906. 3. 15.
『국학원잡지』의 창간은 1894년 11월로 발행 겸 편집자는 국학원, 대표자는 아오토(青戸波江)이다. 발행 목적은 "하나는 국사·국문의 보급을 계획하고, 하나는 깊이 이 학문을 연구하여 그 新採를 발휘하는"것에 있다. 이것은 청일전쟁 후에 싹이 튼 '일등국 의식'이 세계의 문명국에 어울리는 국사·국문을 정비시키지 않으면 안 된다고 하는 취지에서 알 수 있다(深萱和男, 「明治の國文學雜誌-『皇典講究所講演』と『國學院雜誌』」, 『名古屋大學文學部研究論集』46, 1968, 9~12면). 기자는 "한국에 있어서 교육의 상황, 금후의 방침, 일본어의 전파 상황, 금후의 추세를 묻고 그것들에 대한 씨(시데하라-필자)의 의견을 물어볼 예정으로" 시데하라를 방문한 것이라고 한다.

다.[66]

한편 유교에 대해서 시데하라는 한국도 일본도 유교의 감화를 받은 나라이지만 일본이 유교의 정신인 '의리나 염치'를 중하게 여기는 데 비해, 한국의 유교는 형해화(形骸化)하고 형식만을 존중하고 있어 사상이 편벽되다고 생각하였다. 한국의 관혼상제도 일본인이 이해하기 어려우므로 학교 교육을 통해 일반인에게 그러한 인식을 확장시킬 것을 지적한 것이다. 이러한 한국 유교에 대한 문제의식은 이토 통감과도 공유한 것이었지만, 그것은 나중의 이토의 「교육훈(教育訓)」에 나타나고 있었다. 1906년 9월 3일, 이토는 학부대신, 참여관, 소학교 교사(경성 10명, 각도 13명)를 소집하여 다음과 같이 훈시하였다.

> 나라에는 각 교육의 주의(主義)가 있다. 한국교육의 방침에서 역시 크게 그 나라의 주의를 참작하지 않으면 안 된다. 충신효제(忠信孝悌)는 한국의 교육에서 도저히 망각할 수 없다. 그러나 그 선미(善美)한 주의를 잘못하여 고루한 폐단에 빠지는 일이 없기를 바란다. 충신효제주의를 배척하지 않고, 금일의 문명주의에 조화시켜 항상 그 궤도를 잘못하지 않는 것이 가장 간요(肝要)하다. 제씨(諸氏)는 이 주의를 망각하지 말고 열심히 따르기를 바란다.[67]

66 「韓國の教育如何」, 『教育時論』686, 〈社說〉, 1904. 5. 5.
67 「韓國教育訓」, 『教育時論』772, 〈時事彙報〉, 1906. 9. 25.

이토는 한국인이 숭상하는 '충신효제'를 배제하여 한국인에게 오해를 초래하지 않도록 주의할 것을 훈시한 것이지만, 이 '고루한 폐단'으로부터 탈각을 지시하고 있다. 이것은 시데하라가 토대를 쌓은 교육방침대로 한국의 유교주의와 일본의 문명주의를 조화시키는 것을 나타내는 것이었다.

시데하라는 「한국교육개량안」에 단계를 정하고 있었다. 그는 교육개량의 구체적 방법을 제1기부터 제3기 개량까지로 분류하였다. 제1기에서는 ① 보통학교의 창립, ② 입학의 장려, ③ 시학기관의 설치, ④ 교과서 편찬, ⑤ 사범학교의 개량, ⑥ 외국어학교의 통일, ⑦ 중학교의 개혁, ⑧ 농상공학교의 정돈, ⑨ 사립일어학당의 처분을 행한다. 제2기에서는 ① 여학교의 창립, ② 농상공학교의 분리, ③ 고등학교(종래의 중학교를 개칭한 것) 및 여러 종류의 전문학교(사범학교를 포함) 증설, ④ 성균관의 개선 등을 서서히 행한다. 제3기에서는 ① 고등전문학교의 창립, ② 보통학교 보습과의 설치 등은 필요에 따라 실시한다는 것이다.[68]

이러한 교육개혁을 착수하는 데 있어서 시데하라는 구체적 방법을 다음과 같이 제시하였다. 먼저 교육의 수준에 대해서는 초등교육부터 착수하는 것으로 한다. 이것은 고등교육과 초등교육의 어느 것부터 행할 것인가의 의논이 있는 가운데, 고등교육에 실패한 인도에 있어서의 영국의 예를 참고한 것이다. 학교의 명칭은 소

68 幣原坦, 『朝鮮史話』 제20화 「朝鮮保護誌」, 16. 學政の整理, 465면.

학교안, 국민학교안이 나왔으나 협의 결과 보통학교로 결정되었다. 다음에 보통학교 이상의 교육에 대해서는 일본과 같이 중학교, 고등학교, 대학교의 예를 따르지 않고, 고등학교만을 두어 보통학교 졸업생을 받아들이도록 하였다. 대학과 같은 최고교육기관은 당시의 사정으로 보아 시기상조이며, 빈곤한 한국의 재정으로 대학에 경비를 지출하면 보통교육에 지장이 있을 것이므로, 우선 성균관에 '신학문'의 요소를 가미하는 것으로 조정하였다. 그러나 학제를 개정하면서 재정을 핑계로 고등교육 기관인 대학이 필요없다는 것은 의도적으로 우민화(愚民化)하려는 정책적 의도라고 할 수 있다.

시데하라는 이상과 같은 교육방침에서 조정을 시도했지만, 고등교육보다 오히려 중시해야 하는 것으로 다음 절에서 언급한대로 실업교육을 들었다. 이를 위해 시데하라가 정부에 농림학교와 상공학교 설립을 진언했지만 정부는 재정곤란으로 농상공학교 하나만을 개교시키는 데 그쳤다.[69]

1905년 12월 21일 '통감부 및 이사청관제'가 공포되고 다음 해 2월에 통감부가 개청되면서 고문정치는 막을 내렸다. 한국에서는 일본의 내정간섭이 본격화하여 통감의 지배를 받는 사실상의 반식민지 상태가 된 것이다. 학정사무에 대해서는 이토 통감 밑에 서기

69 그 후 三科 독립의 경향을 띠게 되어 혼다(本田幸介)의 감독하에 수원에 농사시험장(農事試驗場), 도요나가(豊永眞里) 감독하에 공업전습소(工業傳習所), 오쿠라(大倉喜八郎)의 출자에 의해 상업학교 등이 설립되었다.

관 다와라 마고이치(俵孫一)가 이것을 장악하여 시데하라의 권한과 역할이 축소되었다. 시데하라는 1906년 6월에 갑작스럽게 통감부로부터 경질되어 버렸다. 이를 둘러싸고 일본에서조차 의문을 표하는 분위기였다. 겉으로는 사임한 것으로 되어 있지만, 통감부로부터 사실상 경질된 것이라고 보도되었다. 시데하라와 통감부 사이에는 교육비 문제로 의견 차이가 있었고, 시데하라는 1,000만 엔의 차관 가운데 교육비로 50만 엔의 예산을 신청했지만 통감부와 의견 차이로 타협하지 못했다고 하였다.[70] 참여관의 해약서 필적도 본인 것이 아니고, 시데하라의 퇴임에 대해서는 일본 여론에서 의문을 표하는 분위기가 있었다고 한다. 혹은 경질의 직접적인 원인에 대해서는 교과서 편찬과 관련하여 이토 통감이나 한국 여론의 비난을 받았기 때문이라는 지적도 있다.[71]

시데하라의 퇴임을 전후해서 한국의 언론계에서는 확실히 시데하라의 교육정책에 비판적이었다. 1906년 4월 3일과 29일의 『대한매일신보』 기사에서는 시데하라가 일본어 교과서를 편찬한 사실에 대해, 문명을 개도하고 교육을 발달시킨다는 이름 아래 한국을 병탄하여 일본화하려는 의도가 있다고 맹렬하게 비판하였다.[72] 이것

70 「韓國學部顧問の更迭」, 『教育時論』762, 〈時事寓感〉, 1906. 6. 15; 「統監府の顧問」, 『教育時論』763, 〈時事彙報〉, 1906. 6. 25.

71 당시 시데하라에 대한 비판여론에 대해서는 최혜주, 「시데하라의 고문활동과 한국사연구」, 『국사관논총』79, 1998; 佐藤由美, 제1장 植民地教育の導入と韓國學政參與官の誕生, 『植民地教育政策の研究』, 龍溪書舍, 2000, 49~50면을 참조.

72 「申論教科書」, 1906. 4. 29; 잡보 「教科改良」, 1906. 4. 3.

은 러시아가 폴란드를 식민지로 할 때의 수법과 같은 것이며 그 나라 고유의 정신을 소멸케 하려는 의도가 있다고 규탄하였다. 계속해서 1906년 6월 6일 잡보 「교육화태(教育禍胎)」에서도 시데하라가 학부 내 대소관리 한 사람의 동의도 없이 일본인을 모집하여 교과서 편집에 종사케 한 것은 한국 어린이의 뇌수에 이른바 '일본혼(日本魂)'을 주사(注射)하려는 의도라고 비판하였다. 기사에서는 시데하라를 해고하고 그가 편집한 교과서를 일본 아동의 교육에나 사용하라고 야유하였다. 동일 기사에서는 시데하라가 해고되어 즉시 귀국한다는 소식을 전하고 있다.

한편 시데하라에 대한 비판은 『황성신문』의 1905년 10월 5일과 6일의 논설 「학부(學部)는 폐지(廢止)언정 학교(學校)는 불가폐(不可廢)」에서는 학부의 정책 부재, 관리의 책임의식 결여와 함께 학부 폐지까지도 거론되었다. 이어서 1906년 5월 10일의 논설 「고문일원(顧問一員)은 거의호(去矣乎)인져」에서는 학부 고문 시데하라의 사직을 전하면서, 시데하라가 통감의 견책을 당해 사직한 것이 다행이라고 하였다. 이처럼 시데하라의 참여관 활동에 대한 비판은 주요 신문을 통해 계속되었으며 거기서는 무엇보다도 일본어 교육과 일본어 교과서 편찬이 문제가 되었다. 비판적인 신문의 논조는 한국정부 당국의 교육정책 부재도 비난하여 국가의 존망이 걸린 중대한 문제로 거론하고 각성을 촉구하였던 것이다. 한국의 신문은 문명과 교육발전이라는 이름 아래 이루어진 시데하라의 교육활동이 결국 한국을 병합하기 위한 일본화에 있었음을 간파하였던 것이다.

결국 시데하라의 퇴임 후 「한국교육개량안」에 기초한 한국교육 확장계획은 미쓰지 추조(三土忠造) 참여관에 의해 수정을 거친 후에 확정되었다. 미쓰지는 다음과 같은 「한국교육신계획(韓國教育新計劃)」을 수립하여 보통학교 교과서의 편찬을 마치고, 일본에서 26명의 교사를 초빙하여 전국 중요지역에 모범학교를 설립하였다.

① 보통교육: 한국의 아동은 일본의 아동에 비해서 한문·한어의 습득이 용이하다면 동국(同國)의 보통교육은 주로 진개(眞個) 보통의 지식을 가르치는 것을 목적으로, 그 연한도 일본의 현행법과 같이 심상 4년, 고등 4년, 통계 8년을 쓸 필요가 없다. 그러므로 신계획에서는 보통교육 연한을 만 4년으로 하여, 보통학교라고 칭한다.

② 고등교육: 보통교육을 졸업한 자에게 고등교육, 즉 일본의 중등 정도의 교육을 시행한다. 그 학교를 고등학교라고 칭하고 연한은 만 4년으로 한다.

③ 전문교육: 시데하라안에 의하면 한국에서 보통, 고등을 마치고 다시 나가 전문 지식을 얻게 하는 것은 일본에 가서 각종 전문학교에 취학시키는 방침이다. 통감부의 수정안에서는 전문교육도 한국에서 하는 것이다. 지난번에 한국 폐하로부터 대학

재건의 조칙을 발했을 때 통감부로부터 특히 한정(韓廷)에 충고하여 대학의 재건에 대해서는 한정의 독단이 없도록 경계한 것은 전문교육 실시의 바탕을 만든 것이라고 해석할 수 있다.

④ 실업교육: 농상공부에 부속시켜 경성에 상공학교, 수원 기타에 농림학교를 설치할 것.

⑤ 일어학교: 신계획 중의 보통교육에서 일어의 관계를 따로 하여, 여기에 외국어로서 현재의 일어학교를 확장할 것.[73]

그리고 병합 후 1910년 9월 7일 제국교육회 조선교육조사부 주사(主査)위원회에서는 시데하라 외에 쓰지 신지(辻新次) 회장, 도노 슈지로(戸野周次郎), 다다 후사노스케(多田房之輔), 미쓰지가 모여 식민지 조선에서의 교육개발 방침에 대해 다음과 같이 제안하였다.

제1 교육칙어의 취지는 보급하고 일본과 조선이 고래 특별한 관계를 갖기 때문에 양국의 합병은 당연한 운명이라는 것을 이해시킨다. 일본의 신민으로 문명의 무대로 나가는 것은 일한 국민의 발전을 위해 유익하다는 희망을 줄 것.

제2 일본어의 보급을 가지고 당면의 급무로 전력을 여기에 쏟을 것. 이것의 실행방법은 다음과 같다. 초등교육에서는 언문, 한문을 완전히 폐지하고 일본어를 사용할 것, 일본어를 교수하는 학교에서는

73 「韓國敎育新計劃」, 『敎育時論』765, 〈時事彙報〉, 1906. 7. 15.

적당한 보조를 줄 것, 사범학교를 증설하여 일본어에 숙달한 다수 교원을 양성할 것, 각종학교, 전문학교에서도 일본문 교과서를 사용하는 것을 원칙으로 할 것, 일본어를 관용어로 할 것, 일본문으로 쓰인 가정 독물(讀物)의 종류를 널리 시행할 방법을 강구할 것.

제3 교과서의 편찬은 특히 중대함을 가지고 총독부 직예의 기관을 두어 이것을 종사하게 한다.[74]

이 내용 가운데 일부는 1911년 8월 23일에 공포된 제1차 조선교육령에 그대로 반영되었다. 조선 교육령은 '교육칙어'에 의거하여 충량한 국민을 육성하는 것으로 그 목적을 삼았다. 이를 위해 구체적으로 '언문, 한문'을 배제하여, 일본어 보급을 위한 보통교육을 실시하고, 일본의 경제적 요구에 부응하는 저급한 기술을 가진 노동자를 양성하는 실업교육을 지향하고 있었다. 이 법령은 조선인에게 한정되었고 보통교육 연한도 일본인과 달리 4년에 불과한

74 「朝鮮の教育方針」, 『教育實驗界』26-8, 〈彙報界〉, 1910. 10. 25.
『교육실험계(教育實驗界)』는 1898년에 창간되었다. 1899년부터는 1만부 이상이 발행되어, 1907년 시점에서는 소학교 교사가 가장 많이 읽은 교육 잡지였다고 한다. 기사 집필 당시의 편집자 및 주간은 와타나베(渡辺英一, 필명은 隈川)이다. 와타나베는 후년에 "정부에도 권세에도 신경쓰지 않고" "주저없이 논평을 계속"했다고 평가받았다(小熊伸一, 「明治後期における教育學術·實際雜誌の創刊とその役割ー『教育實驗界』と『教育學術界』を中心として」, 『立教大學教育學科研究年報』34호, 1990, 75~81면). 그런 한편 와타나베는 병합 후의 1910년 11월 20일자 『교육실험계』의 「조선교육사견(朝鮮教育私見)」(26·10)에서 조선 교육은 "국가 교육의 견지에서" 두 개의 중요한 임무가 있다고 한다. 하나는 '신국민(조선인을 말함-필자)의' '건전한 성격의 육성', 둘은 '국민적 동화교정', 즉 "이방민적 사상 감정의 타파, 일본국민적 사상 감정의 양성"을 들고 있다.

차별적인 내용을 담고 있었다.

2) 병합후의 교육론

먼저 참여관 퇴임 후의 시데하라의 발자취를 살펴보자. 구리바라 모토키치(栗原元吉)에 의하면 시데하라는 1906년에 사표를 내고 귀국한 뒤 문부성 시학관(視學官, 교육감독관)에 취임하였는데, 이것은 이토 통감이 당시의 문부대신 마키노 노부아키(牧野伸顯)에게 추천한 것이라고 한다.[75] 그로부터 10년간을 문부성의 고급관료로 있으면서 동화교육(同化教育)을 합리화하기 위해 이론가로서 활약하게 되었다. 1909년에는 『학교론(學校論)』(同文館)을 간행하였다. 그는 자신이 한국에서 행한 일에 대한 평가는 오래 기다릴 것도 없이 10년이 지나면 판명날 것이라는 자부심과 확신을 가지기도 하였다. 일본에 돌아간 뒤에도 제국교육회에 있는 조선교육조사위원회 위원으로 활동하면서 식민교육을 계속해서 연구하였다.[76]

문부성에 근무하던 1910년에는 도쿄제국대학의 하마오 아라타(浜尾新) 총장의 부탁으로 이 대학의 교수를 겸임하고 조선사 강좌의 개설을 준비하였다. 이 시기의 시데하라는 조선만이 아니라 류

---

75 栗原古城, 「文學博士幣原坦君」, 『教育界』8-11, 〈人物月旦〉, 1909. 9. 3.

76 「朝鮮教育調査委員會」, 『帝國教育』338, 〈雜錄〉, 1910. 9; 「植民教育視察」, 『教育界』9-11, 〈內國彙報〉, 1910. 9. 3. 『帝國教育』에 대해서는 전술한 『教育公報』가 2년 휴간을 하여 1909년에 개제해서 간행된 것이다.

큐, 대만, 남양제도(南洋諸島)에 관한 연구도 필요하다고 언급하였다. 또한 강좌 개설에 참고할 만한 자료조사의 임무를 띠고 구미 각국에 파견되어 계속해서 식민교육 행정을 연구하였다.[77] 1913년에는 히로시마(廣島) 고등사범학교(高等師範學校, 현 히로시마대) 교장으로 전임된 후 1914년 12월 5일에는 식민지 교육 전람회를 개최하였다. 가라후토(樺太), 대만, 조선, 남만주의 아동 작품, 각 지역의 학사통계, 도표, 사진, 교과서 등과 외국 식민지 교육의 여러 자료를 전시하였다.

이것은 일본의 식민지 교육을 확대하기 위해 마련된 것이다. 1917년 7월에는 문부성으로부터 조선 출장명령이 내려졌는데, 조선총독 하세가와 요시미치(長谷川好道)가 그를 불러 조선의 사정을 시찰케 하려는 목적에서였다. 그 후 3년 뒤에 다시 문부성에 돌아와 초대국장이 되어 신설된 도서국에서 교과서 편집·검정·국어조사 등을 담당하였다. 이렇게 시데하라는 한국 병합 후에도 교육자로서 식민지 교육에 관심을 지속시켜 나갔다.

그러면 식민지 시기에 시데하라의 조선 교육에 대한 생각은 어떠하였을까? 시데하라는 병합 후 시행할 조선 교육의 요점에 대하여 "금후 신대(神代) 이래 평화 관계의 친밀한 역사를 주지시켜 감정적 부분에서 융화하는 데 노력해야 한다"고 말하고 있다. 뒤집어

77 「朝鮮史講座」, 『教育時論』913, 〈時事彙報〉, 1910. 8. 25; 「朝鮮史講座新設」, 『教育時論』959, 〈時事彙報〉, 1910. 12. 5.

보면 현상의 비평화적이고 감정적인 알력을 어떻게 수습할 수 있을까 하는 점이 과제였다. 시데하라가 병합 이후 조선과 다른 식민지 교육을 비교하기 위해 구미의 식민지 시찰을 추진한 것은 이러한 문맥에서 짐작할 수 있다. 그 성과는 1919년에 간행된 『조선 교육론』에 다음과 같이 정리되었다.

첫째, 조선 교육은 형식면에서는 네덜란드령 동인도와 비슷하고, 내용면에서는 미국령 필리핀과 비슷하다. 전자는 '모국인' 교육과 '토착인' 교육을 완전히 분화하여 초등교육에 중점을 두었다. 후자는 '모국어' 보급과 실과교육에 중점을 두었다. 둘째, 영국은 인도에서 고등교육부터 시작했으나 그 결과가 좋지 않아 다른 식민지에서는 답습하지 않았다. 미국과 프랑스도 아직 식민지에 대학을 두지 않았다. 조선에서는 각국의 경험을 토대로 보통교육에 중점을 둔 것이 온당한 조치였다. 셋째, 식민지 교육에서 고려가 필요한 것은 문학교육과 실과교육의 비중문제인데, 인도의 경우에는 는 문학교육을 실시한 것이 좋지 않은 결과를 가져와서, 조선에서는 실과교육에 중점을 두었다. 넷째, '모국어'를 보급하는 문제도 인도, 인도차이나, 필리핀에서의 경험을 토대로 조선에서 일본어 보급에 힘쓰게 되었다. 이에 대해 시데하라는 "조선은 이제 식민지로 취급하는 것을 좋아하지 않으므로 내지와 동등한 위치에 선 것을 희망하고 또 내지인의 이상도 가능한 빨리 조선인을 우리와 같은 상태로 이끄는 데 있으므로 국어의 보급은 일단의 의의를 나타낸다"고 말한다.[78] 다섯째, 서양인의 식민지 경험에서는 무리하게 모국주의를 이식하려고 한 것이 성공을 거두지 못했다고 생각하였다. 예를 들면 알제리나 인도에서 "가족제도를 파괴하고 혹은 인권을 부여하는 것을 생각하여 종래의 사회조직이 어떠한 역사적 근거를 갖는가를 깊이 고려하지 않고 함부로 이것을 모국풍으로 변형하려고 시도한 것은 우리가 보면 무모한 행동이라고 생각할 수밖에 없다"고 비판하였다. 한편 서양인들이 애를 먹은 동화정책도 일본인과 조선인 사이에서 이루어질 경우에는 "인종에서도, 사상에서도, 풍속에서도, 습관에서도 거의 큰 차이가 없으므로" 피식민자의 사상 및 습관을 연구하여 점차 문명으로 옮기는 작업이 용이하다고 생각하였다.[79] 즉 조선을 식민지로 지배하는 데 서양인보다 일본이 훨씬 유리한 조건을 가졌다고 본 것이다.

이처럼 시데하라는 구미제국의 식민지 교육과 비교해서 확인하고 일본과 조선의 관계에서는 일본인의 실제 '혈통'이나 언어, 풍습 등이 조선인과 가장 가까운 점을 다른 부분이라고 들었다. 그렇기 때문에 일본어에 능숙하지 못한 조선인의 보통교육은 속성법을 취하고, 실용교육을 실시하여 신속하게 사회 실무를 담당하게 만들어야 한다고 주장하였다. 조선인은 남녀 모두 수예에 취미가 있으므로 수예 교육, 가정공업 교육에 적당하다는 것이다. 그러므로 초

78 幣原坦, 『朝鮮教育論』 제1장 總說 1 植民地教育の方面より觀たる朝鮮, 1909, 8~15면.
79 위의 책, 제1장 總說 1 植民地教育の方面より觀たる朝鮮, 16~20면.

등교육에는 실업교육을 실시하는 것이 적절하다고 하였다. 이러한 실업교육의 방침을 제시한 위에 조선인에게는 점차 세상의 추세에 서서히 익숙해짐과 동시에 문명국의 습속과 조화를 가르쳐 세계가 부도덕이라고 인정하는 사기, 암살과 같은 것을 제거하지 않으면 안 되는 것을 요구하였다.[80]

따라서 시데하라는 조선인의 동화가 아직 철저하지 않지만 다른 식민지보다 대체로 좋은 결과를 거둘 것이라고 예상하였다. 이를 위해서는 조선인의 자주적 노력도 요구하였다. 국민 개조를 위한 동화교육의 요의(要義)는 국민이 "충군애국하는 사상을 기르는 것을 목적으로 하며, 정부 시설은 전부 동화의 실적을 거두기 위한 것이다. 조선인이 충심으로 내지인과 동화할 각오가 없다면 그 불행은 헤아릴 수 없다. 어느 국민이라도 자기가 속한 국가에 충실하지 않으면 안심입명(安心立命)의 경지에 도달할 수가 없다"고 주장하였다.[81] 시데하라는 동화교육에 대해서는 병합 이전에는 조선인들 사이에서 "일본인이 조선을 빼앗으려고 조선어를 일본어로 바꾸었고, 또 일본어를 배우게 하는 것은 조선인을 일본에 보내어 군대를 만들고 노동자로 삼을 것"이라는 상당한 오해와 반항이 있었으나, 이러한 상황이 변한 것은 식민지 주민들이 '신정'의 효과를 인정한 결과라고 평가하였다.[82]

---

80 「朝鮮教育の要旨」, 『教育時論』915, 〈時事彙報〉, 1910. 9. 15.

81 幣原坦, 『朝鮮教育論』 제1장 總說 5 新制による教育の方針, 57면.

82 위의 책, 제1장 總說 3 新政の効果, 31~32면.

시데하라는 1917년 재차 조선을 시찰하고서 '모국인'과 '토착인'의 관계가 좋아진 이유를 다음과 같이 설명한다. 첫째, 조선인이 동포로 취급을 받은 결과, 내지인이 그다지 무리를 하지 않았다. 둘째, 내지인이 조선인과 다투는 것을 사람들이 좋게 말하지 않았다. 셋째, 조선인도 점차 내지인을 신뢰하는 외에 길이 없다는 것을 인정했다. 넷째, 사회만반의 편의가 열려 교통 외에도 생명, 재산, 명예의 안전도 확실히 보증되었다. 다섯째, 내지인 교육자가 상당한 노력으로 조선인을 선도하는 데 힘쓰고 있는 것을 조선인도 점차 알게 된 것이라고 지적하였다.[83] 그러나 조선에서 불평을 외치지 않더라도 시대의 변화를 기다리는 자도 적지 않다고 말한다. 국내가 평온해도 블라디보스토크 방면에서의 배일운동이 낙관하기 어려운 현실이라고 인식하였던 것이다.[84]

마지막으로 시데하라는 조선에 살고 있는 '내지인' 교육에 대해서 어떻게 생각하고 있었는지 살펴보자. 우선 조선이라는 신영토에서 '신부(新附) 민족'의 모범이 되기 위해서는 '내지인'이 "덕조(德

신정의 효과로 들고 있는 것은 ① 산하가 모습을 바꾸어 만물이 생기를 띠었다. ② 정치 특히 재판이 공평하게 되어 뇌물이 없어졌다. ③ 생명·재산·명예의 안전이 확보되어 초적의 자취가 없어졌다. ④ 도로·교량·가옥·토목공사가 일어나 시설의 외관이 일신되었다. ⑤ 교통기관이 발달했다. ⑥ 산업이 점차 발달했다. ⑦ 재정의 기초가 확립되어 전 방면에 행복을 주어 내지의 경제보조로부터 독립하려고 한다. ⑧ 문명에 대한 보호도 보급하여 미술의 보전에까지 미치게 되었다고 했다.

83 위의 책 부록 3. 植民地における教育に就て, 4. 母國人と土着人との關係, 402~414면.

84 위의 책 9. 同化の徑路, 90~97면.

操)에서도, 지식에서도, 체력에서도 우수민족의 자격을 잃지 말아야 한다"고 생각하였다. '내지인'이 지식면에서 충분히 조선인 위에서 지도할 수 있지만, 조선인이 지식 탐구에 열심이므로 더욱 '지능의 계배(啓培)'를 힘쓰지 않으면 안 된다. 자칫 방심하면 조선인과 동등하게 되어 이들을 지도할 힘이 없어질지 모른다고 보았다. 다음 국민 건강면에서도 '내지인'이 조선인보다 강하지 않다는 우려를 표명하였다. 만일 조선인의 체격이 '내지인'을 능가하게 되면 조선을 통어하는 데 영향을 주게 될 것이기 때문이다. 아울러 조선에서 '내지인' 교사는 '우량자'를 엄격하게 채용할 것을 요구하였다.[85]

이렇게 시데하라가 조선에서의 '내지인' 교육에도 신경을 쓴 것은 일본인의 국민적 단련이 부족하다는 그의 평소 우려에서 비롯된 것이다. 그는 "세계열국 가운데 서서 동양의 패권을 갖는 국민의 진가를 발휘하는 것이 가능할지 의심이 간다. 특히 교육자는 다음 국민의 지도자인 이상 장점 단점을 함께 분별하여 다만 전쟁의 성공에만 도취해서는 안 되는 것"이라고 경종을 울렸다.[86] 교육자는 일본인이 갖고 있는 약점을 청년에게 자각시켜 보완할 수 있도록 교육해야 한다는 것이다. 일본인의 약점으로 시데하라가 지적

85 앞의 책, 제3장 內地人教育, 3. 小學校を中心とする教育, 4. 教師の修養, 278~287면.

86 幣原坦, 『學校論』 제1장 國民的團練論 제2절 國民的團練の不完全, 同文館, 1909, 6~7면.

하는 것은 비열함, 도량의 협소와 시기 질투심, 국민 발전에 필요한 도덕의 미비, 수양이 부족하여 품위를 실추시키는 거동, 신용을 중시하고 인내를 숭상하는 습관의 부족, 단체교제에의 부적합 등이다. 이것들을 극복해서 일본인이 '일등국민'이 되기 위해 국민적 단련이 필요함을 요구한 것이다.[87] 한편 시데하라는 일본인의 자질, 태도를 주문하면서, '내지인'을 조선인의 지도자 지위에 두고자 했다고 말할 수 있다. 조선인이 "내지와 동등한 위치에 서는 희망"을 불가능하게 하는 것이었다.

이상에서 살펴본 것처럼 시데하라는 참여관으로 「한국교육개량안」을 구상하고 이를 실행하였다. 이 개량안으로 시데하라는 사임하고 귀국하게 되지만 교육 개혁의 기본틀로서 대한제국의 교육정책에 큰 영향을 미쳤다. 문명과 교육발달이라는 이름으로 이루어진 그의 고문 활동이 한국을 병합시키기 위한 일본화에 있었으며, 식민교육의 기초가 된 1911년의 제1차 조선 교육령의 기본방침도 이 개량안에서 크게 벗어나지 않았다.

5. 마치며

이상에서 한국 병합 전후, 일본에 의한 조선인 교육정책에 관여

87 각주 86과 동일.

한 시데하라의 행적과 교육론을 중심으로 살펴보았다. 먼저 2절에서는 시데하라 도한 전후의 조선 교육을 둘러싼 상황에 대하여 고찰하였다. 일본이 개입한 조선인 교육의 움직임은 관민 쌍방에서 청일전쟁을 전후하여 시작되었다. 내정간섭을 노리는 일본정부는 조선정부에 내정개혁안을 제시하는 가운데 교육에 대해서도 언급하였다. 또한 동방협회는 조선국교육연구회를 세워, 조선의 교육 사정을 조사하고 의논하였다. 한편 조선에서는 갑오개혁에 보이는 것처럼 근대적 교육에 맞는 교육내용의 변화를 모색할 시기이기도 했다. 한일의정서 체결 후에는 한국의 교육정책을 담당할 일본인 고문과 일본어 교육의 필요성이 제기되었는데 그것은 일본인의 세력부식을 노리는 것이었다. 일본이 제1차 한일협약을 강요한 뒤에는 한국정부 내에 일본인 고문을 둘 것을 요구하였다. 조선인 교육에 대한 관심이 높아지는 가운데 한국교육조사부가 설치되어 여기에서는 일본어 교육을 가장 중시하였다. 그 중요성은 문부성에서도 인정하는 부분이 되어 시데하라를 조선에 파견하는 길이 만들어졌다. 이 절에서는 이렇게 일본인의 조선 교육 상황 시찰이 나중의 조선 침략의 수단, 식민지화로의 포석이 된 것을 논했다.

3절에서는 먼저 시데하라가 도한에 이르는 배경부터 고찰하였다. 시데하라가 조선에 건너간 것은 문부성의 의뢰에서 비롯되었지만, 도한을 희망하는 시데하라의 개인적인 동기도 존재하였다. 시데하라는 먼저 관립중학교에 외국인 교사로 부임하기 위해 한국에 갔지만 한국정부도 시데하라에게 '신학문'을 학생에게 강의하는 것을 기대하였다. 그리고 1905년 2월, 시데하라는 일본정부의 추천으로 참여관에 임명되었다. 참여관시대의 시데하라는 학제 개혁, 소학교의 개혁에 임했는데, 그중에서 특히 교과서 편찬사업을 중요시하였다. 이 교과서 편찬이야말로 일본어 교육을 통한 한국어 말살을 의도한 것이었다. 시데하라가 참여관이 되어 근대적 교육의 학제 개편을 실시하고 한국의 학교 행정에 관여한 것은 일제의 식민지 통치를 원활하게 추진하려는 준비에 지나지 않았다.

4절에서는 시데하라의 구체적인 교육방침, 교육론의 내용에 관해 논했다. 시데하라는 한국의 교육방침으로 1905년 4월에 「한국교육개량안」을 책정했는데, 이것은 나중에 「한국교육확장계획」과 제1차 조선 교육령에 이어지는 식민지 교육정책의 기초가 되었다. 교육 개혁에서는 초등교육부터 착수했는데, 대학 설치는 시기상조라는 이유로 보류되는 한편, 실업교육을 중시하였다. 시데하라는 결국, 참여관 취임부터 1년여 만에 사직하게 되었는데, 시데하라 이임을 둘러싼 보도에서는 시데하라에 대한 한국 여론의 반발도 상당했다는 것을 확인하였다. 참여관 퇴임 후에도 시데하라는 식민지 교육에 관심을 이어나갔다. 세계의 식민지를 연구하는 가운데 조선의 특징을 상대적으로 관찰한 시데하라는 서구제국보다도 식민지 경영이 순조롭게 가는 것을 자부하였다. 시데하라는 이제 종주국의 지위를 얻은 일본인에게도 지도자다운 자질을 요구했지만, 이것은 조선인에게 피식민자의 지위에 머무는 것을 의미하기도 했다.

이처럼 조선 지배와 식민지화 작업은 일본의 조선 교육정책 중에서 평가할 수 있다. 19세기 말 이래 일본에서는 교육이나 조선에 대한 관심의 고조와 함께, 교육미디어를 비롯한 언론활동이 활발하게 되어, 조선 지배를 지탱하는 여론이 만들어졌는데, 시데하라는 그 실천자가 되었다. 참여관시대, 문명과 교육의 발전이라고 하는 명목으로 진행된 시데하라의 활동은 한국을 병합하기 위한 일본화에 있었다. 학제를 개정하면서도 실업교육을 중시하고 고등교육 기관인 대학 설치가 불필요하다는 낙인을 찍은 것은 조선인을 우민화하려는 정책적 의도가 투영된 것이다. 시데하라의 조선 교육론에는 항상 조선인의 피식민자로서의 자세가 따라다니고 있었다. 조선의 민족적 아이덴티티가 확립하기 이전, 이렇게 교육정책을 통하여 조선에 일본 문화가 침투되는 상황에서 결국 조선은 망국의 길을 더듬어갔던 것이다.

3장

'조선군인' 가네코 데이이치(金子定一)와 대아시아주의운동

—

이형식

1. 시작하며

이광수는 1943년 11월 『신태양(新太陽)』 '싸우는 조선 특집, 징병제도 실시 기념' 호에 「군인이 될 수 있다」라는 소설을 실었다. 이 소설에는 '가네코 빈(金子敏)'이라는 군인이 등장한다. 소설의 주인공 '나'는 가네코 소장이 오래간만에 경성에 돌아왔으니 하룻저녁 담소를 나누자는 이야기를 이군으로부터 전해듣는다. 나는 반가운 마음이 들면서 14년 전 어느 여름날 주인공의 집을 갑자기 방문한 가네코를 떠올렸다.

> 대좌는 당시 조선군의 고급 참모로서, 조선 민심의 동향에 깊은 관심을 갖고 있던 듯하다. 대좌는 내선 관계의 역사에 상당히 조예가 깊었다. 오늘날 일본인 가운데는 고려, 백제, 신라에서 귀화한 사람의 자손이 1천 800만 명이 있다는 등 『신찬성씨록(新撰姓氏録)』에 기록된 사실을 곧잘 이야기하던 것도 가네코 대좌이다.[1]

이광수 소설에는 매일신보 기자 심우섭(『무정』에 나오는 신문기자 신우선의 모델)을 비롯하여 적지 않는 실존인물이 등장한다. 위 소설에 등장하는 가네코 대좌은 조선군 참모를 지냈다는 점, 한일 관계사에 조예가 깊다는 점, 조선인과의 교류가 많았다는 점, 대륙에서

1 최주한·하타노 세쓰코 엮음, 『이광수 후기 문장집 I (1939~1945)』, 소나무, 2017, 639면.

활동하고 있다는 점, 부인이 경성에 살고 있다는 점에서 가네코 데이이치(金子定一, 1885~1960)를 모델로 했을 가능성이 높다.[2]

가네코 데이이치

가네코는 조선군 20사단 참모를 지낸 육군 군인으로 동아연맹과 대아세아협회, 대일본흥아회(대아세아협회의 후신) 등 아시아주의를 표방한 단체에서 활동하면서 '조선군인' '조선대의사'로 불렸다.[3] 조선군 참모 시절에는 조선대아세아협회 설립에 관여하였고, 1945년에는 대일본흥아회 조선지부를 설립하기 위해 조선으로 건너와 조선에서 패전을 맞이했다. 패전 후에는 재경성 일본인의 귀환단체인 경성일본인세화회 사무국장에 취임하는 등 조선과 깊은 관련을 맺고 있었지만 일반적으로는 거의 알려지지 않은 인물이다. 하지만 최근 들어 본격적인 연구는 아니지만 대아시아주의 운동과 관련하여 가네코에 대한 관심이 높아지고 있다.

관련 선행 연구로 먼저 향토 연구가인 오노데라(小野寺永幸)는 가네코가 남긴 사료를 토대로 생애를 소개했다.[4] 연구서는 아니지만 가네코의 개략적인 이력을 확인하는 데에는 도움이 된다.

---

2 이광수의 소설(「군인이 될 수 있다」)에 가네코 대좌가 등장한다는 사실은 불교대학 이승엽 선생님이 알려주셨다. 지면을 빌려 감사를 표한다.

3 金子定一全集刊行會編, 『東北太平記の梗概と原註私註: 在鮮終戦日記抄』, 出版者不明, 1958, 119면.

4 小野寺永幸, 『東アジア風雲の明星秘録·金子定一の生涯: 五族協和を目指して』, 東北史學研究所, 2009.

다음으로 마쓰우라(松浦正孝)는 가네코를 조선에서 대아시아주의의 이데올로그이자 일선융합론의 열렬한 신봉자로서 처음 소개했다. 마쓰우라는 가네코가 중앙아시아를 기원으로 하는 투란민족(헝가리인, 핀족, 에스토니아인, 터키인, 몽골인, 퉁구스인, 조선인, 일본인 등)을 민족으로서 각성시켜 통합하려는 투란주의(Turanism)[5]의 영향을 강하게 받아 일본인과 조선인의 인종적 공통성을 강조하면서 조선에서 일본을 맹주로 하는 대아시아주의 운동을 전파했다고 지적했다.[6] 하지만 가네코의 조선, 조선사 인식의 특징과 조선에서의 대아시아주의 운동에 대한 역할에 대해서는 보다 세밀한 분석이 필요하다.

한편 조경달(趙景達)은 전시기 전향한 일부 조선 지식인이 한족을 배제하는 범퉁구스주의에 경도되었다는 것을 지적하고 녹기연맹의 모리타 요시오(森田芳夫)의 민족협화론과 가네코의 민족론과의 유사성을 언급하였다.[7]

끝으로 나가시마(永島広紀)는 가네코가 경성내지인세화회 사무국장으로서 도쿄의 각 관청과 연락 조정을 담당하는 등 일본인의

5 투란주의란 19세기 초 헝가리에서 생겨난 사상이다. 투란은 이란 북동의 넓은 평원을 가리키는데, 투란주의는 우랄·알타이어족과 유럽 동부로부터 동아시아에 걸친 지역에 분포하는 투란민족을 민족으로서 각성시켜 통합하려는 운동이다. 투란주의에 대해서는 海野弘,『陰謀と幻想の大アジア』, 平凡社, 2005; 趙景達,「パン·ツングーシズムと東アジア」,『アジア研究』5, 2010을 참조.

6 松浦正孝,『「大東亜戦争」はなぜ起きたのか』, 名古屋大學出版會, 2010.

7 趙景達,「「韓国併合」の論理とその帰結: アジア主義と同化主義の行方」,『朝鮮史研究會論文集』49, 2011.

귀환에 일조했다는 것을 밝혔다.[8]

위 선행 연구 동향에서 살펴본 것처럼 기존 연구에서는 가네코의 조선 인식, 조선에서의 대아시아주의 운동에 미친 그의 역할에 대한 본격적 분석이 결여되어 있다고 할 수 있다. 이러한 문제의식을 토대로 본고에서는 '조선군인' 가네코의 활동과 사상(조선관)을 대아시아주의 운동과 결부하여 살피고자 한다.

본 연구가 가네코에 주목하는 것은 다음과 같은 연구사적 의의가 있다고 하겠다. 먼저 1930년대 재조일본인 연구가 주로 조선쌀 옹호 운동을 비롯한 사회경제사 분야에 집중되어 있어[9] 녹기연맹을 제외하면 만주사변 이후의 재조일본인 연구가 미흡했다. 따라서 본 연구는 사상 운동의 이데올로그인 가네코에 주목함으로써 1930년대 재조일본인의 동향을 파악하는 데 일조할 것이다. 다음으로 조선군은 조선총독부와 함께 식민통치의 중요한 축이었고 특히 만주사변 이후에는 조선사회에 대한 관여가 높아져 식민지정책을 결정하는 중요한 정치 세력이었음에도 사료 부족으로 연구 진척이 더딘 분야였다.[10] 가네코는 만주사변 직전에 조선군 참모로

---

8 경성일본인세화회에서의 활동에 대해서는 永島広紀, 「朝鮮半島からの引揚と「日本人世話會」の救護活動－朝鮮総督府·京城帝国大學關係者を中心に」, 増田弘編, 『大日本帝国の崩壊と引揚·復員』, 慶應義塾大學出版會, 2012를 참조.

9 대표적인 연구로는 김제정, 「1930년대 전반 조선총독부 경제관료의 '지역으로서의 조선' 인식」, 『역사문제연구』22, 2009; 기유정, 「일본인 식민사회의 정치활동과 조선주의에 관한 연구: 1936년 이전을 중심으로」, 서울대 대학원 박사논문, 2011 등이 있다.

10 식민지 지배에서의 군의 역할을 다룬 최근의 연구 성과로는 坂本悠一編, 『地域中

부임해서 지식인, 문화인 등 조선 각 분야의 인물들과 교류하는 한편, 강연회 활동, 신문, 잡지 기고활동도 활발하게 전개했다. 따라서 '조선군인' 가네코에 주목하는 작업은 만주사변 이후 조선군이 어떻게 조선사회에 관여했는지를 밝히는 데도 일조할 것이다.

2. 가네코 데이이치의 생애와 경력

가네코는 1885년 이와테(岩手)현 모리오카(森岡)시에서 신문기자인 가네코 데이케이(金子定敬)의 장남으로 태어났다. 난부번(南部藩) 출신의 할아버지는 보신전쟁에 참전했다가 패배하고 돌아온 후 세상을 저주하면서 술로 지새우다가 젊은 나이에 세상을 떠났다고 한다. 아버지 데이케이는 법률을 배우고 민권 운동에 투신해 모리오카에서 처음으로 일간지 『일진신문(日進新聞)』을 발행했다. 데이케이는 이후 상경하여 1889년부터 이누카이 쓰요시(犬養毅) 사장 밑에서 약 2년간 『조야신문(朝野新聞)』의 정치부를 담당하다가 스물일곱의 젊은 나이(데이이치는 4살)에 급사했다.[11] 데이케이가 위급하다는 전보를 받고 데이이치는 어머니와 상경했는데, 데이이치의 회고에 따르면 이누카이는 이들 모자(母子)를 자신의 저택에 머무르

の軍隊7 帝国支配の最前線』, 吉川弘文館, 2015가 있다.

11 金子定一全集刊行會編, 『甲子革命政変記』, 出版者不明, 1959, 2면.

게 했고, 장례식에는 '이와타 씨'라고 불린 김옥균이 참석하여 자신을 안아주었다고 한다. 이후 데이이치는 이누카이 저택을 빈번하게 방문하는 등 친밀한 관계를 맺었다. 이누카이는 혁명파 대륙낭인 미야자키 도텐(宮崎滔天)을 원조하고 미야자키의 요청으로 중국에서 망명한 손문(孫文), 장개석(蔣介石) 등을 숨겨주는 등 일본정치가 가운데 아시아연대에 공명(共鳴)한 인물이었다.[12] 또한 숙부와 외삼촌들이 자유민권사상에 경도되어 있었고, 당시 자유민권 운동이 오사카 사건(1885년) 등으로 대표되는 국권 운동으로 연결된다는 점에서 데이이치는 유년시절부터 아시아에 대한 남다른 관심을 가지게 되었다.

부친 사후(死後) 가네코는 어머니의 고향인 하나마키(花巻)에서 소학교를 다녔다. 그 후 모리오카중학교에 진학했다. 모리오카중학교 시절[13]에는 문학에 관심을 보여 교우회위원으로 이시카와 다쿠보쿠(石川啄木)와 교류하면서 다쿠보쿠가 중심이 되어 결성한 단카(短歌) 동호회인 '백양회(白羊會)' 동인으로 활약하였다고 한다. 군인이 된 후에도 많은 글을 쏟아내고 조선인 문인들과 교류하게 된 것도 문학회 활동이 작용한 것으로 보인다. 가네코는 중학교를 중퇴하고 상경해서 고학생을 지원하는 모임인 '역행회(力行會)'에 들

12 이에 대해서는 犬養毅·鵜崎熊吉, 『犬養毅の世界: 「官」のアジア共同論者』, 書肆心水, 2007를 참조.

13 참고로 모리오카중학교는 요나이 미쓰마사(米內光政, 해군대신·총리), 이타가키 세이시로(板垣征四郎, 육군대신·조선군사령관) 등 많은 군인을 배출했다.

어가 낮에는 일을 하고, 밤에는 육군군인을 지망하는 학생들에게 예비교육을 실시하는 사립 세이조(成城)학교를 다녔다. 1904년 세이조학교를 졸업하고 일시 고향에 돌아가서 대용(代用)교원이 되었는데, 이후 군인을 지망하였다. 사회주의 성향의 문학 소년은 러일전쟁을 계기로 군인을 지향하게 되었다고 한다.[14]

1905년 7월 육군사관학교에 입학하여 1907년(19기) 졸업하였다. 사관후보생 시절 난부번의 당주인 난부 도시아쓰(南部利淳) 백작 저택에서 중학교 선배인 이타가키 세이시로(板垣征四郎)를 처음으로 만났다.[15] 이들은 이후 평생 친밀한 관계를 유지하였다. 임관해서 부대근무(隊付) 보병중위로 육군대학 선발시험에 합격하여 제27기생이 되었다. 육군대학 입학전형에서 과거의 사회주의 사상이 문제가 되었는데, 면접관이 사회주의에 대해서 질문하자 가네코는 "미국의 부(富), 영국의 해(海), 러시아의 토지욕(土地欲)을 그대로 둘 수는 없습니다. 백색 제국주의 타파를 위해 일본은 유색인, 약소민족의 선두에 서야 합니다. 국내의 계급투쟁 등은 어림도 없는 소리입니다"라고 대답했다고 한다.[16] 일찍부터 대아시아주의에 경도되어 있었다는 것을 알 수 있다. 육군대학에서는 중국을 연구하였다.[17]

---

14 앞의 小野寺永幸의 책, 33면.

15 金子定一, 「東条·板垣言行側面紀 1」, 『奥羽史談』6-2, 1955, 16면.

16 앞의 『甲子革命政変記』, 3면.

17 참고로 1915년 졸업한 육군대학 동기생으로는 도조 히데키(東條英機, 육사17기, 육군대신·총리), 오시마 히로시(大島浩, 육사18기, 육군중장·독일특명전권대사),

이후 8사단 참모(1917년 6월), 참모본부원(1919년 4월)을 거쳐 1922년부터는 지나주둔군 참모로 중국에 파견되었다. 8사단은 한국 병합 이후 조선에 배치된 사단으로 조선에 2개 사단이 배치되자 본국으로 귀환했는데, 가네코는 6개월 정도 개성수비대 부관으로 조선에서 근무했다고 한다. 참모본부 시절에는 국가총동원계획 수립에 참여하였고, 지나주둔군 사령관 보좌로 중국에 파견되기 직전에 이누카이로부터 20여 통이 넘는 소개장을 건네받았다고 한다. 지나주둔군 시절에는 반자이 리하치로(坂西利八郎), 이타가키 세이시로, 스즈키 데이이치(鈴木貞一), 도히하라 겐지(土肥原賢二) 등과 같은 '지나통(支那通)'[18]군인들과 교류하면서 국가총동원을 위한 중국자원조사를 담당했다.[19] 당시 육군 '지나통'들이 '중국비국가론(中國非國家論)'을 공유하면서 근대 국가건설 능력을 부정하고[20] 중국 침략에 앞장섰다는 점에서 가네코 역시 이들과 인식을 공유했을 것이다. 또한 부의(溥儀, 선통제), 손문, 단기서(段祺瑞), 장작림(張作霖) 등 중국의 주요 인물과 접촉하면서 그 역시 '지나통'으로 활약하였다.

이마무라 히토시(今村均, 육사19기, 第8方面軍司令官), 혼마 마사하루(本間雅晴, 육사19기, 第14軍司令官) 등이 있다.

18 '지나통'은 중국에서 생활한 경험과 중국에 대한 전문지식을 토대로 언론활동, 저술활동, 정치활동 등을 통해서 일본의 대중국인식과 대중국정책에 막강한 영향을 미쳤다. '지나통'에 대해서는 戸部良一, 『日本陸軍と中国: 「支那通」にみる夢と蹉跌』, 講談社, 1999; 졸고, 「'支那通' 야노 진이치(矢野仁一)의 중국인식과 對中정책」, 『사림』58, 2016. 10를 참조.

19 앞의 『甲子革命政変記』, 20면.

20 이에 대해서는, 戸部良一, 「陸軍「支那通」と中国国民党ー国民政府否認論の源流ー」, 『防衛大學校紀要』68, 1994를 참조.

1926년 3월 참모본부로 돌아와 제2부 제5과(지나과) 제7반(兵要地誌班)에 배치되었다. 제7반 반장은 고향 선배인 이타가키였다. 이타가키가 제1차 산동출병에 참가할 때까지 두 사람은 약 1년 동안 병요지지반(兵要地誌班)에서 함께 근무하였다.[21] 참모본부 시절 가네코는 이타가키와 함께 민간우익인 오카와 슈메이(大川周明), 야스오카 마사히로(安岡正篤) 등과 교류했다.[22] 오카와는 일본주의, 대아시아주의를 보급하기 위해 1925년 사상단체인 교치샤(行地社)를 설립하고 만몽독립을 주창하면서 참모본부의 중견장교들에게 접근했다.[23] 사회교육연구소, 대학료(大學寮)를 계승한 교치샤는 기관지 『월간일본(月刊日本)』을 발간했다. 『월간일본』에는 야스오카, 미쓰카와 가메타로(満川亀太郎), 가사기 요시아키(笠木良明), 니시다 미쓰기(西田税) 등 민간우익들이 동인으로 참가했는데, 소학교 교사, 육해군의 청년장교들에게 많이 읽혔다고 한다.[24] 이타가키를 비롯하여 하시모토 긴고로(橋本欣五郎), 하나야 다다시(花谷正) 등 훗날 만주사변의 주역들이 강연이나 기고를 통해서 교치샤에 참여했다. 가네코 역시 1927년 2월부터 교치샤 월례회에 참석했고, 오카와에게 육군사관학교 중화민국 학생을 대상으로 일본사 개론의 강연을 의뢰했다.[25] 그뿐만 아니라 교치샤의 동인으로 참가하여 『월간일

21 앞의 「東条·板垣言行側面紀1」, 17면.
22 각주 21과 동일.
23 이에 대해서는 秦郁彦, 『昭和史の軍人たち』, 文藝春秋, 1982, 92~93면을 참조.
24 大塚健洋, 「行地社機關誌月刊『日本』目次及び解題(上)」, 『姫路法學』3, 1989, 52~53면.
25 大塚健洋, 『大川周明と近代日本』, 木鐸社, 1990, 204면.

본』에 다섯 차례 기고했는데, 대아시아주의의 이데올로그인 오카와와의 친밀한 관계를 엿볼 수 있다. 이후 두 사람은 '동지'이자 '친우(親友)'로 평생 돈독한 관계를 유지했다.[26] 참모본부 시절의 상관은 일본의 국제연맹 탈퇴 이후 대아시아주의 운동을 이끈 '지나통' 마쓰이 이와네(松井石根)였다. 마쓰이와의 인연은 이후 가네코가 조선에서 대아세아협회 조선지부 설립에 관여하는 계기가 되었을 것이다.[27]

한편 가네코는 1926년 12월에 육군대학 교관을 겸하였고, 1927년 9월부터는 마사키 진자부로(真崎真三郎)의 추천으로 육군사관학교 중화민국학생대 대장을 맡아 유학생을 통솔했다.[28] 황도파의 리더인 마사키와의 관계가 언제부터 시작되었는지 불분명하지만 마사키가 후술하는 2·26사건의 배후로 지목되면서 마사키와 친분이 있던 가네코도 2·26사건 후 숙군(肅軍)의 여파로 군복을 벗게 되었다.

1928년 5월 일본군과 중국의 장개석이 이끄는 국민혁명군이 충돌한 제남사건(濟南事件)이 발발하자 가네코는 오사카에 주둔하고 있는 3사단 참모로 발탁되어 중국 산동에 출병했다. 이 제3차 산동출병에는 관동군으로부터 보병1여단, 야포병1중대, 조선군으로

26 大川周明關係文書刊行會, 『大川周明關係文書』, 芙蓉書房出版, 1998에는 전후에 가네코가 오카와에게 보낸 편지가 1통 실려 있다.

27 앞의 『「大東亜戦争」はなぜ起きたのか』, 658면.

28 1927년 11월 30일자 真崎真三郎앞 가네코 서한(일본국회도서관 헌정자료실 소장 『真崎真三郎關係文書』519-1).

부터 혼성1여단, 비행1중대가 참여하였다. 같은 해 6월 장작림 폭살사건이 발발하자 가네코는 출병 임무를 마치고 일본으로 돌아오기 직전 여순을 방문해서 폭살사건의 장본인인 고모토 다이사쿠(河本大作)와 관동군 참모 이시하라 간지(石原莞爾)를 만났다.[29] 이후 1931년 8월 대구에 있는 20사단 80연대 참모로 부임하였고, 고향 선배인 이타가키 관동군 참모장과 이시하라 간지 관동군 참모가 모략으로 만주사변을 일으키자 관동군과 조선군의 연락장교로 관동군에 파견되었다. 1932년 4월 대좌로 승진하여 용산에 있는 20사단 사령부에 배치되어 1934년 3월 가나자와연대구사령관(金澤聯隊區司令官)으로 영전할 때까지 약 2년간 경성에서 근무했다. 조선군 참모 시절에는 지식인, 문화인 등 조선 각 분야의 인물들과 교류하는 한편[30] 조선대아세아협회 설립에 관여하였다.

1936년 발발한 2·26사건 이후 숙군 통제로 같은 해 8월 소장 승진과 동시에 현역에서 물러났다. 가네코는 2·26사건의 주모자와 연락했다는 혐의로 헌병대에 임의 출두를 명령받았다.[31] 2·26사건과 직접 관계가 없었지만, 청년장교를 비호했던 마사키 진자부로 대장과 친분이 있었고, 가나자와연대구에 동조자가 있었기 때문에 군복을 벗을 수밖에 없었다고 한다.[32] 이후 이타가키 관동군 참모

29 金子定一, 「一軍人の知る中野正剛」, 『日本及日本人』 1362, 1956, 94면.
30 「〔興亞新刊〕金子定一著「日本民族の大陸還元」」, 『綠旗』 1939. 4, 44면.
31 金子定一, 「旧悪の真相」, 『開発クラブ』5-4, 1952, 79면.
32 金子定一, 「東条·板垣言行側面紀3」, 『奥羽史談』6-4, 1955, 14면.

장, 도조 히데키 관동헌병대사령관(關東憲兵隊司令官, 가네코의 육군대학 동기) 등의 알선으로 만주로 건너갔다. 도조는 가네코에게 장문의 편지를 보내 "어쨌든 만주로 오라, 이타가키, 이마무라(今村均, 육사 동기·관동군 참모부장-필자)도 있으니 나쁘게는 하지 않겠다"며 만주행을 설득했다고 한다.[33] 이후 만주국몽정부(滿洲國 蒙政部) 고문, 만주국 협화회 중앙위원·수도본부부장·고문, 신경장교회(新京將校會) 회장, 선만척식회사 촉탁, 조선인들이 세운 신경실무학원(新京實務學院)의 교장 등을 역임하였다. 언제부터인가는 불분명하지만 가네코는 경성(三坂通)에 거처를 마련하고 가족을 조선에 이주시켰다. 만주에서 돌아올 때마다 경성 자택에 머무르며 조선인들을 만나고 강연도 했다. 비록 가네코의 조선 재임기간은 짧았지만, 조선을 떠난 후에도 가족이 조선에 살았고, 조선인들과 폭넓게 교류해 이광수 소설에도 등장한다는 점에서 '조선군인'으로 불릴 만큼 일본인 육군군인으로서는 특별한 존재였다.

한편, 1937년 4월 제20회 총선거에서 고향 이와테에서 출마했다가 차점으로 낙선하였다. 이후 1942년 4월 제21회 총선거(소위 '익찬선거')에서 익찬정치회의 공인으로 당선되었다. 제21회 총선거에서 마키야마 고조(牧山耕藏), 다와라 마고이치(俵孫一) 등의 다선 '조선통' 의원들이 낙선하면서, 가네코는 조선인을 징병하기 위한 병역법 개정 심의 위원회에 참여하는 등 새로운 '조선통' 의원('조선

33 각주 32와 동일.

대의사')으로 부상하였다. 대정익찬회에서는 흥아총본부 대륙국장에 취임하였고, 1945년에는 대아세아협회의 후신단체인 대일본흥아회의 조선지부를 설립하기 위해 조선으로 건너와 조선에서 패전을 맞이했다. 경성내지인세화회(京城內地人世話會) 사무국장에 취임해서 도쿄와 관계한 각 관청과 연락 조정을 담당하는 등 일본인의 귀환에 일조했다.[34]

3. 가네코 데이이치와 만주사변

가네코는 제3차 산동출병에 제3사단 참모로 참전했다. 전술한 바와 같이 이 출병에는 3사단 이외에 관동군, 조선군이 출전하였다. 이후 가네코는 만주사변이 발발하기 직전에(1931년 8월) 20사단 80연대 참모로 부임하였다. 9월 18일 당시 가네코는 창녕 부근에서 연습하고 있었는데 지방 여행중인 조선군 참모장 고다마 도모오(児玉友雄)로부터 전화를 받고 대구로 돌아와서 고다마를 만났다.[35] 고다마는 "지금 당장 봉천으로 가라, 경천동지(驚天動地)의 소동이다" 라고 했다고 한다. 가네코는 군도(軍刀)와 권총만은 소지하고 기차

---

34 경성내지인세화회에서의 활동에 대해서는 永島広紀, 「朝鮮半島からの引揚と「日本人世話會」の救護活動—朝鮮総督府·京城帝国大學關係者を中心に」, 増田弘編, 『大日本帝国の崩壊と引揚·復員』, 慶應義塾大學出版會, 2012를 참조.

35 『경성일보』1932년 8월 21일자.

를 타고 곧장 봉천으로 향했다. 가네코는 "나에게는 대체로 상황이 상상이 되었다"고 회상하고 있다.[36] 가네코는 전술한 바와 같이 산동 출병 후 돌아오는 길에 여순에서 장작림 폭살 사건의 주역인 고모토와 관동군 참모 이시하라를 만났고, 1931년 4월에는 육군 참모장회의에 미야케(三宅光治) 관동군 참모장의 대리로 참석한 이타가키와 도쿄에서 만났다. 이타가키는 가네코에게 관동군의 계획을 은밀히 알렸을 것이다.

만주로 파견된 가네코는 관동군과 조선군을 연락하는 임무를 담당하였다. 수적으로 열세했던 관동군이 장학량(張學良) 군대를 상대로 군사작전을 수행하기 위해서는 조선군의 협력(월경 출병)과 의사소통이 필수불가결했다.[37] 가네코는 제3차 산동출병 당시 관동군, 조선군과 공동작전을 수행한 경험이 있었을 뿐만 아니라 만주사변의 주역인 이시하라, 이타가키와도 친분이 있었다는 점에서 관동군과 조선군의 연락장교로 가장 적합한 인물이었다.[38] 가네코는 "다년의 현안을 이번이야말로 해결해야 한다는 것은 군부의 의도하지 않은 일치된 결의라고 할 만하여, 나로서도 뭔가 설레고 흥

36 金子定一, 「東条·板垣言行側面紀2」, 『奥羽史談』6-3, 1955, 17면.

37 이에 대해서는 서민교, 「만주사변기 조선주둔 일본군의 역할과 활동」, 『한국민족운동사연구』32, 2002; 朴廷鎬, 「満州事変における朝鮮軍の独断越境過程の再検討」, 北岡伸一編, 『国際環境の変容と政軍關係』, 中央公論新社, 2013을 참조.

38 이시하라는 가네코의 육군사관학교 2년 후배(21기)이고, 육군대학 교관 시기가 겹친다. 참고로 가네코는 미야케 관동군 참모장이 제2차 산동출병시 3사단의 선발 혼성여단장이어서 고생을 같이 한 사이였고, 이타가키, 이시하라는 가까운 사이였다고 회고하고 있다(앞의 「東条·板垣言行側面紀2」, 17면).

분된 마음으로 봉천 그 외 각지의 정황을 상상했다"고 회고하고 있다.[39]

9월 20일 오후 6시에 봉천에 들어가서 혼조 시게루(本庄繁) 관동군사령관을 만나 봉천성, 길림성의 조선인 보호와 구제를 건의했고, 사령관 이하 막료 전원이 21일 오전까지 연구, 논의했다.[40] 이것은 9월 20일부터 21일에 걸쳐 간도의 조선인 민회 시설, 학교, 기관고(機關庫) 등이 불타 간도 민회가 조선군사령부에 출병을 요구했기 때문이다. 그런데 조선인의 보호, 구제는 표면적인 이유였고 조선군의 월경(越境)이 육군 중앙부로부터 제지되는 상황에서 관동군이 길림 방면으로 전국(戰局)을 확대해서 이를 명분으로 조선군이 국경을 넘으려고 했던 것이다.[41] 가네코는 관동군에 "조선군은 길림방면의 정황을 기다린다"고 통보하고 관동군이 21일 길림 파병을 결정하자 조선군(혼성 제39여단)은 압록강을 건너서 관동군의 지휘하에 들어갔다.[42] 간다 마사타네(神田正種) 조선군 참모는 조선인의 보호, 구제를 빌미로 간도를 군사적으로 점령하여 간도 문제를 해결하자고 건의했지만, 하야시 센주로(林銑十郎) 조선군사령관은 관동군 원조라는 범위를 벗어나는 월경 출병이라는 정치적 리스크와 열강의 간섭을 초래할지 모른다는 국제관계를 고려하여 중단했

39 『경성일보』 1932년 8월 21일자.
40 각주 39와 동일.
41 앞의 朴廷鎬 논문, 120면.
42 片倉衷, 「滿州事変機密政略日誌」 1931년 10월 12일자, 小林竜夫編, 『現代史資料 7 滿州事変』, みすず書房, 1964, 187면.

다.[43]

한편, 이타가키는 조선군이 천황의 칙령을 위반하고 월경한 소위 '위칙월경(違勅越境)'에 대한 감사의 의미로 이시하라를 조선에 보냈다.[44] 가네코도 이시하라 관동군 참모와 함께 경성을 방문하여 10월 4일 하야시 조선군사령관을 만났다. 하야시는 그들을 향해 "일본은 이 기회에 조선, 만주, 몽골인을 합쳐서 일단(一團)으로 한 독립국을 건설해서, 밖으로는 소비에트와 한민족(漢民族)에 대항해서 일본 지도하에 그 압박을 배제하는 일세력(一勢力)을 만몽에 수립해야 한다"고 이야기했다.[45] 하야시는 우랄·알타이 민족의 단결과 일본을 맹주로 하는 대아시아주의를 주장하고 있었던 것이다. 가네코를 비롯한 조선군 참모들은 간도 문제를 일거에 해결하기 위해 간도 출병을 이시하라에게 전달하였고, 고노 에쓰지로(河野悦次郎) 용정촌특무기관장도 관동군사령부를 방문하여 간도 문제 해결을 건의했다. 하지만 관동군은 병력 부족을 이유로 소극적이었고, "가네코의 보고가 조금 과장된 측면이 있지 않나" 의심의 눈초리를 거두지 않았다.[46] 그러자 조선군의 만주 출병 주장에 공명한 이시하라는 거류민 보호라는 구실로 관동군의 길림 출병명령을 기안하여 제출했는데, 출병안에 미야케 참모장, 이타가키도 동의했

43 앞의 朴廷鎬 논문, 128-131면.
44 앞의 「東条·板垣言行側面紀2」, 19면.
45 林銑十郎, 『林銑十郎満洲事件日誌』, みすず書房, 1996, 40면.
46 「満州事変機密政略日誌」1931년 10월 12일자, 앞의 『現代史資料 7 満州事変』, 210면.

다. 하지만 거류민 보호를 구실로 사변을 확대하려고 하는 관동군 참모들의 획책을 간파한 혼조 사령관에게 의해 저지되었다.[47]

한편, 봉천북대영 주둔군이 각지로 흩어지면서 중국 패잔병과 마적에 의해서 재만조선인이 피해를 보는 사태가 속출했다. 재만조선인들은 '안전지대'를 찾아 떠나야 했고, 그 와중에 패잔병들의 약탈, 방화, 폭행, 학살 등이 자행되었다.[48] 조선군사령부는 조선인 장교 기병대위 윤상필(28연대), 보병대위 유승렬(79연대)을 만주에 파견하여 조선인을 '보호'하였다. 윤상필은 봉천에 있는 관동군사령부(제4과)에서, 유승렬은 제15연대가 주둔해 있는 길림에서 각각 활동하였는데, 가네코도 이들과 함께 재만조선인 문제에 관여하게 되었다. 매일신보는 김을한(매일신보 특파원)을 특파원으로 파견하여 재만조선인을 위문하고 그 실상을 취재하게 하는 한편, 관동군에 파견된 장교들의 '활약상'을 보도하였다. 김을한은 훗날 "육군대학을 나온 사람답게 얼굴에 지성이 있어 보였고 태도가 은근하여 보통 무변(武弁)과는 좀 달라 보였다. 자기 부친도 젊었을 때 신문기자를 한 일이 있다는 그는, 우리를 매우 친절히 대해 주었으며, 피란민 구제 문제에 깊이 이해하고" 있었다고 가네코를 회고했다.[49]

총독부의 어용신문들은 일본군대가 조선인 보호에 적극적이었

---

47 앞의 「東条·板垣言行側面紀2」, 17면.

48 손춘일, 「滿洲事變 前後 在滿朝鮮人 問題와 그들의 困境」, 『정신문화연구』24-2, 2001.

49 金乙漢, 『韓國新聞史話』, 탐구당, 1975, 176면.

고, 재만조선인들이 일본 군부에 감사하고 있다고 보도하고 있었지만, 실상은 신문보도와 괴리가 있었다. 윤상필은 참모본부에서 관동군의 독주를 저지하기 위해 파견된 엔도 사부로(遠藤三郎) 중좌에게 조선인의 정황을 보고했는데, 엔도는 10월 7일자 일기에서 다음과 같이 적고 있다.

> 오지(奧地)의 조선인 학대는 실로 말로 표현하기 힘들다. (중략) 본 사건 돌발 후 조선인들 사이에는 일본군대는 일본 내지인을 보호하지만 조선인을 보호하려고 하지 않는다고 일본군대를 원망하는 자도 있다. 이번 시게마쓰(重松)대대의 행동을 신속히 조선인에게 선전해서 그 오해를 푸는 것은 조선통치에 미치는 효과가 클 테지만 조선총독부에서는 조선일보(공산계), 동아일보(민족주의파) 등 유력 신문사 기자의 도만(渡滿)을 허가하지 않고 이름도 없는 대동신문(총독부의 비호를 받는 신문)만을 허가해서 어떠한 선전 가치가 없는 정황이다. 또 불과 십수 명의 공산주의자가 있다고 해서 조선인을 위험시하고 있지만 대부분의 조선인은 무학(無學)이고 생활에 급급할 뿐 어떤 사상적 위험성을 가지고 있지 않다. 출생률이 높은 조선인을 만주에 안주시키는 것은 일본의 조선통치상 가장 필요하다.[50]

---

50 吉田曠二, 『元陸軍中将遠藤三郎の肖像』, すずさわ書店, 2012, 446~447면. 요시다의 책에는 부록으로 엔도 사부로의 「滿洲事變中渡滿日誌」가 실려 있다.

일본군대가 재만일본인 보호에는 적극적이지만, 재만조선인에 대해서는 소극적이어서 조선인들의 원망을 사고 있었다는 점, 조선총독부가 조선인 언론을 통제하고 있다는 점을 엿볼 수 있다. 가네코는 10월 12일 재만신문기자 29명을 초대하여 조선통치에 조력해 달라고 부탁했다.[51] 가네코는 지나주둔군 시절에도 기자들과 친밀한 관계를 유지했는데, 조선군에 대한 우호적인 언론 환경을 조성하기 위한 것으로 보인다.

11월 13일 조선총독부, 외무성, 관동군사령부가 재만조선인 문제를 협의하기 위해 봉천총영사관에서 회합했다. 이 회합에는 외무성에서는 하야시 규지로(林久治郎) 봉천총영사, 모리시마 모리토(森島守人) 봉천영사, 오하시 주이치(大橋忠一) 하얼빈총영사가, 조선총독부에서는 호즈미 신로쿠로(穂積真六郎) 외사과장이, 관동군에서는 가네코가 참가했다. 이 협의회에서는 조선인 피란민을 앞으로 6개월간 계속 구제하고 장래에는 만주에 산재한 조선농민으로 하여금 집단생활을 하게 하고 무기를 지급하여 자위책을 강구하도록 하자는 것에 의견이 일치했다.[52] 이어 16일 봉천총영사관에서 모리시마 봉천영사, 오두환(吳斗煥) 부영사, 가네코, 윤상필, 김을한이 모여 재만조선인 문제에 대한 좌담회를 개최했다. 이 좌담회에서 가네코는 조선농민을 집단적으로 생활하게 하고, 무기를 주어 자

51 앞의 『元陸軍中将遠藤三郎の肖像』, 451면.
52 『매일신보』 1931년 11월 15일자.

위책을 마련하는 것이 재만조선인 대책을 강구하는 데 가장 중요한 토대가 될 것이라고 주장했다.[53] 항일운동을 막고 치안을 확보하려는 '안전농촌' 구상을 엿볼 수 있다. 11월 20일에는 마점산(馬占山)의 패주로 북만에 있는 수만의 조선인이 위험에 빠지자 가네코는 그 상황을 파악하기 위해 치치하얼(齊齊哈爾)에 파견되었다.[54]

표면적으로는 재만조선인의 안부를 확인한다는 것이었지만, 재만조선인 보호를 명분으로 전선의 확대를 획책하려 했던 것으로 보인다. 가네코는 12월 초에 조선군 참모장으로부터 전보를 받고 니노미야 하루시게(二宮治重) 참모차장 일행과 함께 조선에 돌아왔다. 1주일간 조선에 머무르면서 만몽시국에 대한 정황을 보고하고 지방유지를 대상으로 강연을 했다. 가네코는 강연을 통해 만몽이 '우리 조선', 일본민족과 동일 종족이라는 것, 조선인이 장학량의 착취에 고통받고 있고 이번 사건을 계기로 그 진상이 알려졌고 착취는 두 번 다시 반복되어서는 안 된다는 것, 국제연맹이사회의 만몽 문제 해결책과 같은 어중간한 해결이 아니라 만몽을 중국에서 분리할 필요가 있다고 주장했다.[55] 가네코는 넘쳐나는 청중에 놀랐고, 평양에 수용되어 있는 100여 명의 부상병에 위문품과 위문금이

53 『매일신보』 1931년 11월 18일자.
54 『경성일보』 1931년 11월 21일자.
55 金子定一, 「滿蒙の事情を語る」, 『朝鮮及滿洲』 290, 1932. 1, 47~49면.

쇄도하는 것에 감격했다고 경성일보 인터뷰에서 밝혔다.[56]

가네코 대좌의 개선을 성대하게 환영하는 기사(『매일신보』 1932. 4. 17.)

가네코는 이듬해 4월 16일 만주에서 경성으로 돌아왔다. 남대문역에는 경무국장, 박영철, 한상룡, 군부 관계자들이 환영을 나왔고, 매일신보는 재만조선동포 구제에 진력하여 피란 '동포'들의 존경을 한몸에 받고 있다고 보도했다.[57] 가네코는 경성일보 기자와의 인터뷰에서 조선군의 사명은 단순히 조선에 있는 민중의 보호(保護)만이 아니라 만주에 있는 120만 동포의 보호하는 것도 그 연장

56 『경성일보』1931년 12월 14일자.
57 『매일신보』1932년 4월 17일자.

선상에 있는 것이며, 만몽건설사업에 즉시 기대를 거는 것은 시기상조이고 보다 희생을 치를 각오가 필요하다고 밝히고 있다.[58]

이처럼 가네코는 관동군이 만주사변을 일으키자 조선군과 관동군의 연락장교로 만주에 파견되어 재만조선인 구제를 구실로 전선 확대를 꾀하는 한편 재만조선인 문제에 깊이 관여했다. 만몽, 조선, 일본이 동일 종족이라는 '내선만몽동조론(內鮮滿蒙同祖論)'에 입각하여 재만조선인을 보호·구제하고 만몽을 중국에서 분리해야 한다고 주장했다.

4. 가네코와 조선대아세아협회

1931년 9월 만주사변이 발발하자 갑자구락부, 동민회, 국민협회 등 친일 단체들과 재향군인회 관련 단체들은 일제히 일본군의 만주 침략을 지지하고 나섰다. 친일단체의 전쟁여론 형성에 대해서는 지승준의 연구가 있는데[59], 본고에서는 재향군인회의 전쟁여론 조성 운동과 이들 친일 단체의 운동들이 어떻게 조선대아세아협회 설립으로 이어지는지를 중심으로 살펴보겠다.

---

58 『경성일보』1932년 4월 17일자.

59 만주사변 후 친일단체의 전쟁여론 조성에 대해서는 지승준, 「일제시기 참정권운동 연구: 國民協會·同民會·時中會 계열을 중심으로」, 중앙대학교 사학과 박사논문, 2011을 참조.

조선군은 국제연맹의 간섭을 우려하며 제3국의 간섭을 저지할 방법은 국민의 여론에 기댈 수밖에 없다고 하면서 전쟁 지지 여론을 고조시키도록 간원(懇願)하였다.[60] 이러한 군부의 요망에 부응하여 재향군인연합회 경성분회는 9월 27일 만몽권익보호대회 및 출정군인, 재만동포가호기원식(在滿同胞加護祈願式)을 재향군인 제20사단 잔류부대의 일부, 용산청년훈련소, 경성 및 용산 의용소방대, 조지야(丁字屋)청년단, 수양단, 천청회(天晴會) 및 일반 시민 2,500여 명이 참가한 가운데 조선신궁 광장에서 개최하였다. 이어 갑자구락부, 동민회, 국민협회 등이 중심이 되어 10월 2일 경성에서 만몽에서의 일본 권익을 옹호하고 당면 현안을 해결하고, 일본군의 출병을 지지하는 전국시국대회를 개최했다. 당일 오후에는 시국대연설회를 개최하여 1만 명의 관중이 참여하는 가운데 제국재향군인회 경성연합분회 상무이사 주마 고시노스케(中馬越之助, 예비역 소좌) 외 14명의 연사가 교대로 만몽에서 일본의 권익을 확보하기 위해 국민은 거국일치해서 당국을 편달하고 일본군의 출병이 유종의 미를 거두게 해야 한다고 역설했다. 또 거류민과 재만조선인 보호를 위해 병력을 증파해야 할 것을 주장하며 국제연맹의 만주 철병 요구를 비난했다.[61]

한편 만주사변 후 재만조선인이 중국 패잔병과 마적에 의해 피

60 日支衝突事件에 관한 管內狀況(第六報), 1931년 9월 25일, 『思想에 關한 情報綴 1』.

61 日支衝突事件에 관한 管內狀況(第十二報), 1931년 10월 3일, 『思想에 關한 情報綴 1』.

해를 입자 재만조선인 구호 운동이 전국적으로 전개되었다. 민족주의자와 사회주의자는 1931년 10월 만주동포문제협의회(회장 윤치호)를 조직했고, 갑자구락부, 동민회, 국민협회, 만몽재주동포후원회[62] 등의 친일단체 역시 재만조선인 구제에 나섰다.

이렇듯 친일단체와 재향군인회 단체의 '전쟁열'이 고조되고 있는 상황에서 전술한 바와 같이 1932년 4월 가네코는 열렬한 환영 속에서 만주에서 돌아왔다. 조선에서 가네코는 강연회[63], 신문, 잡지에 대한 기고를 통해서 재만조선인 문제, 만주국 문제, 국제연맹 문제에 대한 자신의 의견을 피력했다.

가네코는 만주사변 1주년에 즈음하여 발표한 글에서 사변의 원인에 대해 다음과 같이 지적했다. "수백 년 이래의 서방동점, 구미 침략으로부터 동양의 영원한 평화를 수립한다는 국시에서 먼저 이웃나라인 중국을 방어하고 유액(誘掖), 지도, 개선시켜 일본과 제휴하려 했음에도, 중국은 일본의 성의를 전혀 깨닫지 못하고 오히려 구미와 연계하여 배일, 항일을 하고 있다"며 중국을 비난했다.[64] 또

62 만몽재주동포후원회(위원장 조성근)는 1931년 11월 2일 재만동포의 참상을 알리는 성명서와 국제연맹의 결의 거부, 만주 철병 반대 등 10개조의 선언을 발표했다. 이에 대해서는 앞의 지승준의 논문을 참조.

63 1932년 7월 24일 공주경찰서 주최 군사강연회.
1932년 11월 19일 재향군인회 개성분회 일본의 정의와 리튼보고 강연.
1932년 11월 29일 전주읍 및 전북국방연구회 주최 군사강연회.
1933년 2월 26일 전주읍, 재향군인회 전주분회, 및 전주국방연구회 주최 시국강연회.
1933년 6월 25일자 대일본국수회 전남지부 요청 시국의 과거와 장래의 진전.
1933년 8월 7~11일 동민회 하계대학 만주국을 중심으로 한 동양의 제 문제.

64 『경성일보』 1932년 9월 20일자.

한 지금의 만주국은 천 몇백 년 전의 임나·백제에 해당하고, 당시의 신라·고구려는 지금의 장학량·장개석 등의 중화민국, 당시의 당(唐)은 지금의 국제연맹이라고 비유했다.

일본이 만주사변을 일으키자 중화민국은 국제연맹에 제소하였고 국제연맹은 리튼을 조사단장으로 하는 조사단을 파견하여 3개월간에 걸쳐서 만주를 조사하고 1932년 9월에 보고서를 제출했다. 유조호 사건(柳条湖事件) 및 그 후 일본군의 활동은 "자위적 행위라고 보기 힘들다"라는 내용을 담은 리튼보고서가 공개되자 가네코는 이 보고서가 중국을 비호하여 일본을 비방하고 '조선동포'를 '참무(讒誣)'하고 만주국을 저주하고 있다고 반발했다. 특히 조선 문제에 대해서 '선만동역(鮮滿同域)'이라는 역사적 관계를 무시하고 만주 문제를 논하려는 것은 무지하다고 비판했다. 나아가 일본이 국민의 신념과 여론을 통일하여 리튼보고서를 배격하고 만주국을 완성해서 황도(皇道, 동양)를 세계에 시행해야 한다고 주장했다.[65]

국제연맹이 리튼보고서에 입각하여 만주국 존속을 인정하지 않는 권고안을 채택할 조짐을 보이자 일본제국 안에서는 국제연맹 탈퇴론이 급부상했다. 경성제국대학 국제법교수인 이즈미 아키라(泉哲)는 1933년 1월 26, 27일자 『경성일보(京城日報)』에 「일지(日支) 분쟁과 국제연맹」이라는 칼럼을 기고하여 연맹국은 2개년의 유예기간 후에 연맹을 탈퇴할 수 있고, 유예기간은 연맹국의 의무를 다

65 『경성일보』 1932년 11월 2, 3일자.

해야 한다는 점, 국제연맹으로부터 통치를 위임받은 남양군도 반환 문제가 발생할 수 있다는 점을 지적하였다. 또한 국제분쟁이 해결되지 않은 상태로 일본이 국제연맹을 탈퇴한다면 국제정치상 세계 여론에 반해서 평화적인 해결을 거절하는 것으로 비춰져 국제적인 고립을 초래할 수도 있다는 우려를 나타냈다.[66] 이에 대해서 가네코는 시무(時務)와 외교(外交)를 논하는 자, 국제법을 연구하고 조문을 해석하는 자, 모두 황도(皇道, 동양)로 돌아가야 한다고 하며 국제연맹을 탈퇴할 것을 주장했다. 즉, 가네코가 말하는 황도란 만주국에 왕도(王道)를 선포하고 남린민국(南隣民國, 국민당 정부)으로 하여금 이를 배우게 하여 동양연합, '투란동맹'의 기운을 양성시키는 것이었다. 여기서는 가네코가 '투란민족'을 민족으로 각성시켜, 통합하려는 투란주의에 심취해 있음을 엿볼 수 있다.[67]

국제연맹 탈퇴 문제가 부상하자 국민협회는 2월 22일 가네코 대좌를 초청하여 간담회를 개최했다.[68] 이 간담회는 박영철, 한상룡 등이 발기했는데 가네코는 국제연맹에서의 만주국 문제와 국제연맹 탈퇴 문제에 대한 견해를 피력했다. 매일신보는 이 간담회에 100여 명이 참석하였는데 가네코의 강연에 모두 감명받았다고 보도했다. 이 강연회에서 가네코는 근대 이후의 역사를 서양에 의한

66 『경성일보』 1933년 1월 27일자.
67 『경성일보』 1933년 2월 5일자.
68 『매일신보』 1933년 2월 19일자, 2월 24일자.

강연하는 가네코의 모습(『매일신보』 1933년 2월 24일자)

동양의 침략 역사로 규정하고 일본이 자신을 해방시킴과 동시에 동양의 각국도 서양 세력으로부터 해방시키려고 하고 있다는 것, 그 첫걸음이 조선이고, 제2보는 만주국이라는 것, 만주국을 승인하지 않고 자신의 관리하에 두려고 하는 국제연맹은 세계평화 유지라는 본래의 사명을 망각하고 백인의 이익방호기관, 동양침략을 위한 기관이라고 맹렬히 비판하고 국제연맹에서 탈퇴할 것을 주장했다.[69] 반(反)서구, 반국제연맹, 일본을 맹주로 하는 아시아연대를 주장하고 있다는 것을 엿볼 수 있다.

국제연맹은 1933년 2월 24일 총회를 개최하여 리튼보고서를 채택했는데, 일본은 이에 반발하여 동 3월 국제연맹에서 탈퇴했다.

69 金子定一,「東洋の将来」,『朝鮮講演』20, 1933. 3.

한편 일본의 국제연맹 탈퇴에 따른 위기감에서 1932년 아시아 문제 조사기관으로 조직된 아시아학회는 참모본부 제2부장 마쓰이 이와네가 발기인으로 참가하는 것을 계기로 만주국 건국 1주년째인 1933년 3월 대아세아 운동을 전개하기 위해 대아세아협회로 개편되었다. 대아세아협회는 유럽인의 세계정복에 대한 동아 최후의 보루인 만주에 만주국이 건립된 것을 계기로 전 아시아의 단결과 재조직을 주장하는 범아시아주의 단체다. 여기에는 정치가, 육군, 해군, 외무성, 학계의 많은 사람들이 참여했다. 특히 간부에는 히로타 고키(広田弘毅, 외무대신), 오바타 도시로(小畑敏四郎, 교육총감), 혼마 마사하루(本間雅晴, 대만군사령관), 스즈키 데이이치(鈴木貞一, 기획원총재), 혼조 시게루(本庄繁, 관동군사령관) 등 많은 외무성, 육군의 '지나통'들이 참가하고 있었다.[70] 마쓰이는 『아세아연맹론』이라는 팸플릿을 1933년 4월 출판하였고, 대아세아협회는 같은 해 5월부터 기관지로 『대아세아주의』를 발간하여 대아시아주의를 계몽·선전하였다. 이후 11월에는 만주에 대만주국청년단(만주지부)이, 다음해 1월 대만에는 대만대아세아협회가 설치되는 등 일본제국 전체에서 대아시아주의 운동이 고조되었다. 이러한 대아시아주의 운동은 조선에도 전파되었는데, 마쓰이 이와네와 친분이 있었던 가네코가 그 중심적인 역할을 수행했다.

대아시아주의는 일부 '친일파' 조선인에게도 서서히 침투되기

70 대아세아협회에 대해서는 앞의 松浦正孝 책 참조.

시작했다. 대구상업회의소 서기장 이응복은 『조선통치개혁론(朝鮮統治改革論)』을 저술하였는데, 그 내용이 문제시되어 헌병에 체포되었다. 그렇지만 가네코의 '거중·알선'으로 저서 내용 중 일부가 삭제된 후 총독부의 출판 원조를 받아 1933년 12월에 출판되었다.[71] 이응복은 이 책에서 일본, 조선, 만주 세 민족을 결합하여 일가를 이루고 지금까지의 불평분자를 회유해서 일본을 맹주로 한 동양연맹을 결성하고, 동양 약소민족을 규합하기 위해서는 조선인을 이용해서 만주, 인도, 베트남 민족을 설득하자고 주장했다.[72] 가네코가 역설했던 대아시아주의의 영향을 엿볼 수 있다.

한편 만주사변 이후 '국방사상 보급과 충실' '일본정신 작흥' '동양평화의 영원' 등을 표방하면서 조선총독부와 조선군 주도로 재향군인회와 친일적인 조선인 유지들이 중심이 되어 각 지역에서 국방의회(國防義會)를 결성하였다.[73] 1933년 5월 18일 1,200명이 발기인이 되어 경성국방의회 발기인회가 개최되었는데, 가네코도 육군 관계자로 참여하였다. 제국재향군인회 경성연합분회 상무이사 주마 고시노스케의 개회사와 동 고문 마에다 노보루(前田昇, 예비역 소장)의 결과보고 후, 회장에는 식산은행 총재 아루가 미쓰토요(有賀光豊)가, 부회장에는 趙性根(예비역 중장)과 마에다 노보루가, 이사

71 앞의 『東北太平記の梗概と原註私註; 在鮮終戰日記抄』, 150면.
72 李膺福, 『朝鮮統治改革論』, 出版者不明, 1933, 48~49면.
73 국방의회에 대해서는 친일반민족행위진상규명위원회, 『2007년도 조사보고서 I』, 2007을 참조.

장에는 아베 요시오(安倍良夫, 예비역 소장)가, 상무이사에는 주마 외 14명이, 간사로는 박영철, 저축은행 두취 모리 고이치(森悟一)가 선출되었다.

가네코는 국민협회, 동민회, 재향 군인회, 조선 교육회, 경찰관 강습소 등이 주최하는 각종 강연회의 연사로 활약하는 한편 국방의회 결성에도 참여해 대아시아주의를 설파하며 대아세아협회 조선지부 결성을 준비하고 있었던 것 같다. 윤치호는 1933년 7월 5일 일기에 다음과 같이 적고 있다.

> 예종석이 며칠 전에 내게 아세아협회를 결성하자고 제안했다. 그는 한 일본 장교에게 감명을 받은 것 같다. 나는 그에게 이런 취지의 말을 했다. "이런 단체의 중요한 목표 중 하나는 '아시아인을 위한 아시아'일 겁니다. 그런데 만약 우리 조선인들이 이런 단체를 결성한다면, 세상 사람들이 모두 이렇게 말하며 비웃을 것입니다. 자기 나라도 경영하지 못하는 주제에 아시아인에 의한 아시아 경영을 주장할 자격이나 있냐고 말이죠."[74] (밑줄과 강조점-필자)

예종석은 훗날 조선대아세아협회 상담역을 맡게 되는데, 그가

74 국사편찬위원회, 『윤치호일기 10』, 國史編纂委員會, 1988, 141면. 참고로 김상태 편역, 『윤치호일기』, 역사비평사, 2001, 315면에서는 "He seems to have been inspired by a Japanese military officer"를 "그는 일본 군부와 줄이 닿아 있는 것 같았다"라고 번역되어 있으나, 본고에서는 "그는 한 일본인 장교에게 감명을 받은 것 같다"로 번역하였다.

"한 일본 장교"라고 언급한 인물은 아마도 가네코일 것이다. 윤치호는 예종석이 대아세아협회 결성을 제안했을 때는 부정적인 입장을 취했지만, 협회가 설립될 때는 상담역을 맡게 되었다. 이후 가네코는 1933년 8월 동민회가 주최하는 하계대학에서 「만주국을 중심으로 한 동양의 제 문제」라는 주제로 강연을 했다.[75] 가네코는 강연에서 가장 용감하고 지능이 뛰어난 민족은 투란민족이고, 일본인이 우수한 것은 국체관념에 기인한 것이므로 투란민족인 조선인도 국체관념을 함양하고 맡은 바 소임에 다해 달라고 부탁했다.[76]

이처럼 가네코는 각종 강연의 연사로서 대아세아주의를 전파하였고, 이러한 가네코의 노력은 조선대아세아협회 설립으로 이어졌다. 1934년 1월 20일 조선신문사 주최로 「아시아를 이야기한다」라는 좌담회가 개체되었다. 일본 측에서는 가네코 이외에 도요시마 후사타로(豊島房太郎) 조선군 참모, 와타나베 도요히코(渡辺豊日子) 학무국장, 쇼지 히데오(庄司秀雄)[77], 이시모리 히사야(石森久弥) 조선신문 부사장, 조선 측에서는 한상룡, 박영철, 신석린, 김명준, 조병

---

75 『매일신보』 1933년 7월 12일자.

76 金子定一, 「満州国独立以後の東洋問題」, 『時局を語る』, 同民會, 1933, 200면.

77 1887년 미야기(宮城)현에서 태어나 1910년 3월 미야기현사범학교를 졸업했다. 실업보습학교장(實業補習學校長), 실과(實科)고등여학교장, 현시학위원(縣視學委員)을 거쳐, 1924년 3월 조선총독부속(朝鮮總督府屬)이 되어 조선으로 건너왔다. 조선총독부 도시학관(道視學官) 등을 역임하고 1932년 1월 퇴관했다. 1932년 3월 도쿄제국지방행정학회 비서과장 겸 서무과장에 취임했으나 가정사정에 의해 사임하고 조선으로 돌아와서 조선대아세아협회 상임간사에 취임하여 대아시아주의를 위해 진력했다(朝鮮人事興信錄編纂部, 『朝鮮人事興信錄』, 朝鮮新聞社, 1935, 229면).

상, 방한복이 출석했다.[78] 이 좌담회가 계기가 되어 조선대아세아협회의 설립이 추진되었다.

1934년 2월 11일부터 3일간 대련에서 아시아인의 아시아문화를 건설하기 위해 개최된 아세아민족대회에는 9개국 46대표가 참석하였는데 국민협회의 김형태가 참석하였고,[79] 2월 25일에는 유지 100여 명이 참석한 가운데 아세아협회발기인대회가 조선호텔에서 개최되었다. 조병상의 결과보고와 다수 인사의 찬성 인사가 있은 후에 준비위원을 선정하였다. 이후 조선대아세아협회는 "아시아의 대세와 시국의 진상을 규명하고 황국 대일본과 아시아 제국(諸國)과의 친선을 도모하며 전 아시아 제국의 자주적 평화를 확보하고 공존공명의 실을 거두어 그 복지를 증진함"을 표방하고 3월 3일 조선호텔에서 발회식을 거행하였다. 가다 나오지(賀田直治) 경성상공회의소 회장, 오쿠시 게이키치(大串敬吉) 조선군참모장, 이케다 기요시(池田清) 경무국장, 이와사 로쿠로(岩佐禄郎) 헌병사령관, 요시자와 다다오(吉澤忠男) 제20사단 참모를 비롯하여 경성의 명사 약 200명이 참석하였다. 발회인 쇼지 히데오가 개회 인사, 설립 결과 보고를 하고 이어서 마에다 노보루를 좌장으로 추천하고 회장에는 도쿄대아세아협회 평의원 조선은행 총재 가토 게이사부로(加藤敬三郎)를 추대하는 것으로 만장일치하였다. 마쓰이 이와오 대만군사령

78 「朝鮮に於ける大亜細亜主義運動」, 『大亜細亜主義』2~11, 1934. 3; 「朝鮮大亜細亜協会設立経過」, 『大亜細亜主義』2~12, 1934. 4.

79 『매일신보』 1934년 1월 30일자.

관이 알선하여 10명의 간사와 41명의 상담역을 결정했다. 이어 경성부윤 대리 이원보 사회과장, 가다 회장, 도키자네 아키호(時實秋穗) 경성일보 사장, 국민협회 회장(김명준), 동민회 회장(신석린)의 축사가 이어졌다. 경성일보 발회식에 일본, 만주국, 중화민국, 태국 등 7개국 국기 아래 중화민국인 5명이 열석하여 이채를 띠었다고 보도하였다.[80] 다음 날 『매일신보』는 '아시아민족의 결성'이라는 사설을 게재하고, 협회 결성을 환영했다. 〈표 1〉은 조선대아세아협회 간부의 구성과 주요 경력을 정리한 것이다.

〈표 1〉 조선대아세아협회의 주요 간부

직책	성명	주요 경력	비고
회장	加藤敬三郎	朝鮮銀行 총재, 대아세아협회 평의원	
간사	岩永浩	갑자구락부	
	中馬越之助	예비역 육군소좌(20사단 근무)帝國在鄕軍人會 京城聯合分會 常任幹事 경성국방의회	
	庄司秀雄	대일본쇼와연맹 간사	배영동지회 이사
	廣江澤次郎	廣江合資會社 代表社員 福壽興業 代表取締役	배영동지회 상무이사
	平井熊三郎	경성상공회의소 부회장, 갑자구락부 간사	1935년 사망
	黃祐燦	동민회, 국민협회	
	方漢復	국민협회 이사	
	曹秉相	동민회 이사, 갑자구락부 간사	배영동지회 이사

80 『경성일보』 1934년 3월 4일자.

	金思演	대일본쇼와연맹, 조선공론 사장	배영동지회 상담역
	金衡泰	국민협회, 동민회 상무이사	
객원	金子定一	제20사단 참모	
	豊島房太郎	조선군사령부 참모	
조선인 상담역	윤치호, 박영철, 방응모, 한상룡, 송진우, 여운형, 박영효, 박춘금, 조성근, 고희준, 김명준, 민대식, 원덕상, 신석린, 예종석		
일본인 상담역	石森久弥, 新田留次郎, 時實秋穗, 大久保茂雄, 河合治三郎, 谷多喜磨, 竹内善造, 石川登盛, 堀征一, 大島英吉, 賀田直治, 高山長幸, 田淵, 高橋茂太郎, 堤永市 등등		

출처: -한국역사통합정보시스템(http://www.koreanhistory.or.kr/).
-친일인명사전편찬위원회편,『친일인명사전』, 민족문제연구소, 2009.

〈표 1〉을 검토해 보면, 회장에는 가토 조선은행 총재가 취임했는데, 가토가 대아세아협회 평의원이었다는 점이 고려된 것 같다. 가토가 1937년 12월 조선은행 총재직을 마친 뒤에는 협회 회장은 공석으로 두었던 것으로 보인다.

다음으로 상임간사 쇼지 히데오를 비롯하여 총 10명이 취임했는데, 갑자구락부, 국민협회, 동민회, 쇼와연맹[81] 출신이 눈에 띈다. 쇼와연맹 경성지부 사무소가 조선공론사에 설치되었고 실제 사무는 국민협회에서 집행하고 있었다는 점에서[82] 이들 단체들은 긴밀

81 대일본쇼와연맹(大日本昭和聯盟)은 총독부 서무부장을 역임한 중의원 의원 모리야 다카오(守屋栄夫)의 사실상 정치후원 단체이다. 총재는 정무총감을 역임한 미즈노 렌타로(水野錬太郎)이고 이사장은 모리야이다. 모리야는 쇼지와 동향으로 많은 서한을 교환하고 있다.

82 1932년 11월 10일 모리야 앞 쇼지 히데오 서한, 국문학연구자료관소장『守屋栄夫關係文書』83-4-13.

한 관계를 맺는다고 하겠다. 이들 단체는 만주사변 이후 전국시국대회를 개최하고, 국방의회 등을 설립하여 만주사변(일본군의 군사행동), 만주국 건국, 일본의 국제연맹 탈퇴를 지지했다. 조선인 상담역으로는 '친일단체' 간부뿐만 아니라 윤치호, 송진우,[83] 여운형도 이름을 올리고 있다.

상임간사 쇼지는 민간이 주도하는 단체를 지향하고 관청, 군부가 원조해줄 것을 기대했지만,[84] 가네코와 도요시마 조선군사령부 참모가 객원으로 이름을 올리고 있을 뿐 총독부와 조선군의 후원이 적었던 것으로 보인다. 대만대아세아협회에는 대만총독부도 비공식적으로 조직화에 관여하고 있었고 대만군도 고문이나 상임평의원으로 참가하고 있다는 점에서 조선대아세아협회는 전체적으로 민간 색채가 강하다고 할 수 있겠다.[85] 회원은 1934년 6월 현재 시점에서 500명이었는데 중화민국인 십여 명이 가입하였다. 협회는 도쿄의 대아세아협회 등과 같이 아시아 제국에 호소하여 연맹을 결성한다는 급진주의적인 운동을 즉시 전개하지 않고 조선의

83 참고로 송진우는 1932년 두 번에 걸쳐 가네코에게 조선에도 징병제도를 시행해야 한다, 적어도 지원병을 허가해야 한다는 의견을 이야기했다고 한다. 가네코는 이에 대해 "일본 육군의 장점은 국체정신에 있다. 일반적으로는 조선인은 이 점에서 아직 일본인이 되지 못했다. 당분간은 찬성할 수 없다"고 반대했다고 한다. (金子定一, 「滞城偶感主として玄永燮氏へ」, 『綠旗』 1938. 3, 41~42면) 가네코는 송진우의 징병제, 지원병 언급을 반복적으로 언급하고 있는데 어떤 맥락에서 오고 간 대화였는지는 좀 더 검토가 필요하다.

84 朝鮮大亞細亞協會, 『朝鮮に於ける亜細亜主義運動の認識』, 朝鮮大亞細亞協會, 1934, 1면.

85 앞의 松浦正孝 책, 655면.

'특이성'을 감안하여 내선일체를 표방하며 대아시아주의의 계몽과 확산을 목표로 했다. 이를 위해 팸플릿을 발행했고, 강연회, 좌담회, 영화제 등을 개최했다.[86]

협회는 설립 후 3일 후인 3월 6일에 경성공회당에서 강연회를 개최했다. 가네코는 가나자와연대구 사령관으로 발령이 나서 조선을 떠나기 직전에 「일본에 대한 아시아의 기대」라는 제목으로 강연을 했다. 가네코는 이 강연에서 일본을 맹주로 하는 연맹을 결성해야 한다는 범유럽연합주의자 쿠덴호베 칼레르기(Richard Coudenhove-Kalergi)[87]의 논문을 소개하면서 아시아의 장래는 일본에 있다는 것, 일본의 일부이자 일본인보다 늦게 각성한 2,000만의 '반도동포'가 문화적 시설, 병역이나 참정권과 같은 권리·의무보다는 먼저 아시아정신의 결정인 일본정신을 가슴에 새기고 일본국민의식을 가진 일본인이 될 것을 설파했다.[88] 같은 달 간사 이와나가 히로시(岩永浩)와 방한복이 도쿄에 가서 대아세아협회와 몇 차례의 회담을 나눈 후 조선의 '특수'한 입장상 지부가 아니라 독립 조직의 형태로 남기로 했다.

---

86 앞의 『朝鮮に於ける亜細亜主義運動の認識』, 1~2면.

87 도쿄에서 태어난 오스트리아 국적의 정치활동가로 범유럽연합주의자다. 범유럽주의를 주창하여 유럽연합의 선구자로 불린다. 칼레르기는 1931년 11월에 범유럽주의 운동의 기관지에 실은 논문 「일본의 먼로주의」(1932년 1월의 『國際知識』에 번역)에서 일본의 동아 먼로주의는 미국, 영국의 선례에 이은 제3의 먼로주의이고 범유럽주의와도 완전히 양립할 수 있다고 주장했다(三谷太一郎, 『日本の近代とは何であったか』, 岩波書店, 2017, 193~194면).

88 金子定一, 『日本に対する亜細亜の期待』, 朝鮮大亜細亜協會, 1934.

그렇다면 간사들이 이야기한 조선의 '특수'한 입장이란 무엇을 가리키는 것일까? 협회는 6월 9일 경성부의 중학교 지리, 역사 교원을 초빙하여 「아시아를 이야기하는 좌담회」를 개최했다. 이 좌담회에서 방한복은 협회가 앞으로 자칫 잘못하면 조선인에게 이용되지 않을까 하는 우려를 제기했다.[89] 실제로 참석한 보성고등학교 교사 강재호는 일본이 섬나라 근성을 버리고 대국민의 도량(襟度)으로 아시아 전 민중을 대하지 않으면 이 운동은 오래 지속될 수 없을 것이라며 조선인에 대한 대등한 대우 없는 대아시아주의 운동을 비판했다.[90] 즉 대아시아주의는 자칫하면 '약자의 무기'로도 사용될 수 있는 '양날의 칼'이 될 수도 있었던 것이다. 따라서 조선에서의 대아시아주의 운동은 아시아연맹, 아시아연대보다는 '황도정신', 내선일체가 강조되는 행보를 보인다.

한편 인도의 독립운동가 보스(Rash Behari Bose, 1886~1945)는 1934년 5월 우익단체인 교치샤의 전 멤버 가사기 요시하키(笠木良明)의 초대로 만주로 향하는 도중에 우익사상가인 야스오카 마사히로와 함께 조선을 방문했다. 조선에서는 최린, 윤치호를 만나고 많은 일본인, 조선인 앞에서 강연을 했다.[91] 18년 넘게 일본에서 망명객으로 살아온 인도의 민족주의자 보스를 만난 윤치호는 그 인상을 다음과 같이 일기에 남기고 있다.

---

89 앞의 『朝鮮に於ける亜細亜主義運動の認識』, 12면.
90 위의 책, 6면.
91 中島岳志, 『中村屋のボース』, 白水社, 2005, 217~218면.

> 범아시아주의 운동은 하나의 이상이나 꿈이 아니다. 이 운동은 동아시아의 여러 민족과 국가를 일본의 헤게모니 아래 하나로 모아 거대한 종족공동체를 형성하려는 하나의 정책이다. 최남선 군은 『신(神) 그대로의 태고를 생각한다』(神ナガラノ昔ヲ憶フ)라는 제목의 팸플릿에서, 일본인들과 조선인들을 포함해 동북아시아의 광활한 영역에 있는 모든 민족은 자기네 통치자의 신성한 기원에 대해 유사한 관념을 가진다고 주장하고 있다. 그는 계속해서 일본이 신도(神道)를 통해 이 공통의 유산을 원형대로 보존해왔으며, 이 공통의 관념이 동북아시아 민족의 결속에 밑거름이 되어야 한다고 주장하고 있다.[92]

또한 윤치호는 보스가 쓴 『질곡의 인도(Fettered India)』를 읽고 영국이 인도를 공정하고 자애롭게 통치한다는 믿음에서 벗어나게 되었고, 영국 통치하의 인도와 일본 통치하의 조선의 상황이 크게 다르지 않다는 것을 인식하게 되었다고 일기에 적고 있다.[93] 1년 전에 예종석의 대아세아협회 결성 제안에 부정적인 태도를 보였던 윤치호가 "범아시아주의 운동은 하나의 이상이나 꿈이 아니다"고 한 구절을 통해 알 수 있듯이 보스가 설파한 범아시아주의 운동에 상당부분 경도되어 있었던 것으로 보인다. 최린 역시 1933년 말부터 대동방주의(大東方主義)를 내세워 "동아 제 민족은 일본을 맹주

92 앞의 김상태 편역, 『윤치호일기』, 329면.
93 위의 『윤치호일기 10』, 289면.

로 하여 매진해야 하며, 특히 조선은 내선융합·공존공영이 민족갱생의 유일한 길"이라고 주장하는 성명을 발표하여 일본에 협력할 것을 공개적으로 밝혔다.[94] 최린은 1934년 11월에 대동방주의와 일선융합(日鮮融合)을 표방한 시중회를 결성하였는데,[95] 최린 역시 범아시아주의의 영향을 강하게 받고 있었다는 것을 엿볼 수 있다.

이후 운동의 주역이었던 가네코가 조선을 떠나자 조선에서의 대아시아주의 운동은 뚜렷한 활동 없이 침체상태에 빠졌는데, 중일전쟁을 계기로 새로운 전기를 맞이했다. 1939년 여름 일본점령군이 천진에 있는 영국 조계를 봉쇄한 천진조계 사건이 발발하자 조선, 대만, 중국점령지, 일본에서는 우익세력이 중심이 되어 격렬한 반영 운동을 전개하였다.[96] 조선에서는 배영동지회(排英同志會)가 결성되어 격렬한 반영 운동을 전개했는데, 조선대아세아협회는 이러한 반영 운동에 중추적인 역할을 수행했다. 1939년 6월 12일 배영동지회결성대회가 개최되어 윤치호가 회장으로 추천되었다. 〈표 1〉에서 확인되듯이 조선대아세아협회의 간부 대부분이 배영동지회의 주요 멤버였다는 점은 시사하는 바가 크다. 국제연맹 탈

---

94 김미영, 「천도교신파의 민족 종교 회복 운동과 방향전환 논리」, 『한국근현대사연구』54, 2010. 9; 정용서 「1930년대 천도교세력의 정치운동론과 시중회 참여」, 『한국민족운동사연구』68, 2011. 9.

95 시중회에 대해서는 김정인, 『천도교 근대 민족운동 연구』, 한울, 2009; 앞의 정용서의 논문; 앞의 지승준의 논문을 참조.

96 천진영국 조계 봉쇄 사건을 계기로 발발한 반영 운동에서의 대아세아협회 활동과 조선에서의 반영 운동에 대해서는 앞의 『「大東亜戦争」はなぜ起きたのか』 3부 11장을 참조.

퇴를 계기로 결성된 조선대아세아협회가 협회 설립의 주역이었던 가네코, 도요후사가 조선을 떠나면서 운동이 침체되지만 천진조계 사건을 계기로 반서양, 범아시아주의 운동이 다시 활성화되었다. 가네코가 뿌린 대아시아주의 운동의 씨앗이 반영 운동으로 발아하기 시작했다고 할 수 있겠다.

5. 가네코의 민족론 및 조선관

마쓰우라가 지적하고 있듯이 가네코는 투란주의의 영향을 강하게 받았다. 〈표 2〉는 가네코가 조선과 관련하여 신문과 잡지에 투고하거나 게재한 글을 모은 것이다. 이 글들을 중심으로 가네코의 민족론과 조선관을 살펴보기로 하겠다.

〈표 2〉 가네코 데이이치의 조선관계 문헌 일람

발표년	제목	게재지	비고
1932년	満蒙の事情を語る	『朝鮮及滿洲』 1932년 1호	
	正義の貫徹へ-時局の発達と帰結 (상, 하)	『京城日報』 1932. 9. 20~9. 21	만주사변 1주년 기념 군사강연회
	東洋を攪乱するリットン報告 (상, 하)	『京城日報』 1932. 11. 2~11. 3	
1933년	国論の統一が自国打開唯一の鍵 (1-5) 1933. 2. 1~2. 5	『京城日報』	

1933년	東洋の将来	『朝鮮講演』 1933. 3	국민협회 주최 강연
	滿洲國問題の再檢討 (상, 하)	『警務彙報』 1933. 4·5	
	日本の聖業と國民的國防	『文教の朝鮮』 1933. 6	조선 교육회 주최 강연
	正義日本と優美勇猛の日本 (상, 하)	『朝鮮地方行政』 1933. 7·8	
	滿洲國土を踏む人の爲に	『警務彙報』 1933. 10	
	満州国を中心とした東洋の諸問題(1, 2)	『朝鮮研究』 1933. 11·12	
1934년	古代朝鮮の日本國防に對する貢獻	『朝鮮人民會會報』 1934	
	非常時の峠 (상, 하)	『朝鮮鐵道協會會誌』1934. 2·3	철도국에서의 강연
	箕子朝鮮、馬韓、黃龍國其他	『文教の朝鮮』1934. 3	
	日本に対する亜細亜の期待	『日本に対する亜細亜の期待』1934. 4	조선대아세아협회에서의 강연
	日本國防の一夕話 (상, 하)	『警務彙報』1934. 5·6	
1937년	在滿半島同胞の再認識(1, 2)	『京城日報』 1937. 9. 17~9. 18	
	日本理念に動く朝鮮同胞	『朝鮮講演』 1937. 10	
1938년	大陸策源地として見た朝鮮の片貌	『日本民族の大陸還元』 1938. 1	
	滞城偶感 主として玄永燮氏へ	『綠旗』 1938. 3	
	日本の大陸還元即東亞大民族主義	『綠旗』 1938. 7	
1939년	滿州で見直すべき朝鮮人	『綠旗』 1939. 12	
1940년	大陸に見る日本民族の長短	『綠旗』 1940. 8	
1941년	半島人の美點と短所	『開拓』 1941. 4	
1943년	朝鮮の日本還元	『国民総力』 1943. 8	

가네코는 1933년 8월 동민회 하계강습회에서 "중국은 말할 것도 없이 세계 대종교와 문화양식의 근원은 모두 동양에 있습니다. 우리는 그 동양인의 자손입니다. 그 가운데 가장 용감하고 지능이 뛰어난 투란민족입니다"라고 강연했다.[97] 가네코가 언제부터 '투란주의'에 심취했는지 불분명하지만, 예비역 소장 하마나 히로스케(浜名寛祐)가 1926년 출판한 『일한정종소원(日韓正宗溯源)』의 영향을 강하게 받은 것으로 보인다. 하마나는 러일전쟁 중에 입수한 「거란고전(契丹古伝)」의 해독을 근거로 히미코가 마한(馬韓)의 여왕이고 그 수도는 현재의 평양이었다는 일종의 일선동조론(日鮮同祖論)을 주장하고 만주, 조선, 일본은 대륙에서 출발한 천손민족의 후예라고 했다. 참고로 하마나는 1933년에 일본투란학회에서 『고대 한문을 기초로 한 언어학의 일과(古代漢文を基礎とする言語學の一科)』라는 책을 출판했다.

가네코는 더 나아가 한반도에 있던 마한국, 요동반도에 있던 기자조선은 은왕조의 후예이고, 만주족과 몽고족의 조상이 은왕조의 군신(君臣)이라는 일종의 '일선만몽동조론(日鮮滿蒙同祖論)'을 주장했다.[98] 따라서 한국 병합은 원래의 일본으로 복귀하는 것이고 만주인, 몽골인, 일본인, 조선인은 같은 혈통이고 5호16국의 난으로 만주, 몽골인이 북중국을 지배했기 때문에 북중국 역시 같은 혈통이

97 앞의 「満州国独立以後の東洋問題」, 200면.
98 金子定一, 「滿洲國問題の再検討」, 『警務彙報』 324, 1933. 4, 20면.

라고 주장했다.[99] 만몽을 중국으로부터 분리하기 위해 우랄·알타이 어족의 동질성을 강조했던 것이다. 이러한 가네코의 역사 인식은 최남선의 '불함문화권'과 공명하고 있다. 최남선은 먼 옛날 한반도를 중심으로 아이누, 일본, 류큐, 만주, 몽골, 퉁구스 등을 포괄하는 넓은 지역에 태양신을 숭배하는 거대한 문화권이 존재했으며 그 발원지가 단군신화에 등장하는 태백산(太白山)이며, 단군은 그 중심인물임을 제시하였다. 최남선의 불함문화론은 문화권의 중심을 조선으로 상정함으로써 일선동조론에 대항하려 했지만,[100] 조선, 만주, 몽골, 일본을 동일 문화권으로 보았다는 점에서 가네코의 역사 인식과 공명하는 부분이 존재했다.

가네코의 '일선만몽동조론'은 자연스럽게 제국주의적인 침략논리로 이어졌다. 1933년 조선 교육회에서 행한 연설에서 근대 역사는 동양에 대한 서양의 침략 역사이고 이에 대항하여 일본은 치외법권을 철폐하고 한국을 병합하여 한국을 서양 침략으로부터 막아내고, 이어 만주국을 독립시켰으며, 그 다음 차례는 북중국인데, 앞으로 1~2년 이내에 북중국에 북화왕국(北華王國) 혹은 북화공화국(北華共和國)이 성립하여 중국은 2~3개의 독립국으로 분열할 것으로 예상했다.[101] 실제로 관동군은 모략으로 화북지역 5성을 남경정부에서 분리하고 그 지역에 1935년 11월에 괴뢰정권인 기동방공자치

99 金子定一, 「日本の聖業と國民的國防」, 『文教の朝鮮』 1933. 6, 10면.
100 류시현, 『최남선평전』, 한겨레출판, 2011, 163~165면.
101 앞의 「日本の聖業と國民的國防」, 14면.

정부(冀東防共自治政府)를 설치하였다.

이처럼 조선군 시절 가네코는 하마나의 『일한정종소원』과 투란주의의 영향을 받으면서 일선동조론, '일선만몽동조론', 아시아연대, 대아시아주의를 주장하였다.

6. 마치며

이상과 같이 본고에서는 '지나통' '조선통'('조선군인'), 대아시아주의자로서 활약한 가네코 데이이치의 행동과 사상에 대해서 살펴보았다. 가네코는 만주사변 직전에 조선에 부임해서 만주사변이 발발하자 관동군과 조선군의 연락장교로 봉천에 파견되어 재만조선인 구제를 구실로 전선 확대를 꾀하는 한편 재만조선인 문제에 깊이 관여하였다. 가네코는 만주에서의 항일 운동을 막고 치안을 확보하기 위한 재만조선인 대책의 일환으로 '안전농촌'을 건설하고, 만몽을 중국에서 분리해야 한다고 주장했다. 가네코의 만몽영유론은 권익적인 관점에서뿐만 아니라 만몽, 조선, 일본이 동일종족(투란민족)이라는 우랄·알타이민족관에서 비롯된 것이라는 점에서 다른 대아시아주의자들과도 차별성을 가지고 있다. 만주국이 건국된 후에 20사단 참모로 조선에 다시 돌아온 가네코는 국민협회, 동민회, 재향 군인회, 조선 교육회, 경찰관 강습소 등이 주최하는 각종 강연회의 연사로 활약하는 한편, 신문, 잡지 기고를 통해서 일본의 만주 침략을 옹호하고, 만주국 건국을 지지했다. 국제연맹을 백인의 이익방호기관, 동양침략을 위한 기관이라고 맹렬히 비판하고 국제연맹에서 탈퇴할 것을 주장했다. 이러한 사상 운동을 통해서 가네코는 조선에 대아시아주의를 전파하였고, 1934년 조선대아세아협회 설립에 중요한 역할을 담당했다. 또한 가네코는 아시아 제 민족(투란민족)의 지연적, 혈연적, 문화적 동질성을 강조하면서 천손민족(天孫民族)인 야마토민족(大和民族)을 대종가로 한 '일가대민족주의(一家的 大民族主義)' '동아대민족주의'를 주장했다. 이러한 가네코의 대아시아주의는 최남선의 '불함문화권'과 공명하면서 점차 일부 '친일' 조선인들에게 침투되어갔다. 가네코가 뿌린 대아시아주의 운동의 씨앗은 1939년 여름의 천진조계 사건을 계기로 촉발된 조선에서의 반영 운동으로 승화해나갔던 것이다. 한편 가네코의 조선인식 및 민족관은 자연스럽게 제국주의적인 침략 논리로 이어졌다. 즉, 가네코는 만주사변 이후 대륙 침략을 정당화하는 논리로 일본민족대륙기원설을 채용하여 일본인의 대륙 침략을 일본민족이 원래 고향으로 돌아가는 귀향활동, '일본민족의 대륙환원'이라는 틀로 정당화했던 것이다.[102]

102 金子定一,『日本民族の大陸還元』, 千倉書房, 1939.

4장

재조일본인 중의원 의원 오이케 주스케(大池忠助)

식민지 조선의 '정치공간'과 '지역'

—

이승엽

1. 시작하며

한국 병합 후 두 번째로 실시된 제12회 총선거(1915년 3월 25일)는 다이쇼정변(大正政變, 1913년) 이후 고양된 정치적 열기가 이어지는 가운데, 2개 사단 증설 문제를 둘러싼 대립으로 인한 해산 총선거로서 높은 관심 속에서 치러졌다. 특히 조선에서는 1914년을 맞아 부제(府制) 실시에 수반한 거류지 및 재조일본인 자치의 철폐, 조선 재정 독립계획과 그에 수반하는 재정정책에 대한 불만 등이 재조일본인 사회에 반발을 불러일으키는 가운데, 조선의 상황을 타개하기 위한 하나의 방책으로서 재조일본인 및 조선 관계자 다수의 '중앙정계' 진출의 필요성이 제기되었다.

그중에서도 지역사회의 거물로서 중의원의원 선거에 출마하여, 재조일본인 사회의 많은 지원을 받으며 당선된 화제의 인물이 쓰시마(對馬) 출신으로서 부산의 대표적 인물로 불리던 오이케 주스케(大池忠助, 1856~1930)였다.[1] 오이케는 중의원 의원으로서는 눈에

1 오이케는 부산 개항의 전년인 1875년 단신으로 부산에 도래하여 해산물 무역을 개시한 이후, 1877년 미곡·잡화수입 및 위탁판매를 개시했다. 이후 해운, 미곡, 무역업 등 다방면으로 사업을 확대하여 부산 일본인사회의 선구자로 자리매김하였다. 한편으로는 상업회의소, 민단, 도평의회 등 각종 공직을 역임하기도 하며, 부산의 3대 거물이자 조선을 대표하는 성공자로서 꼽히는 존재가 되었다. 田中麗水 編, 『全鮮商工會議所發達史』, 釜山日報社, 1936년, 55~56면. 그러나 인품에 관해서는 신랄한 평가가 적지 않다. 가정사정이 가난했던 탓에 "교육다운 교육을 받은 것도 없으나, 문자도 제법 읽을 수 있게 된 오늘날, 지금은 업은 아이에게 배워 웬만한 인사 정도는 할 수 있게 되었으니"라거나, 부산 민장 시절에 서류를 거꾸로 들고 읽은 에피소드 등이 소개되는 등(加久の字, 「釜山の人物(一) 釜山民團民

띄는 활동을 남기지도 못하고, 당선 후 일 년이 채 안되어 의원직을 상실하게 되지만, 그의 출마와 선거운동, 그리고 당선 무효 소송을 둘러싼 일련의 움직임에서는 식민지 조선의 정치공간을 고찰하는 데 참고할 만한 측면이 적지 않다고 생각된다.

오오이케 주스케

오이케에 대해서는 이미 그의 도한(渡韓) 이후 사업경영과 재산형성, 지역사회에서의 위상과 중의원 의원 선거 등에 이르기까지 상세하게 다룬 전성현의 선행 연구가 있다.[2] 그는 이 연구에서 오이케의 제국의회 중의원 당선과 이후의 의원직 상실을 총괄하여, "오이케의 제국의회 진출은 식민지에서 성공한 식민자의 본국으로의 역류라고도 할 수 있지만 그 성공의 배경이었던 조선 침략의 공로자, 즉 '조선의 오이케'라는 위상은 도리어 제국 '일본의 오이케'라는 위상으로 전환할 수 없는 한계를 명확하게 지니고 있었던 것이다"[3]라고 결론 내리고 있는데, 이에 대해서는 크게 공감하는 바이다. 본고에

長大池忠助君」, 『朝鮮及滿洲』 제78호, 1914년 1월 107~108면), 그의 무교양을 야유하는 인물평이 적지 않았다. 1930년 오이케가 대구에서 급사했을 때에는 "젊은 여자를 저승길에 데리고 가지 못하는 게 미련이 남았으려니"(「風聞駄語」, 『朝鮮及滿洲』 제267호, 1930년 2월, 105면) 하는 야유를 보내기도 했다.

2 전성현, 「식민자와 조선: 일제시기 大池忠助의 지역성과 '식민자'로서의 위상」, 『한국민족문화』 제49호(2013년 11월).

3 전성현, 앞의 논문, 35면.

서는 선행연구의 성과를 바탕으로, 오이케의 중의원 의원 선거 문제를 중심으로 몇가지 추가적인 논점을 제출함으로써, 해프닝으로 끝나 버린 오이케의 정치활동이 가지는 의미를 다시금 고찰해 보려 한다. 본고에서 주목하는 주요한 논점은 다음과 같다.

첫째, 재조일본인 및 '조선 관계자'의 제국의회 진출의 배경과 의미, 나아가 식민지와 제국 본국의 중앙정계를 잇는 정치공간의 맥락에서 오이케의 사례를 생각해볼 수 있다. 재조일본인을 포함한 조선 재주자의 정치적 요구 및 활동은 공간적으로는 반드시 조선 내에서 완결되는 것은 아니었으며, '중앙정계'를 무대로 청원 및 진정 등의 활동이 진행된 경우도 적지 않았다. 이 같은 식민지 재주자의 정치적 의견을 의회에 전달하는 역할을 하거나, 때로는 그 자신이 건의 및 법안 제출의 주체가 되어 식민지 문제에 관계하는 등의 활동을 수행한 것이, 이른바 '조선통(朝鮮通)'의 제국의회 의원이었다.[4]

4 '조선관계'의 중의원 의원에 대한 연구로는 일찍이 松田利彦, 「朴春琴論: その選擧運動と議會活動を中心として」, 『在日朝鮮人史研究』 제18호(1988년 10월)이 발표된 이래, 오랫동안 후속 연구가 나오지 않았으나, 근년에 들어 다음과 같은 석사논문 및 박사논문이 제출되었다. 金玄, 「植民地統治における諸勢力の基礎研究: 〈朝鮮通〉の役割と動向を中心に」(神戸大學大學院人文學研究科 박사학위청구논문, 2009년, 미공간)은 牧山耕藏과 多木久米次郎을 다루고 있으며〔이 중 일부가 「植民地朝鮮と多木久米次郎: 朝鮮における事業基盤と参政権問題」, 『海港都市研究』 제4호(2009년 3월)로 발표〕, 鰐淵咲紀, 「日本の植民地支配と朝鮮通議員の役割: 松山常次郎の活動を中心に」(佛教大學大學院文學研究科 修士學位論文, 2016년 12월, 미공간)은 마쓰야마 쓰네지로(松山常次郎)의 사례를 다루고 있다. 또한 1910년대의 중의원의원의 사례와, 귀족원 '조선통' 의원의 존재와 역할을 검토하며, 그 중요성을 환기한 이형식의 연구도 주목된다. 이형식, 「1910년대

둘째, 쓰시마와 부산은 고대로부터 현대에 이르기까지 한일 관계에서 관문의 역할을 해 온 지역인데, 이것이 근대의 식민지 지배하에서 어떠한 관계를 맺게 되었는가 하는 것 역시 흥미로운 논점이다. 조선 진출 척후로서 역할을 수행한 쓰시마와 식민지 도시로서 건설된 부산, 이 두 지역을 잇는 명망가 오이케의 선거활동을 통해 제국 지배에서의 '식민지와 제국 본국'의 연관만이 아니라, '식민지의 특정 지역'과 '제국 본국의 특정 지역'을 잇는 관점[5]으로의 확장을 시도해볼 수 있다. 특히 이해관계의 일치만이 아니라, 상황에 따라서는 대립·갈등의 측면도 있었다는 점에서 오이케의 사례는 주목된다고 하겠다.

2. 제국의회와 식민지 조선 관계 의원

제국/식민지 정치사 연구자 오카모토 마키코(岡本真希子)는 식민지인(조선인, 대만인)이 체제 내에 '참가'할 수 있는 정치적 선택지로

일본제국의회 중의원과 조선통치」, 『史叢』 제82호(2014년 5월). Lee Hyoung-sik (Yi Hyŏngsik), "Yoshiro Sakatani, a Member of the House of Peers, the Imperial Diet, and Korean Affairs Expert (Chōsentsu) and Japanese Rule of Korea", *International Journal of Korean History*, Vol.18 No.1, Feb. 2013.

5 이 같은 시점에서의 연구로 기무라 겐지(木村健二), 「近代の長崎·對馬と朝鮮」, 『歷史評論』 제669호(2006년 1월)이 있다. 다만, 이 연구에서는 한국 병합 후 조선 진출의 기지(정치적으로는 국경, 경제적으로는 관문이자 중계지)로서의 역할을 상실하게 되는 과정에 대한 고찰이 부족하다고 보인다.

서, ① 식민지 관료가 되는 것, ② 지방의회 등의 의원이 되는 것, ③ 본국에 청원하는 것 등을 들면서 조선과 대만의 조건의 차이와 함께, 그것이 가지는 한계를 지적하고 있다.[6] 그러나 정치활동의 주체를 현지 거주의 '내지인'을 포함한 '식민지 재주자'로서가 아닌 피식민자(조선인과 대만인 등, 식민지 현지인)로 한정하고 있으며, 식민지와 중앙정계의 '통로'를 청원 운동의 사례에서만 찾음으로써, 보다 확장된 '정치공간'을 탐구할 가능성을 스스로 닫아 버린 것이 아닌가 하는 아쉬움이 남는다.

또한 청원운동 그 자체에 대해 한계가 있음을 지적한 것도 다소 성급한 면이 있었다고 생각된다. 오카모토가 본국에 대한 청원운동의 사례로 든 것은, '조선 참정권 청원운동' 및 '대만 자치의회 청원운동'이었는데, 이는 식민지 재주자의 청원으로서 가장 대표적인 것임과 함께 식민지 주민의 정치적 권리로서 가장 핵심적인 문제이기는 하지만, 동시에 고도의 정치적 고려를 요하는, 제국통치 전체의 기조에 관련되는 문제였기에 결과를 내기 어려웠던 안건이었다는 것도 함께 고려해야 할 필요가 있다. 구체적인 제도 및 정책에 관한 식민지 재주자의 의견과 요구가 청원의 형태로 식민본국의 중앙 정계에서 논의되고, 그것이 식민지 관계 의원에 의한 건의, 각종 위원회에서의 질문, 나아가 법안 제출 등의 형태로 정부를 압

6 岡本真希子, 「植民地期の政治史を描く視角について: 體制の內と外, そして《帝國日本》」, 『思想』 제1029호(2010년 1월), 122~124면.

박하며, 때로는 실현을 보게 되는 사례 역시 적지 않다는 것을 고려를 요하는, 하나의 열린 가능성으로서 향후 충분히 검증해 나갈 여지가 있지 않은가 생각된다.[7]

나아가 식민지 조선에서의 정치 과정에 관한 논의가 왕왕 그 장(場)으로서 '조선'이라는 지역적으로 닫힌 구조 속에서 이루어지고 있는 경향에 대해서도 지적해 두고 싶다. 최근에는 논의 자체가 퇴조 기미이긴 하지만, '식민지 근대성'을 논의할 때, '식민지 공공성'이라는 패러다임이 자주 등장하곤 한다. 조선총독부 및 조선 전도를 무대로 하는 '전국적'인 이슈부터, 지역사회 내에서의 이해관계의 교차와 갈등 등의 이슈에 이르기까지 '식민지 공공성'은 유용한 분석 틀로서 기능할 수 있다고 생각된다. 다만, 그 같은 논의가 '식민지국가=조선총독부'라는 틀 속에 갇힘으로써, '식민지'의 문제를 논하면서도 '제국 본국'의 그림자가 대단히 옅거나, 단순한 원경(遠景)으로만 자리하게 되는 것에는 재고를 요한다고 본다.

'식민지 공공성'론의 대극에 서 있는 조경달의 '식민지 근대성론 비판' 또한 정치 과정의 공간을 한반도에 한정하고 있다는 점에서는 동일하다. 그는 '식민지 공공성'은 식민지 권력의 헤게모니가 관철되는 범위 내에서 허용되는 것으로 "어디까지나 환상에 지나

7 필자 자신의 연구로서, 식민지·세력권 출신의 의원에 의해 해외 재주 일본인(외지인을 포함)의 '재류금지' 법령 폐지가 의회에서 논의되어 정부를 압박한 사례를 다룬 바 있다. 拙稿, 「植民地·勢力圏における〈帝国臣民〉の在留禁止処分: 〈清国及朝鮮国在留帝国臣民取締法〉を中心に」, 『人文學報』 제106호(2015년 4월).

지 않"으며, 굳이 말하자면 "'총독부적 공공=언설공간'이라고 해야 할 것"이라고 비판하고 있다.[8] 여기서 문제 삼고 싶은 것은, 지방정치에서 과연 '공공성'이 존재하며 제대로 작동했는가, 그것을 '공공성'이라 부를 수 있는 것인가 하는 문제라기보다는, 식민지의 정치공간을 처음부터 '총독부'의 통치범위로 한정하여 논의를 시작하는 입각점에 있다.

우선 식민지 조선의 주민(재조일본인 및 조선인)이 제국 본국의 중앙 정계와 상호작용할 수 있는 가능성을 고려해 보아야 할 것이다. 제국의 중앙(東京/내각, 의회, 추밀원 등)과 식민지의 중앙(京城/조선총독부) 사이에서의 상호작용만이 아니라, 식민지의 한 지역이 제국 본국의 중앙과 연결되어 일어나는 상호작용이 존재하였으며, 이를 잇는 중요한 고리로서 재조일본인 의원을 포함한 식민지 관계의 귀족원 및 중의원 의원의 존재와 활동에 주목할 필요가 있으리라 생각된다.

나아가 식민지의 특정 지역과 제국 본국의 특정 지역 사이에 맺어지는 관계에 대해서도 주목할 필요가 있다. 기존의 연구에서도 이민·식민의 네트워크, 지역 개발과 명령항로를 둘러싼 '내외지' 특정 지역 간의 협력 등의 연구에서는 이 같은 관계가 다루어져 온 바 있다. 재조일본인, 또는 그에 준하는 조선 관계자(조선의 기업 또는 농장 경영에 관여하는 등)가 중앙정계에 진출하는 경우에도 이러한

8 趙景達, 『植民地朝鮮の知識人と民衆』, 有志舍, 2008년, 10면, 13면.

상호관계를 염두에 둘 수 있을 것이다. 자신의 출신지인 지역구('내지'의 특정 지역)와 생활의 근거지(식민지의 특정 지역)가 선거운동 및 의정활동 등에서 연관될 가능성이 있으며, 본고가 다루는 나가사키(長崎)현 쓰시마 출신 오이케 주스케의 경우를 비롯, 와카야마(和歌山)현 구도야마(九度山) 출신의 마쓰야마 쓰네지로(松山常次郎), 효고(兵庫)현 베후(別府) 출신의 다키 구메지로(多木久米次郎) 등, 대표적인 '조선통' 의원의 사례에서 그 일단을 엿볼 수 있다.

3. 제12회 총선거와 오이케 주스케의 활동

1) 제12회 총선거를 둘러싼 정치 정세

한국 병합 후 처음으로 치러진 제11회 총선거(1912년 5월 15일)에서부터 조선 관계자의 중의원 당선을 위한 재조일본인 사회의 관심과 지원활동이 확인된다. "조선상업회의소연합회는 오우치 조조(大内暢三) 씨 곡물세 철폐 운동에 관해 적지 않은 진력이 있었음에 특히 대의사 후보운동에 성원"[9] 을 보냈다고 한다. 인천의 『조선신문(朝鮮新聞)』은 사설에서 "우리 조선으로부터도 다섯손가락에 꼽히고도 남는 후보자가 나온 것은 이례의 일로서 주목할 필요가 있다. 지금 이곳 인천상업회의소와 같이 오우치 씨를 위해 추천 응원하

9 『朝鮮新聞』 1912년 5월 9일자.

는 것을 비롯하여(중략), 그 밖에도 다소의 응원이 보이는 등, 조선 개발을 위하여 적당한 선량(選良)을 얻는 것에 □□이 있다고 보인다"[10]고 하여, 조선 관계자의 중앙정계 진출이 재조일본인의 이해관계를 옹호하기 위한 중요한 기회라 인식하며, 조선측의 지원이 필요함을 역설하였다.

제12회 총선거(1915년 3월 25일)는 해산 총선거로서 치러졌다. 당시의 오쿠마 시게노부(大隈重信)내각이 조선에 상시 2개 사단을 두기 위한 '2개 사단 증설'을 추진한 것이 쟁점이 되어 의회에서 여야가 대충돌, 야당인 정우회(政友會)와 국민당(國民黨)에 의해 원안이 부결되자, 오쿠마 수상이 의회를 해산하기에 이른 것이다. 이 선거는 내무대신을 필두로 한 관료의 선거 간섭이 극도에 이른 관권선거였던 동시에, 오쿠마 개인의 대중적인 인기를 적극 활용하여 오쿠마 자신이 전국순회연설에 나서는 한편, 가지 못하는 곳에서는 축음기로 연설 녹음을 방송하는 등, '오쿠마 붐'이라고까지 불린 바람몰이 속에서 치러진 선거였다.[11] 그 결과 중의원 의석 381석 중 여당인 동지회(同志會)가 153석, 중정회(中正會) 33석, 오쿠마백작후원회가 12석을 차지하는 등, 대승을 거두었다.[12]

총선거를 바라보는 재조일본인 사회의 시각은 어떠했을까? 한

10 (사설)「衆議院議員選擧は本日」,『朝鮮新聞』1912년 5월 15일자.

11 季武嘉也,『選擧違反の歷史』, 吉川弘文館, 2007년, 117면. 쓰시마 선거에서도 축음기가 선거 운동에 사용된 것이 확인된다.『長崎新聞』1914년 3월 22일자.

12 衆議院·參議院 編,『議會制度百年史 帝國議會史 上卷』, 大藏省印刷局, 1990년, 624면.

국 병합 후, 1914년을 계기로 재조일본인 사회에서는 통치 권력에 의해 억압되어 온 민권론이 점차 고양되어 갔다. 특히 부제(府制) 실시와 함께 거류민단이 철폐되고 자치권이 박탈된 것에 대한 불만에 더하여,[13] '조선 재정 독립계획'의 개시에 따른 중앙정부로부터 조선총독부에의 보조금 삭감, 그에 수반한 긴축재정과 증세 등에 대한 반대운동이 이어지고 있었다.[14] 재조일본인 사회의 집단행동 중에는, 당시 의회해산의 원인이 된 2개 사단 증설 문제도 포함되어 있었다. 제31회 제국의회 중의원에 대하여, 경성일본인상업회의소 회두 하라 쇼이치(原勝一) 외 7,473명, 평양의 오니와 간이치(大庭貫一) 외 431명 등, 민간의 유력자를 중심으로 한 다수가 조선에 상설사단을 설치해줄 것을 청원한 바도 있다.[15]

이 같은 흐름 속에서 재조일본인 사회는 뜻있는 인물의 중의원 선거 출마를 기대하는 분위기가 고양되어 갔다. 『부산일보(釜山日報)』는 사설에서, "오랫동안 조선에 있으며 조선 영유의 기초를 구

13 이동훈, 「재조일본인 사회의 '자치'와 '한국 병합'」, (이형식 편저)『제국과 식민지의 주변인: 재조일본인의 역사적 전개』, 보고사, 2013년, 134~135면.

14 高橋章之助, 「朝鮮の開発に就て」, (藤村徳一 編) 『居留民之昔物語』, 朝鮮二昔会事務所, 1927년, 137~138면.

15 청원 요지의 전문은 다음과 같다. "본 청원의 요지는 만몽(滿蒙)에 있어 모국(某國)의 기도는 웅대하기 이를 데 없어 지나의 영토 보전은 위기에 처해 있는 이때를 맞아, 조선에 제국 무비(武備)의 완성은 하루도 늦출 수 없으니, 따라서 조선에 상설 사단을 설치할 것을 요망하는 것임." 請願者: (第907号)京城日本人商業会議所会頭·原勝一外7473名(紹介議員: 岡田栄), (第1289号)平壌·大庭貫一外431名(紹介議員: 山道襄一), 『第三十一回帝國議會請願文書表』(일본 國立國會圖書館 議會官廳資料室所藏).

축하고 또한 선인(鮮人)을 어떻게 통치할 것인가, 조선의 내지는 어떻게 개발할 것인가 등을 깊이 연구 조사하고 있는 재조선 성공자들이 나아가 국가의 선량(選良)이 되어 중의원에 열석하여 대정(大政)에 협찬함으로써 총독부 정치를 감독하고 편달(鞭撻) 찬조하는 것 역시 최대로 필요함을 인식한다"[16]고 하여, 재조일본인 인사의 출마를 적극 권하고 있다. 요컨대 조선사정에 정통하고, 자신들의 직접적인 이해관계가 얽혀 있는 재조일본인 스스로가 중앙정계에 진출하여 조선정책의 입안·실행에 관여하는 한편, 총독부의 전제적(專制的) 통치를 견제할 수 있는 길을 열고자 하는 것이었다. 1915년 1월 현재, 오이케 이외에도 다수의 인물이 자천, 타천 등으로 입후보를 타진하고 있다고 보도되었는데, 상세한 내용은 〈표 1〉과 같다.

〈표 1〉 제12회 총선거에 출마설이 있던 재조일본인 인사들

이름	거주지, 직업	출마 타진 지역구	결과
하자마 후사타로(迫間房太郎)	부산, 釜山水產株式會社, 농장 경영	와카야마(和歌山)현	출마 고사
가시이 겐타로(香椎源太郎)	부산, 무역업	후쿠오카(福岡)현	출마 고사
오카다 사카에(岡田榮)	경성, 변호사. 현역 중의원 의원(정우회)	고치(高知)현	출마 단념. *제13회 총선거 출마, 낙선 후 선거소송으로 당선(정우회)

16 (사설) 「進んで逐鹿界逐に奮鬪せよ: 在鮮成功者に望む」, 『釜山日報』 1915년 1월 8일자.

사토 준조 (佐藤潤象)	부산, 조선경편 철도회사	구마모토 (熊本)현	출마 단념
오토 마타사부로 (大戶復三郎)	부산, 변호사(중의원 의원 역임)	오카야마 (岡山)현	출마(岡山市, 동지회), 낙선
다나카 후데요시 (田中筆吉)	부산, 토건업	후쿠오카현	불명(출마 단념?)
기오 도라노스케 (木尾虎之助)	경성, 변호사	가고시마 (鹿兒島)현	출마(郡部, 무소속), 보결 당선 *제11대 총선거 출마(정우회), 낙선.
마키야마 고조 (牧山耕藏)	경성, 조선공론사장	나가사키 (長崎)현	출마 단념 (정당 추천을 받지 못함). *제13회 총선거 당선 (郡部, 정우회)
나카무라 사이조 (中村再造)	경성, 무역업	후쿠오카현	출마(郡部, 동지회), 낙선
하기타니 가즈오 (萩谷籌夫)	인천, 조선신문사 사장	이바라키 (茨城)현	출마 단념. *제14회 총선거 출마(茨城縣9區, 헌정회), 낙선

출전: ヒマラヤ山人, 「朝鮮より出でし候補者」, 『朝鮮及滿洲』 제93호(1915년 4월), 38~39면. 『釜山日報』 1915년 1월 8일, 동 1월 16일, 동 1월 21일, 동 1월 24일. 총선거 당시 조선에 재주하고 있는 인물만을 나타낸 것으로, 조선재주경력이 있는 광의의 '조선관계자'는 제외했다.

이 같은 현상에 대해 『조선신문』은, "다행히 히비야(日比谷)까지 두셋 내지는 너댓 명이 살아 남아 도착한다면(중략) 반도의 실상을 모국의 상하에 공적 방법으로 이야기할 수 있게 될 것이며, 그들을 통해 총독정치의 진상(眞地)과 급무(肯綮)를 꿰뚫는 논의"를 할 수 있을 것이라 기대하면서도, 고토 신페이(後藤新平)의 지원에 힘입어 '대만당(臺灣黨)'의 의원이 많은 것에 비해 조선은 미미한 수준에 머

물러 있다고 하여, 그 원인을 출마 후보의 자질과 정치력에서 찾았다.[17] 한편, 이 시기에 재조일본인 사회에 불어온 정치 열기가 조선인 사회에 어떠한 영향을 미쳤는지는 확인되지 않는다. 민간 신문과 달리 총독부 기관지 『매일신보(每日申報)』는 총선거에 관해 일절 언급하지 않고, 선거 결과에 관해서만 간략히 보도했을 따름으로, 총독부측으로서는 본국의 의회정치를 둘러싼 논의가 조선의 참정권 문제를 환기하는 등, 피식민자인 조선인 사회에 미칠 '악영향'을 우려한 것이 아닐까 추측된다.[18]

한편 재조일본인 사회와는 입장이 다르지만, 조선총독부측 역시 예결산 심의와 정책수행의 원활을 꾀한다는 점에서 제국의회에 조선 관계자가 진출하는 것 자체에 대해서는 전향적인 자세였다고 보인다.[19] 후일의 사례이긴 하지만, 귀족원 칙선의원의 보충이 논의되었을 때, 데라우치 마사타케(寺內正毅) 총독은 조선으로부터 칙

17 (사설) 「半島の逐鹿者」, 『朝鮮新聞』 1915년 3월 8일자.

18 제12회 총선거에 즈음하여 송병준(宋秉畯)은 조선인 참정권 문제에 대해 발언하였는데, 다치바나 고이치로(立花小一郎)로부터 이를 전해 들은 데라우치 총독은 "참정권 운운하는 악언(惡言)을 발하였다"고 하며 대단히 불쾌한 감정을 품었던 것이 확인된다. 山本四郎 編, 『寺內正毅日記』, 京都女子大學, 1980년, 668면(1915년 3월 5일조). 다치바나와 송병준의 접촉에 관해서는, 이형식, 「조선헌병대사령관 다치바나 고이치로와 '무단통치'」 (정병욱, 이타가키 류타 편) 『일기를 통해 본 전통과 근대, 식민지와 국가』, 소명출판, 2013년, 253면.

19 제국의회와 조선총독부의 관계에 관해서는 다음과 같은 연구가 있다. 김종식, 「1919년 일본의 조선 문제에 대한 정치과정: 인사와 관제 개혁을 중심으로」, 『韓日關係史硏究』 제26호(2007년 4월); 김종식, 「1920년대 초 일본정치와 식민지 조선지배: 정무총감 미즈노 렌타로의 활동을 중심으로」, 『東北亞歷史論叢』 제22호(2008년 12월).

선의원 1명을 임용할 것을 요망받았다. 데라우치는 원로인 야마가타 아리토모(山縣有朋), 총독관방 총무국장 고다마 히데오(兒玉秀雄)를 통해 오쿠마 수상과 교섭을 진행하여 이시즈카 에이조(石塚英藏, 조선총독부 상공부 장관), 아라이 겐타로(荒井賢太郎, 조선총독부 탁지부 장관)를 추천하였는데,[20] 결국 두 사람 모두 칙선의원으로 선임되었다.

조선 관계자의 의회 진출에 대한 인식은 식민학자이며, 후일 정치가로 활약하는 나가이 류타로(永井柳太郎, 당시 와세다대학 교수)와 같은 인물에게서도 확인된다. 그는 제13회 총선거(1917년 4월)에 마키야마 고조(牧山耕藏)가 출마한 것에 대해 "중앙의회에서 조선 문제가 활기를 띠게 될 것으로 생각합니다. 소생으로서는 야당원이건 우당원(友黨員)이고를 불문하고 척식정책에 관한 지식을 가진 사람이 중앙의회에 증가하는 것을 자못 쾌심(快心)으로 생각합니다"[21]라는 소회를 피력했다.

2) 오이케의 출마 선언과 부산 일본인 사회의 지원

오이케는 전회의 총선거 때에도 입후보 추천이 있었으나 본인이 고사했던 바 있는데, 제12회 총선거에 즈음하여 쓰시마 재주의

20 山本四郎 編, 『寺內正毅關係文書: 首相以前』, 京都女子大學, 1984년, 417~419면.
21 永井柳太郎가 關屋貞三郎에게 보낸 서한(1917년 4월 9일), 일본 國立國會圖書館 憲政資料室所藏「關屋貞三郎關係文書」 429-2.

유지로부터 입후보를 권유받고, 결국 이를 승낙하게 되었다.[22] 오이케 자신도 조선 거주자가 의회에 진출할 필요가 있음을 역설했다고 한다.[23]

최초에는 여당인 동지회로부터 상담이 있었던 바, "조선총독부의 어용상인으로서 사단증설 문제에는 반대할 수 없을 것"이기에 정우회에 가담하지는 않을 것이라 관측되었으나,[24] 결국은 동지회 측의 권유를 거절하고, "중립, 무소속으로서 먼저 대주(對州, 쓰시마)에서 종래의 당파를 개선하기를 희망"한다고 하며 무소속 출마의 포부를 밝혔다.[25] 다만 이것이 오이케 자신만의 생각에 의한 판단인지, 외적 영향이 작용한 것인지에 대해서는 재고할 여지가 있다. 당시의 언론에서는 정당을 싫어하는 데라우치 총독 및 전 부산이사관 가메야마 리헤이타(龜山理平太)의 충고 내지는 압박에 의한 것으로 보도되었다. "가령 선거에 지더라도 결코 선거법 위반은 저지르지 않을 것으로, 이 점은 데라우치 총독에게도 맹세해둔 바 있다고 한다"[26]는 뒷이야기나, "사업상의 문제도 있고 하니 정당 정파에 관계없이 중립으로서 입후보하시는 편이 좋을 것이라 생각한다"[27]는 가메야마의 서한 등이 소개되었다. 앞서 〈표 1〉에서 보았듯, 총

22 『釜山日報』 1915년 1월 8일자.
23 『釜山日報』 1915년 1월 16일자.
24 『東洋日の出新聞』 1915년 1월 17일자.
25 『釜山日報』 1915년 1월 31일자.
26 『朝鮮時報』 1915년 2월 26일자.
27 『釜山日報』 1915년 2월 3일자.

선거 출마를 희망하는 재조일본인 다수가 정당의 추천을 받거나 교섭하였으며, 개중에는 야당인 정우회와 연결된 인물들도 있는데, 왜 유독 오이케에게만 이 같은 압력이 있었을까. 역시 총독부와의 관계를 바탕으로 사업을 경영하는 정상(政商)으로서의 오이케는, 기타의 인사들과는 달리 운신의 폭이 좁았던 것이 아닐까 생각된다.

1월 말부터 2월 초에 걸쳐 쓰시마청년단 대표자 및 전 대의사 우메노 하쓰미(梅野初實) 등과 출마에 대한 협의를 거듭했는데, 이들이 입후보를 권유한 배경에 대해, 오이케는 "종래 쓰시마의 소천지(小天地)에 정우회와 국민당 양파로 분열되어 서로 상쟁해온 것은 결코 쓰시마의 이익이 되지 않았다. 이번 총선거에 즈음하여 양 정파 일단이 되어 쓰시마 출신의 실업가인 나를 선거하는 것에 착수하여 도내의 당파 분쟁을 일소하고 동시에 일체의 수입 후보를 선출하지 않을 것"이라 했다고 밝히고 있다. 이 같은 쓰시마 내에서의 권유에 힘입어 오이케는 입후보를 수락하기에 이른다.[28]

부산의 재조일본인 사회는 오이케의 당선을 위해 적극적으로 지원활동에 나선다. 『부산일보』는 사설에서 오이케의 출마에 관하여 "오직 한사람 쓰시마 인사를 대표함에 그치지 않고 부산을 대표하며 나아가 조선재주의 본방인(本邦人)을 대표함에 충분한 자격을 갖추고 있다", "구주대전란의 시대에 즈음하여 또한 조선 신영토의 경영은 가장 긴급을 요하는 시기"라고 하면서, "쓰시마에서 전

28 『釜山日報』 1915년 2월 6일자.

도(全島) 일치로 추천을 받았으니 이야말로 그 수완을 발휘할 시기가 도래"했다고 하여 공공연히 오이케에 대한 지지를 표명했다.[29] 부산의 쓰시마 출신자를 중심으로 지원활동이 결의되고, "필요하다면 연설이든 필전(筆戰)이든 후원하겠다"고 하며 속속 지원에 나섰다고 한다.[30] "거류민단 철폐 후의 자치제 문제와 같은 것은 마땅히 중앙 의회에서 대대적으로 토의해야 할 첫째가는 문제임을 믿어 의심치 않는다"[31]고 하는 데서, 재조일본인 의원의 탄생을 바라는 이들의 심경을 엿볼 수 있다. 선거전이 본격화되자 오이케후원회가 개최되는가 하면, 전 민회의원 및 학교조합의원 등을 중심으로 한 유력자가 중심이 된 갑인회(甲寅會)가 임시회를 열어 성대한 송별회를 개최했다.[32] 또한 부산으로부터 '오이케 응원대'가 파견되어, 정담연설회(政談演說會)에서 오이케의 지원연설을 하는 등의 활동이 확인된다.[33]

3) 쓰시마의 정치상황과 선거전

당시의 중의원의원 선거는 대선거구제를 채택하고 있었음에도, 쓰시마는 육지와 떨어진 섬이라는 지역적 특수성에서 제7회 총선

29 (사설)「大池忠助氏の出馬を送る」, 『釜山日報』 1915년 2월 11일자.
30 『釜山日報』 1915년 2월 14일자.
31 『釜山日報』 1915년 3월 18일자.
32 『釜山日報』 1915년 3월 9일자; 『朝鮮時報』 1915년 3월 11일자.
33 『長崎日日新聞』 1915년 3월 14일자; 『釜山日報』 1915년 3월 24일자, 동 3월 26일자.

거(1902년) 이후 독립선거구(당선자 1명)를 유지해 왔다. 이는 타지역과는 달리, 한 정당에서 복수의 후보를 추천하는 것은 대단히 불리하다는 점과 함께, 토착 인물이 아닌 이른바 '수입후보'의 당선 가능성이 낮다는 것을 의미한다. 또한 쓰시마에서는 제7회 총선거(1902년) 이후 순리파(純理派)와 실리파(實利派)의 경쟁 관계가 이어져 왔는데, 전자는 정당 정파의 폐해를 타파하고, 거도일치(擧島一致)를 표방하는 입장이며, 후자는 쓰시마의 발전을 위해 정당의 배경을 필요로 하는 입장이었다고 한다. 오이케에게 출마를 권유하고 강력한 후원자가 된 우메노는 순리파의 리더격인 인물로서, 1902년부터 1908년까지 3회에 걸쳐 헌정본당(憲政本黨) 추천으로 중의원 의원을 역임한 바 있었다.[34]

한편, 다음의 〈표 2〉는 전회인 제11회 총선거에서 나가사키현 군부(郡部) 지역에서의 득표율을 정리한 것이다. 나가사키현 전체에서 정우회의 지지율이 높게 나타나는 가운데, 쓰시마 역시 평균 이상의 정우회 지지도를 보이고 있는 것을 확인할 수 있다. 제11회 선거에서는 정우회의 하야카와 데쓰야(早川鐵冶)와 국민당의 후쿠모토 마코토(福本誠)가 "일본의 2대 격전지"로 불릴 만큼 쓰시마에서 뜨거운 접전을 벌여, 국민당의 리더 이누카이 쓰요시(犬養毅)가 직접 지원연설을 올 정도였다고 한다. 선거의 결과, 압도적인 표차로 하야카와가 당선되었으나, 이후 동지회로 당적을 옮김으로써

34 松尾哲次 編,『對馬近代史』, 對馬日日新聞社, 1930년, 271면.

제12회 총선거 당시에는 정우회계의 후보가 부재하는 상황이 되었다.

〈표 2〉 제11회 총선거에서의 나가사키현 군부(郡部) 지역의 득표 구분

群別	西彼	東彼	北高	南高	北松	南松	壱岐	佐世保	対馬	(計)
政友派割	4.02	6.33	3.74	3.64	6.07	4.56	5.22	4.26	4.97	42.81
同志派割	4.33	2.82	5.27	1.86	2.29	3.50	2.89	3.90	2.96	29.82
臼井氏割	0.11	0.02	0.13	3.67	0.07	1.29	0.55	_	_	5.84
棄権割	1.54	0.83	1.23	0.83	1.57	0.58	1.32	1.84	2.07	11.81

출처: 『東洋日の出新聞』 1915년 2월 6일. ※합계는 필자가 작성.

오이케 자신은 무소속을 표방했지만, 실제로는 쓰시마의 양대 세력 중 하나인 순리파를 대표하며 구 헌정본당을 이은 국민당계의 지도자인 하쓰노의 지원을 받는 동시에, 후보를 내지 못한 정우회계의 지지를 받게 되어, 결과적으로는 야권연대의 단일후보와 같은 형세가 되었다.[35] 쓰시마의 선거전은 오이케 주스케(무소속, 정우회계 및 국민당, 『長崎日日新聞』지지), 현회(縣會) 의원 역임자로서 지역기반이 강고한 우라세 스미유키(浦瀨濟之, 동지회 및 『長崎新聞』 지지), 외무성관료 출신으로서 현역의원인 하야카와 데쓰야(早川鐵冶, 동지회)의 삼파전의 형세를 이루었다. 이 중, 하야카와는 전회의 총선거에서 정우회 추천으로 당선된 후, 동지회로 이적하여 '배신자'라는 악평을 듣는가 하면, 당선 후 한번도 지역구를 방문하지 않아

35 『東洋日の出新聞』 1915년 2월 13일자.

지역사회에서 신망을 잃고 있었는데,[36] 제12회 총선거에서도 당내 추천을 둘러싸고 우라세와 대립하여 불출마를 선언했다가 다시 번복하여 입후보하는 등, 불리한 입장에 있었다.[37]

쓰시마 선거구에서의 중요한 논점은, ① 오쿠마 수상 및 동지회가 추진하는 2개 사단 증설 문제, ② '수입 후보'의 배격, ③ 쓰시마의 산업·경제 발전책이었다. 오이케는 ①에 대해서는 '엄정중립'을 표방하면서 회피하였고, ②, ③의 문제를 공략하는 전략을 썼다. 특히 조선에서 성공한 실업가로서 정폐의 쇄신과 산업경제의 발달을 기할 수 있는 후보로서 자신을 어필하였고, 특히 항로의 불편과 산업의 미발달 문제의 해결을 논하면서, "고래의 역사상 심대한 관계를 가지고 위치 또한 일위대수(一葦帶水)의 사이에 존재하는 조선과의 연쇄를 확실히 함은 이 역시 가볍게 볼 수 없는 중요 문제라 믿는다. 근래 양지(兩地)의 경제관계 점점 더 접촉하여 부산으로부터 본도(本島)에의 미곡 이출액이 적지 않으며, 본도의 임산물 기타의 부산 이입 역시 점차 액수를 더해가고 있으니 (중략) 조선방면과의 경제관계를 유액조장(誘掖助長)하여 전도의 산업진흥에 기여함은 본도 번영상 가장 득책임은 의심할 바 없다"고 하여, 자신이야말로 쓰시마와 부산의 연결을 강화하여 경제적 진흥을 꾀할 수 있는 후

36 『長崎新聞』 1915년 1월 6일, 동 1월 29일자.

37 『長崎新聞』 1915년 2월 13일자, 동 2월 14일자, 동 2월 25일자; 『長崎日日新聞』 1915년 2월 6일자.

보라는 것을 강조했다.[38]

한편, 동지회에서 복수 추천된 우라세와 하야카와는 추천 문제를 둘러싸고 처음부터 비방공격이 시작되었고, 선거전 기간 중에는 두사람 사이의 소송 사건도 발생했다. 또한 우라세와 동일한 지반을 가지는 야스마스 호타로(安增寶太郎)가 국민당 후보로 출마하여 경쟁하는 등[39], 오이케에게는 '어부지리'라고도 할 만한 호조건이 형성되었다.

오이케와 백중을 이루는 우라세측의 입장을 대변하는 『나가사키신문(長崎新聞)』은 다음과 같은 오이케 비판 논리를 전개했다. 우선 오이케가 무소속으로 '엄정 중립'을 표방하면서도 정우회계 세력 및 쓰시마입헌청년당의 지지를 받는 것에 대해 비판을 가함과 함께[40], "중의원 의원의 적임자는 정치적 경험이 풍부하고, 정치적 수완이 있는 사람이 아니면 안된다. 장사 재간 같은 것은 크게 필요치 않다", 또한 오이케는 쓰시마 출신이라고는 해도 이미 오랫동안 조선에 살고 있으므로 쓰시마 사람이라곤 할 수 없으며, 따라서 '아무 연고도 없는 인물' '수입후보자' 라고 공격했다.[41]

한편, 여러 가지 악재가 겹쳐 열세에 몰린 하야카와를 돕기 위해 정계의 거물 고토 신페이가 막후에서 움직인 사실이 확인되어

38 「大池氏立候補宣言書」, 『釜山日報』 1915년 3월 4일자.
39 『長崎新聞』 1915년 3월 26일자.
40 「大池氏と政友派」, 『長崎新聞』 1915년 3월 9일자.
41 蹄風生, 「對馬青年黨諸兄」, 『長崎新聞』 1915년 3월 2일자.

홍미롭다. 이 시기에는 이미 탈당했지만, 입헌동지회의 창당 주체 중 한명이었던 고토는 자신의 세력하에 있는, 이른바 "고토당(後藤黨)"인 하야카와의 당선을 돕기 위해 데라우치 총독을 통해 오이케의 도중 사퇴 공작을 펼친 바 있다.

> 나가사키현 대주(對州)에서 오이케 아무개와 하야카와 데쓰야가 경쟁하고 있는데, 하야카와의 사정이 너무나 안되었습니다. (중략) 오이케씨는 귀총독부 하의 신사(紳士)인데 어떠한 사정으로 입후보하게 되었는지는 모르겠습니다만, 만일 각하께서 은밀히 지시를 내려 주신다면 본인의 임협(任俠)으로 후보를 양보해 주지는 않겠는지요. (중략) 오이케 군의 임협에 호소한다면 반드시 성공하리라 생각하며, 각하께서 한마디 내려주시는가 아닌가에 따라 성패가 갈린다고 생각됩니다.[42]

데라우치가 고토의 요청에 어떠한 대응을 했는지는 확인되지 않지만, 오이케는 사퇴하는 일 없이 선거 운동을 계속하여, 선거일 직전 이틀간 활동을 통해 열세에서 우세로 판세를 역전시켰다.[43] 3월 25일에 이루어진 선거 개표 결과, 오이케(185표)가 차점자인 우라세(183표)를 단 두표차로 누르고 당선되었으며, 3위 하야카와는 120

42 고토 신페이가 데라우치 마사타케에게 보낸 서한(1915년 3월 5일), 일본 國立國會圖書館憲政資料室所藏「寺內正毅關係文書」 27-35.
43 『長崎新聞』 1915년 3월 28일자.

표, 4위 야스마스는 58표를 획득했다.[44] 부산의 재조일본인 사회는 부산번영회의 춘계대회를 겸해 오이케의 당선축하회를 동래온천에서 성대하게 개최했다.[45]

4. 오이케의 의정활동과 당선 무효 소송

1) 오이케의 의정활동

1915년 5월 20일부터 6월 9일까지 열린 제36회 제국의회는 오이케가 출석한 유일한 의회였다. 재조일본인들이 걸었던 기대와는 달리, 오이케는 회기 중 뚜렷한 활동을 보여주지 못했다. 해산총선거 직후의 임시회로서 개최되어 회기가 짧았다는 점에 더하여, 무소속의 초선 의원이 가진 한계로 인해 활약할 여지가 크지 않았던 것으로 생각되지만, 오이케 자신이 중앙 정계에서의 정치활동을 전개할 정도의 기량을 갖추지 못한 탓도 있었다고 보인다.[46] 전

44 『長崎新聞』 1915년 3월 28일자. 동 신문은 동지회 후보 2인의 낙선에 유감을 표명하며, 오이케에 대해서는 "무학문맹(無學文盲)의 벼락부자"가 당선된 것이라 하며 아쉬움을 표현했다. 한편, 전국적인 동지회의 대약진에도 불구하고, 나가사키현에서는 상대적으로 부진을 면치 못했다. 나가사키현의 정당별 당선자 수는 다음과 같다. 동지회 3, 정우회 2, 중정회 1, 무소속 2.

45 『釜山日報』 1915년 4월 7일, 동 4월 9일자.

46 '부산의 3대 성공자'로서 재조일본인사회의 거물로 행세하며 상업회의소와 민단, 한국 병합 후의 도평의회 등, 수많은 선출직을 역임한 오이케지만, 실제로는 재조일본인 사회의 정치적 활동을 리드하거나, 중요 이슈에서 적극적으로 발언하는 모습은 찾아보기 어렵다. "특히 이해관계가 걸린 문제에서는 완전히 자기 본위",

체회에서의 발언 기회가 주어지지 않은 것은 별개로 하더라도, 비교적 자유로운 토론이 가능한 위원회에서도 오이케는 좀체로 입을 열지 않았던 모양이다. 오이케의 식민지 경험이 발휘되었을 수도 있었을 '식민성 설치에 관한 건의안' 위원회가 구성되었지만, 회기 만료로 인해 논의 없이 종료되어 버림으로써 활약의 기회를 얻지 못했다. 결국 제36회 의회 속기록 전체에서 오이케의 발언으로 확인되는 것은, 4회에 걸쳐 개최된 '제국철도회계법 중 개정법률 외 1건(국채정리기금특별회계법 중 개정법률안)'에서 "다이쇼 4년도에는 어떤 방면에 착수할 방침입니까" 하는 단 한 마디뿐이다.[47]

한편 구체적인 정책 논의까지 이른 것은 아니지만, 12회 총선거에서 선출된 조선 관계자들, 그리고 식민지 관계 의원들과의 교류가 있었던 것이 눈길을 끈다. 밀양에 재주했던 유아사 본베이(湯淺凡平), 원산에 관계한 가와사키 가쓰(川崎克), 이토 히로부미(伊藤博文)의 비서관을 역임한 후루야 히사쓰나(古谷久綱), 전 총독부 위생촉탁 야마네 쇼지(山根正次), 전 경성상업회의소 서기장 도카노 시게오(戸叶薫雄), 기타 조선에 연고가 있는 의원 11~12명이 '조선회'

"일면 정상(政商) 체질이지만, 하자마(迫間)처럼 치사스러운 짓은 하지 않는다"는 등의 인물평에서도 이 같은 인물상을 엿볼 수 있다. 「(取引所と人物)大池忠助君」, 『朝鮮公論』제11권제9호(1923년 9월), 82면.

47 「第五類第二號 帝國鐵道會計法中改正法律案外一件委員會議錄 第二回(大正四年五月二十七日)」, 18면. 帝國議會會議錄檢索システム(http://teikokugikai-i.ndl.go.jp). 이 질의 자체도 앞서 토의가 이루어져 마무리된 것을 되풀이하는 것에 불과하였기에, 정부위원으로부터는 추후 제출할 서류를 참조하라는 답변밖에 들을 수 없었다.

를 개최하려는 시도를 하기도 하고, 조선, 만주, 대만, 화태 등의 관련자가 모여 의견교환을 하는 '식민지회'에 참석하기도 했다.[48]

의회에서의 활동보다도 오히려 눈에 띄는 것은 2개 사단 증설 문제에서의 활동이었다. 오이케는 "저는 무소속이지만 정부의 방침이 올바른 데 대해서는 크게 찬성, 특히 조선 2개 사단 증설에는 대찬성입니다"[49]라고 하여, 조선에의 2개 사단 증설을 찬성하는 입장을 밝히고 있다. 보다 구체적인 활동으로서, 오이케는 증설된 2개 사단 산하의 연대를 부산에 유치하는 문제로 오시마 겐이치(大島建一) 육군차관, 아카시 모토지로(明石元二郎) 참모차장과 면회하여 희망을 개진하기도 하였다.[50]

이 문제는 두가지 측면에서 '정치가' 오이케에게 딜레마였다. 우선은, 공식적으로 정당 추천을 받지는 않았지만 선거과정에서 실질적으로 정우회 측의 전폭적인 지지를 받으며 당선된 만큼, 그를 지원한 정치세력 및 지지자들의 입장을 배신한 것이라 할 수 있다. "정부 반대를 표방한 정우회와 국민당 양당의 후원을 얻어 겨우 두 표차로 당선되었으면서도, 의회에 가서는 곧바로 정부당에 붙으면서도 태연해 하는 것은 참으로 시정 잡배(素町人) 근성"이란 비난을 받고, 후일 의원직을 상실했을 때는 "변절개론(變節改論)한

48 『釜山日報』 1915년 6월 22일자.
49 『朝鮮寫眞畫報』 1, 1915년 5월. 이 자료는 마쓰다 도시히코(松田利彦) 씨로부터 제공받았다.
50 『釜山日報』 1915년 6월 23일자.

천벌을 받았다고 하여 오히려 통쾌"해 했다는 후일담도 있다.[51]

또한, 조선 2개 사단 증설은 '내지'에서의 부대 재편을 촉발하게 되었는데, 특히 쓰시마는 이 같은 변화에 타격을 입게 되었다. 본래부터 산업이라 할 만한 시설이 거의 없는 쓰시마에서는 군대의 주둔이 경제적으로 큰 기여를 하고 있었다. 한국 병합을 계기로 쓰시마는 '국경'으로서의 의미를 상실하게 된 데 이어, 조선 2개 사단 증설과 함께 쓰시마에 상주하는 경비대를 철퇴할 것이 결정되었다. 쓰시마도민은 부대를 철퇴할 경우, 그에 상응하는 군비기관을 특설 해줄 것을 요구하며 중앙정부에 진정을 제출하기도 하였다.[52] 결국 1920년에 쓰시마에 상주하던 경비보병대대는 폐지되고, 쓰시마경비사령부도 쓰시마요새사령부로 축소, 쓰시마중포병대대도 2개 중대로 축소되기에 이르렀다.[53] 쓰시마의 경제적 활성화를 약속하며 당선된 오이케로서는 자신의 선거구 전체의 이익을 배신하는 결과를 불러오고만 것이다. 이는 오이케가 경제적 지반으로 삼는 부산과, 정치적 지반으로 삼는 쓰시마의 이해관계가 어긋난다는 것이었는데, 선행연구와는 또 다른 논점에서 "'조선의 오이케'라는 위상은 도리어 제국 '일본의 오이케'라는 위상으로 전환할 수 없는 한계"[54]를 가지고 있었던 것이라 하겠다.

---

51 欣堂「釜山評論 舊人物對新文明の葛藤(其一)」, 『朝鮮公論』 제4권 제4호(1916년 4월), 52면.

52 『長崎新聞』 1915년 6월 17일자.

53 巖原町誌編輯委員會 編, 『巖原町誌』, 巖原町, 1995년 1014면.

54 전성현, 앞의 논문, 305면.

2) 당선 무효 소송과 의원직 상실

불과 두 표 차이로 선거에서 패한 우라세는 5월 12일, 나가사키 공소원(長崎控訴院)에 당선 무효 소송을 제기했다. 「중의원의원선거법」(明治33년 법률제73호)의 제13조 제2항에 의하면,[55] 오이케는 '정부의 청부를 행하는 자'로서 피선거권을 가질 수 없다는 것이었다. 선거과정에서 지역민에게 배부한 '경력서(經歷書)'에 "관청의 어용달(御用達)을 업으로 함"이라는 문장이 들어 있었던 것이 화근이었다. 오이케 측도 뒤늦게 이를 알아차리고 서둘러 '증거 인멸'을 시도했다고 한다. 원고 측은, "선거 시기에 배부한 약력의 영업개목에도 관청 청부라고 명기되어 있는데, 수년 전부터 계속하여 조선 나남수비대 기타 육군에 양말(糧秣) 납입의 청부를 하고, 부산감옥에 미맥(米麥) 납입 청부, 부산헌병대에 용도품(用度品) 납입 용달을 하고 있으며, 가장 최근의 사실로는 육군창고 부산지고에 현미 805석의 납입청부계약"을 하고 있음을 이유로 들었다.[56]

이에 대해 피고 측〔노리모토 나오쓰네(則元由庸)[57] 변호사〕은 크게 두

55 「중의원의원선거법」 제13조에는 피선거권을 가지지 못하는 자로서, 신관(神官), 신직(神職), 승려 기타 제종교 교사, 소학교 교원, 정부의 청부를 행하는 자, 정부의 청부를 행하는 법인의 임원 등을 규정하고 있다.

56 『長崎新聞』 1915년 5월 13일자.

57 나가사키공소원에서 오이케의 법정대리인을 담당한 노리모토 본인도 제12회 총선거에서 나가사키현 군부(郡部)에 정우회 후보로 출마하여, 6위로 당선된 구라미쓰 후지타(倉光藤太, 동지회)에 4표차로 밀려 낙선했는데, 구라미쓰를 상대로 선거소송 중이었다. 재판 결과, 노리모토가 승소, 중의원 의원에 당선되었다. 『長崎新聞』 1915년 6월 1일자, 동 6월 12일자, 동 6월 30일자.

가지로 법리 해석상의 반론을 제시했다. 첫 번째는 '조선을 민사재판상 외국으로 볼 것인가 아닌가'의 문제이다. 조선이 외국에 해당되는 경우, 「민사소송법」의 규정에 의해 오이케는 외국 거주자로 판단되어, "최후로 보유하던 국내의 주소"인 쓰시마를 관할하는 나가사키공소원에서 재판을 진행하게 된다. 조선을 외국으로 보는 의견은, 조선에는 헌법이 시행되지 않고, 그 부속법인 재판소구성법도 시행되지 않는 까닭에 '내지'와 같다고 볼 수 없으며, 외국과 같다고 인정한다는 해석이 된다. 그러나 조선을 외국에 해당하지 않는다고 할 경우, 재판관할권은 오이케의 주소지인 부산을 관할 범위로 하는 대구복심법원이 가지게 된다. "헌법의 어느 일부분이 특별히 만들어진 법률에 의해 조선에 시행되지 않을 뿐으로, 재판소도 헌법에 의해 제정된 법률하에서 설치되어 있으므로 헌법은 시행되고 있다고 보아야 하며, 조선은 일본의 영토이고, 여기에 거주하는 자를 어떻게 법률상 외국인으로 취급할 것인가"하는 것이 변호인의 반론 내용이었다.[58] 이 같은 문제는 1918년 「공통법」(大正7년 법률제39호)이 제정되어 서로 다른 법역(法域) 사이의 연락관계를 설정함으로써 최종적으로 해결되지만, 1915년 당시로서는 거의 판례조차 없는 형편으로, 한국 병합이 불러 일으킨 제국법제상의 새로운 문제로 떠올랐다.[59]

58 『長崎新聞』 1915년 6월 20일자.

59 佐々木清綱, 「大池代議士に對する當選無効の判決を論ず(上)」, 『法律新聞』 1915년 11월 30일자.

두 번째로는 '정부의 청부'를 둘러싼 해석의 문제였다. 일찍이 1904년 니가타(新潟)현의 전등회사가 관공청에 전기공급 계약을 맺은 것에 대해 대심원은 '청부'로 보아 피선거권 없음을 선고한 바 있는데, 이에 대해 제국의회 중의원은 '청부'에 대해 민법 및 상법상의 규정과 동일한 의미로서 엄밀하게 해석할 것을 요청하는 결의를 발표하기도 했다. 이후, 행정재판소에서는 관공청에 대한 전기공급은 청부계약에 해당되지 않는다는 판결을 연이어 내놓았다.[60] 오이케의 변호인은 이 같은 논리로 군부대에 미곡을 납입한 것은 '청부계약'이 아닌 '매매계약'에 지나지 않는다고 하며,[61] 오이케의 전체 사업규모 중에서 관공청에 대한 곡물 매도는 소액에 지나지 않으며, 관청측에서도 물품 소요액 전부를 오이케로부터 구매한 것이 아니므로 '청부'에 해당하지 않는다고 주장했다.[62]

나가사키공소원은 재판관할권에 대한 이의는 채택하지 않고 재판을 진행하여, 7월 10일 당선 무효 판결을 내린다. 오이케는 이에 대해 상고를 결정, 하나이 다쿠조(花井卓藏)와 상담하여 기시 세이이치(岸清一), 오바 시게마(大場茂馬) 등의 거물급 변호사에게 법정대리인을 맡겨 재판에 임했다. 오이케는 나가사키공소원 판결의 부당함을 알리는 「당선소송보고서」를 제작하여 쓰시마의 유권자와

60 佐々木清綱, 「大池代議士に對する當選無効の判決を論ず(下)」, 『法律新聞』1915년 12월 5일자.

61 『長崎新聞』 1915년 6월 18일자.

62 『長崎日日新聞』 1915년 7월 9일자.

부산의 유력자들에게 배포하는 한편, 그 주요 내용을 『부산일보』에 게재하였다.[63] 오이케는 연말의 제국의회 출석을 위해 도쿄에 체재하며 대심원 판결을 기다리던 중, 12월 26일 부산 남빈(南濱) 창고군에 대화재가 발생하자 이튿날 급거 부산을 향해 출발했다. 동월 28일, 대심원은 상고를 기각하였고, 오이케는 부산으로 향하는 도중에 자신의 의원직 상실을 통보받았다.[64]

법조계 일각에서는 나가사키공소원 및 대심원의 판결에 대해, "헌법상 주어진 신민의 참정권의 소장(消長)에 관한 중대문제"로서 법률 해석의 모순과 판례와의 불일치를 지적하여 비판하는 의견도 있었다.[65] 의미 없는 가정이긴 하지만, 만약 나가사키공소원이 재판관할권 문제에 대한 이의제기를 받아들였다면, 그래서 조선총독의 감독권 하에 있는 조선총독부재판소 대구복심법원에서 재판이 진행되었다면, 식민지 권력과의 유착을 통해 성장한 '정상(政商)' 오이케에게 유리하게 전개되었을 가능성을 생각해 볼 수도 있지 않을까.

63 「大池代議士の當選訴訟報告書(上)」, 『釜山日報』 1915년 8월 9일자. 「大池代議士の當選訴訟報告書(下)」, 동 8월 10일자.

64 『釜山日報』 1915년 12월 28일, 동 12월 29일, 동 12월 30일자.

65 佐々木清綱, 앞의 기사.

5. 마치며

1915년 3월에 실시된 제12회 총선거는 한국 병합 이후 거류민 자치권의 박탈 및 조선총독부의 재정 산업정책 등에 대한 재조일본인사회의 불만이 커져 가는 가운데, '2개 사단 증설'이라는 조선통치 및 재조일본인의 이해관계에 직결된 사안이 쟁점이 되어 실시된 해산 총선거였던 까닭에, 재조일본인 사회에 큰 관심과 정치열을 불러일으켰다. 현재 직면한 조선의 상황을 타개하기 위한 하나의 방책으로서 재조일본인 및 조선관계자 다수의 '중앙정계' 진출의 필요성이 제기되었으며, 다수의 재조일본인 명망가의 출마가 논의되었고, 개중에는 실제로 입후보하여 선거전을 치룬 경우도 있었다.

해운 및 무역업을 통해 경제적 성공을 거두어 '부산의 3대 인물'로 불린 부산지역의 명망가 오이케 주스케는, 이 같은 정치 사회적 동향을 배경으로 출신지 쓰시마에 출마, 중의원 의원에 당선되었다. 그의 선거활동과 중의원 의원 당선, 의정활동은 이후로 이어지는 재조일본인의 의회 진출 및 중앙 정계에서의 조선문제 논의라는 '식민지 정치공간'의 확장을 생각해볼 때, 초기의 사례로서 참고할 만한 가치가 있다고 보인다.

오이케의 중의원 의원 선거 출마는, 쓰시마라는 '제국 본국'의 한 지방과, 부산이라는 식민지의 한 지방을 잇는 정치적 활동으로서도 주목된다. 역사적으로 조선과 깊은 관계를 맺어 온 쓰시마의 경제 활성화를 기대하는 선거구 지역민의 요망과, 중앙정계에서 조선의 이해관계를 관철시킬 통로를 확보하고자 하는 재조일본인 사회의 요구가, 오이케라는 인물을 통해 접점을 형성했다고 할 수 있다. 오이케는 부산에서 무역 및 해운업으로 성공한 자신이야말로 부산과 쓰시마와의 연결을 강화함으로써 경제적 진흥을 이룰 수 있다고 호소하여 쓰시마 지역구민의 호응을 얻는 한편, 부산을 중심으로 한 재조일본인 사회는 전면적으로 지원활동을 펼쳐 당선을 도왔다.

오이케는 표면상으로는 '엄정중립'을 표방하면서도, 실제로는 정우회 및 국민당 등 야당계의 지원을 얻음으로써, 정우회 세력이 강한 쓰시마에서 지지를 확보할 수 있었으며, 우연히도 여당인 동지회에서 두 명의 후보가 입후보하여 혼전을 벌인 덕분에 더욱 유리한 환경에서 선거를 치러낼 수 있었다. 일단 야당계의 후원에 힘입어 당선된 오이케였으나, 여당이 추진하는 2개 사단 증설 문제에 대해서는 적극 찬성하는 활동을 전개했는데, 이는 자신을 지지해준 야당세력에 대한 배신이라 할 수 있는 행동이었다. 또한 조선에 2개 사단을 증설함에 따라 일본 '내지'에서의 육군의 재편성이 이루어지게 되었는데, 이것이 결과적으로는 쓰시마 주둔 부대의 축소로 이어짐으로써, 그를 뽑아준 지역민에 대한 배신이 되고 말았다. 정치가로서의 오이케는 그를 지원한 야당세력 및 지역민의 이해 관계보다는 '재조일본인'으로서의 이해를 우선시하고 만 것이다. 오이케가 의원직을 상실하고 중앙정계에서 퇴장하게 된 직접적인 계기는 당선 무효소송이었지만, 사실상 '부산의 오이케', '조선의 오이케'로서 정치활동을 함과 동시에 '쓰시마의 오이케', '일본의 오이케'로서 존재할 수 있는 기반을 스스로가 부정해 버리고 만 것이라 하겠다.

5장

재조선 일본인 저널리스트의 조선통치정책론 비교

〈민중시론〉사의 아베 가오루와 마치다 조사쿠를 중심으로

—

박찬승

1. 시작하며

아베 가오루(阿部薰)와 마치다 조사쿠(町田長作, 호는 耘民)는 1920, 30년대에 식민지 조선에서 활동한 일본인 저널리스트들이다. 마치다 조사쿠는 1925년에 『민중시론(民衆時論)』이란 월간 시사잡지를 경성에서 창간하여 사장이자 기자로 활동했고, 아베 가오루는 이 잡지사의 기자로 들어가 많은 글을 썼다. 『민중시론』사는 경성에 지사 겸 편집국을 두었고, 발행소와 인쇄소는 히로시마에 두어 이곳에서 인쇄하여 소포우편으로 조선에 들어오는 잡지였다.[1] 정확하지는 않으나 1938년경까지 발간된 것으로 추정된다.[2] 이 잡지는 조선총독부의 여러 정책에 대해 대체로 비판적인 태도를 취했고, 때문에 여러 차례 수입이 금지되었던 것으로 보인다. 그것은 아베가 이 잡지에 실린 글들을 모아 책을 낼 때, 많은 부분이 삭제된 것에서 어느 정도 짐작할 수 있다.

아베 가오루는 1919년 조선에 건너와, 1924년부터 조선의 여러

1 「輸移入 新聞 雜誌 普通出版物 및 그 取締狀況ㅡ輸移入 新聞 雜誌 普通出版物 取締狀況」(경성지방법원 검사국 문서, 『新聞紙出版物要項』 중)에 의하면, 『민중시론』사는 히로시마현 아사(安佐)군에 발행소가 있었고, 발행인은 關根重憲이었으며, 인쇄소는 히로시마시에 있었다. 조선내 영업소는 경성의 요시노초(吉野町)에 있었고, 주간자는 마치다 조사쿠(町田長作)라고 되어 있다. 그러나 실제로는 마치다가 사장이고, 히로시마에는 발행소를 둔 것으로 보인다. 당시 이와 같이 일본에 발행소를 두고, 주로 조선에서 판매하던 신문, 잡지류는 모두 11종이었다.

2 현재 『민중시론』 원본은 히로시마현립도서관에 1936~38년에 발간된 第12巻 第10號, 第15巻 第1·2號밖에 남아 있지 않은 것으로 보인다.

잡지에 글을 쓰기 시작했다.[3] 그는 『민중시론』에 들어가기 전부터 여러 잡지에 글을 썼고, 『민중시론』에 들어간 이후에는 주로 이 잡지에 많은 글을 썼다. 그는 기자 생활을 하면서 쓴 시사적인 글들을 모아 1925년에 『적나라한 조선(赤裸裸の朝鮮)』(1925)과 『조선통치의 해부(朝鮮統治の解剖)』(1927)라는 책을 냈다. 앞의 책을 낼 때에는 당시 사이토 총독이 '세월부대인(歲月不待人)'이라는 제자(題字)를 해주었고, 이왕직차관으로 있던 시노다 지사쿠(篠田治策), 조선총독부 재무국장으로 있던 와다 이치로(和田一郎), 『조선급만주(朝鮮及滿洲)』의 사장이던 샤쿠오 슌조(釋尾春芿), 『민중시론』사 사장 마치다 조사쿠 등이 서문을 써주었다. 이는 그의 활동 폭이 상당히 넓었음을 말해준다.

아베는 그 이후에도 『기자가 본 조선(記者が見た朝鮮)』(1929), 『조선통치신론(朝鮮統治新論)』(1931), 『조선문제논집(朝鮮問題論集)』(1932) 등의 시사논설집을 모두 민중시론사에서 펴냈다. 그런데 이 책들에는 자신의 글만이 아니라 마치다 조사쿠를 비롯하여 『민중시론』에 실린 다른 이들의 글도 필자의 이름을 밝히면서 함께 싣고 있다. 아베는 이러한 시사 논설집 외에도 『조선공로자명감』(1935), 『만선인물선집』(1934) 등 인물소개 책자와, 『뻗어가는 장항』(1927), 『북

3 아베 가오루의 출신지와 학력에 대해 확인할 수 있는 자료는 아직 찾지 못했다. 그는 여러 책을 냈지만, 조선에 건너오기 전 자신의 이력에 관해서는 전혀 써놓지 않았으며, 이러한 태도가 의도적인 것임을 밝히기도 했다. 그는 다만 러일전쟁 당시 참전하여 여러 차례 죽을 고비를 넘겼다는 것만 써두고 있다(阿部薰 편저, 1929, 『記者が見た朝鮮』, 京城: 民衆時論社, 556면).

아베 가오루

선개척사』(1938), 『조선도읍대관』(1937) 등의 지역소개 책자를 출판하기도 했다.

한편 마치다 조사쿠는 1881년 일본 니가타(新潟)현에서 출생하여, 1908년에 조선으로 건너와 대한일보(大韓日報) 기자로 활동했다.[4] 1910년 8월 신문사가 해산된 뒤, 경성 북부 사동(京城 北部 寺洞)에서 일어학교 강습소를 설립하여 3년간 경영하였다. 1914년 8월 경성통신(京城通信) 주필 및 법률 상의 대표로 1922년 1월 경성통신이 폐간될 때까지 활동하였다. 1921년부터 1935년까지 조선전기협회 촉탁(朝鮮電氣協會 囑託)을 맡았으며, 1924년 11월 평의원(町 評議員)이 되었다. 1925년 2월 시사잡지 『민중시론』을 창간하여 사장을 맡았다.[5] 그도 1920년대에는 『민중시론』지에 상당한 양의 글을 쓴 것

4 『대한일보』는 일본인에 의해 1904년 3월 10일에 창간되어 국한문 혼용으로 발간된 신문이다. 본래 인천에서 상황(商況)을 주로 보도하던 『조선신보(朝鮮新報)』가 조선인 독자를 의식하여 국한문 혼용의 신문으로 탈바꿈한 것이다. 처음 인천에서 발간되다가 창간된 해 12월 본사를 서울로 옮겼다. 사장은 아리후 주로(蟻生十郎)였지만, 실질적으로 신문사를 경영한 것은 하기타니 히사오(萩谷壽夫)였다. 이 신문은 『대한매일신보』를 맹렬히 공격하였으며, 베델을 비방하는 기사를 게재하여 대립자세를 분명히 하였다. 통감부 설치 이후인 1906년 8월 한글로 발간하던 신문은 종간하고, 10월 17일부터는 일어신문으로 발간하였다. 1910년 4월에는 제호를 『조선일보』로 고쳐 발행하였으나, 1910년 8월 총독부의 언론 통폐합 정책에 의해 폐간되었다. 李相哲, 2009, 『朝鮮における日本語經營新聞の歷史』, 東京: 角川學藝出版, 87~90면 참조.

5 그 밖의 경력을 보면, 그는 1928년 12월 요시노초 총대(吉野町 總代)에 추대되었

으로 보이나, 현재로서는 아베 가오루가 편집한 『기자가 본 조선』(1929), 『조선통치신론』(1931), 『조선문제논집』(1932)에 일부가 남아 있을 뿐이다. 1928년에는 『백의동포에게 고함』이라는 소책자를 민중시론사에서 조선문으로 출판했다(이는 『기자가 본 조선』에도 게재).[6] 1930년대에 쓴 글 가운데 일부는 그가 1936년에 경성에서 출간한 『춘풍추우(春風秋雨)』라는 책에 실려 있는데, 대부분 가벼운 내용의 글이다.

이 논문은 아베와 마치다 두 사람이 주로 1920년대에 『민중시론』에 실은 시사 논설 가운데, 일본의 조선 동화정책, '내지연장론'과 '조선자치론', 그리고 '문화정치'에 대한 비판론 등을 뽑아서 서로 비교해 본 것이다. 두 사람은 총독부의 정책에 모두 비판적이었는데, 그러면서도 일본의 조선 통치책에 대한 기본적인 입장은 상당히 달랐다. 특히 '내지연장론'과 '조선자치론'을 둘러싼 당시 재조선 일본인들 사이의 논쟁 구도에서 아베는 전자에, 마치다는 후자에 서 있었는데, 이 글에서는 그들 각자의 논리는 무엇이었는지 살펴보고자 한다. 두 사람 가운데 아베는 '내지연장론'의 입장에 서

고, 1935년 8월 정회(町會) 설치와 함께 다시 정회총대(町會總代)에 추천되었다. 또 약 20년간 경성니카타현인회(京城新潟縣人會) 및 조선니가타현인회(朝鮮新潟縣人會)의 간사로 활동하였다. 『滿蒙の鐵道戰: 附滿蒙富源の眞相』(民衆時論社, 1926), 『春風秋雨』(京城, 邦盆社, 1936), 『日鮮語学教範』(1912) 등을 출간하기도 했다. 이상은 京城新聞社, 1936, 『大京城公職者名鑑』, 京城新聞社, 67면 참조.

6 이 소책자는 현재 학습원대학 우방문고에 소장되어 있으며, 국사편찬위원회에 복사본이 있다.

있었기 때문에 총독부의 공식적인 입장과 비교적 가까웠다고 보이지만, 마치다는 '조선자치론'의 입장에 서 있으면서 일본 정부와 조선총독부의 조선통치책에 대해 상당히 비판적이었던 것으로 보인다. 두 사람은 사이토 총독의 '문화정치'에 대해서는 모두 비판적이었는데, 그 비판의 강도에서는 마치다가 훨씬 강했다.[7] 이 글에서는 그 이유가 무엇인지에 대해서도 생각해보기로 한다.

아베 가오루나 마치다 조사쿠에 대해서는 아직 이렇다 할 연구가 없다. 다만 같은 시기 조선에서 활동했던 저널리스트인 샤쿠오 슌조, 아오야기 쓰나타로(青柳綱太郎)[8]에 대해서는 최혜주의 일련의 연구가 있어 참고가 된다. 이 연구에 의하면, 샤쿠오 슌조는 총독부와 깊은 관계를 맺으면서, 총독부의 '내지연장주의'와 동화주의 정책에 기본적으로 찬성하는 입장에 있었으나, 데라우치 총독의 무단정치에 대해서는 비판적인 태도를 취하였다. 아오야기 쓰나타

---

7 마치다와 아베는 상당히 다른 정견(政見)을 갖고 있었지만, 『민중시론』지에 같이 글을 쓰고 있었다. 이는 사장인 마치다가 총독부의 기본 입장과 가까웠던 아베의 견해를 싣는 것이 잡지 발행상 유리하다고 생각했기 때문이 아닐까 여겨진다.

8 최혜주, 2000, 「아오야기(青柳綱太郎)의 내한(來韓)활동과 식민통치론(植民統治論)」 『國史館論叢』 94.
최혜주, 2005, 「한말 일제하 샤쿠오(釋尾旭邦)의 내한활동과 조선인식」 『한국민족운동사연구』 45.
최혜주, 2006, 「일제강점기 아오야기의 조선사 연구와 '內鮮一家'論」 『한국민족운동사연구』 49.
최혜주, 2010, 「잡지 『조선급만주』에 나타난 조선통치론과 만주 인식－1910년대 기사를 중심으로」 『한국민족운동사연구』 62.
최혜주, 2016, 「재조일본인 아오야기 쓰나타로의 '신일본(조선)' 건설론」 『東北亞歷史論叢』 54.

로도 데라우치의 무단통치보다는 일본인의 조선 이주를 통한 경제적, 사회적 동화정책이 동화의 첩경이라고 주장하였다. 한편 조선인의 참정권 문제와 자치운동에 대해서는 박찬승, 마쓰다 도시히코, 김동명, 이태훈, 지승준 등의 기존 연구가 있어 이를 참고하였다.[9]

이 글은 아베와 마치다의 글을 통하여 재조선 일본인 저널리스트들이 일본의 조선통치정책에 대해 어떤 생각들을 갖고 있었는지를 살펴보고, 특히 마치다의 내지연장주의, 참정권론 등에 대한 비판을 통해 조선통치정책의 문제점을 살펴보고자 한다.

2. 융합·동화정책에 대한 찬반론

1) 아베의 융합·동화정책 찬성론

아베 가오루는 기본적으로 일본의 한국 병합을 긍정적으로 보았다. 그는 "(일본의) 조선 병합은 내선 양 민족의 행복을 위하여 단

---

9 박찬승, 1992, 『한국근대정치사상사연구』, 역사비평사.
마쓰다 도시히코(김인덕 옮김), 2004, 『일제시기 참정권 문제와 조선인』, 국학자료원.
김동명, 2006, 『지배와 저항, 그리고 협력』, 경인문화사.
이태훈, 2008, 「『시사평론』을 통해서 본 국민협회의 근대국가인식과 참정권청원론」 『역사와 현실』 69.
지승준, 2011, 「일제시기 참정권운동 연구: 國民協會·同民會·時中會 계열을 중심으로」(중앙대학교 사학과 박사논문).

행된 것"이라고 본다.[10] 그런데 그가 더 강조하는 것은 병합 당시 메이지 천황이 내린 조서에 나오는 일시동인(一視同仁)이다. 그는 "메이지 대제는 내선인 일시동인이라 하여 신부(新附) 2,000만 민중도 똑같이 우리의 적자(赤子)라 하였다"면서, 따라서 "조선통치의 근본은 신부 2,000만 민중의 복리를 증진하고, 저들을 융합 동화해 가는 것"이라고 주장한다.[11] 그는 "조선 민족의 융합 동화는 단순히 조선통치만이 아니라, 우리 6,000만 야마토 민족의 존망에 관계되는 중대한 문제이다. 내선인의 융합 동화는 내선 관민이 협력 일치하여 그 목적을 달성하는 데 용왕매진하지 않으면 안 된다"고 말했다.[12] 그는 일선 양 민족의 융합 동화에 일본의 존망이 걸려 있다고 할 정도로 이 문제를 중시했다.

그러나 그는 총독부의 동화, 융화를 위한 구체적인 정책에 대해서는 매우 비판적이었다. 그는 총독부의 시정연표를 보면, '내선인 융화'를 위한 정책과 관련하여 주로 조선인 지방관이나 중추원 참의, 보통학교 직원들을 선발하여 일본에 이른바 '내지시찰단'으로 보낸 것, 조선인들이 축제일에 일본 국기를 게양하는 자들이 많아진 것, 총독부에서 활동사진반을 '내지'에 보내 조선의 사정을 선전한 것, 총독부 시정 선전 팸플릿을 편찬하여 배포한 것, '내지'에서

10 阿部薰, 1931, 「조선인 참정권 문제의 해결책」 『朝鮮統治新論』, 京城: 民衆時論社, 63면.

11 阿部薰, 1927, 「관료의 변태적 심리」 『朝鮮統治の解剖』, 京城: 民衆時論社, 41면.

12 阿部薰, 1927, 「이것이 일등 국민인가」, 위의 책, 48면.

오는 시찰자들을 총독부에서 안내한 것 등을 기록하고 있다면서 이에 대해 비판하였다.[13] 그는 이런 식으로는 양 민족의 융화, 동화가 불가능하다고 지적하였다. 그는 '내지시찰단 파견' 식의 고식적이고 매수적인 정책은 도리어 조선인들의 반감만 불러일으킬 것이라고 보았다. 그는 이런 시찰단에 뽑힌 양반이나 유생과 같은 이들에 의해 조선의 장래가 만들어지는 것이 아니라는 점을 지적했다. 그는 앞으로의 조선은 관료들이 혐오하고 위험시하는 청년들에 의해 만들어지는 것이라면서, 이와 같은 조선의 청년들을 끌어안지 못하면 융화는 불가능한 것이라고 지적했다. 그는 융화는 강제적으로 이루어지는 것이 아니라, 양자가 화해하고 제휴할 때 비로소 이루어지는 것이라고 주장했다.[14]

또 그는 총독부 측에서 일본의 과거 역사를 자랑하고, 병합 이래의 통치성적을 자랑하는 식으로는 양 민족의 융합 동화는 불가능하다고 비판하였다. 그는 "당국은 병합 이래의 통치 성적을 자랑하고, 과거 3000년 일본역사를 자랑하면서, 조선과 일본은 같은 민족이며, 먼 신대(神代)에 일선인의 혈족적 동화가 행해지고 있었다든가, 같은 종족이라든가 하는 식으로, 실로 어리석기 짝이 없는 일에 힘을 쏟아 선전하고, 이것으로써 내선인 동화에 공헌하려하고 있는데, 이는 우책(愚策)"이라고 비판하였다. 그는 일본 민족

13 阿部薰, 1927, 「관료의 변태적 심리」, 위의 책, 42면.
14 阿部薰, 1927, 위의 책, 43~44면.

이 과거 3000년의 역사를 가졌다고 자랑하지만, 객관적으로는 외딴 섬의 작은 새처럼 하등 세계를 놀라게 할 만한 위대한 것을 보인 적은 없었다고 지적하였다. 그는 일본 민족이 조선민족와 융합하여 결합하고, 중국 민족, 구미인과 어떻게 접촉하고 협력할 것인가 하는 것은 일본의 장래에 중요한 문제라면서, 이러한 장래의 문제를 해결하는 데에는 과거의 계보도는 별로 도움이 되지 않는다고 지적하였다. 그는 조선민족과의 융화는 조선에서의 문화적 시설의 완비와 조선인의 智의 향상에 의해 이루어질 것이며, 장래 다가오게 될 세계적인 종족에 대항하기 위해서는 일본과 조선 양 민족이 협력하여 대응하지 않으면 안 된다고 하는 것을 조선인들이 자각하는 것이 급선무라고 주장했다. 즉 양 민족의 융합 동화는 양 민족이 그 필요성을 자각할 때, 비로소 가능하게 된다는 것이 그의 주장이었다. 따라서 그는 "일선인의 동화 융합은 결코 급히 할 수 있는 것이 아니다"면서, 긴 시간을 두고 자연스럽게 동화되도록 해야 한다고 주장하였다.[15]

그 대신 그가 제기하는 내선인의 융합, 동화의 구체적인 정책은 크게 세 가지였다. 첫째는 조선에 와 있는 일본인들이 조선인들을 대하는 태도를 바꾸어야 한다는 것이다. 그는 "야마토 민족 6,000만의 대표자로서 신부(新附) 2,000만(조선인-인용자) 민중을 접하고

15 阿部薰, 1926,「내선동화문제의 해결과 일선인의 사명」『朝鮮統治策に關する學說』, (李種植편), 京城: 新朝鮮社, 40면.

있는 재조선(일본인-인용자) 동포는 조금 더 따뜻한 마음으로 그들을 대할 필요가 있다"고 지적했다.[16] 특히 그는 과거 관료들의 조선인을 대하는 태도에 문제가 많았다고 주장했다. 둘째는 조선인들에 대한 차별을 철폐해야 한다는 것이다. 그는 사이토 총독 부임 이후에 나온 문관임용령의 개정, 내선인 관리의 급여 등에서의 차별 철폐 등을 좋은 예로 들면서도, 아직도 임용규정이나 급여 문제에서의 차별이 많이 남아 있다는 점을 지적하였다.[17] 그리고 그가 가장 강력히 주장한 것은 참정권에서의 차별 철폐였다. 즉 본토와는 달리 조선에서는 조선인, 일본인을 물론하고 참정권을 부여하지 않고 있는 것이 가장 중요한 차별이라고 지적하고, 서둘러 조선에서도 참정권을 부여해야 한다고 주장하였다. 셋째는 일선 양 민족의 결혼을 장려, 보호하는 것이다. 그는 양 민족의 결혼이 내선융화에 공헌할 것은 자명한 일이라면서, 조선호적법 개정을 통해 법률적 보호를 하고는 있지만, 아예 '내선인 결혼보호법'을 만들어야 한다고 주장하였다. 그는 이처럼 일선인의 결혼이 혈족적 융합 동화에 도움이 될 것이라고 생각하였다.[18]

16 阿部薰, 1927, 「이것이 일등 국민인가」 『朝鮮統治の解剖』, 47면.
17 阿部薰, 1927, 「자만보다는 실행을 급히 하라」 『朝鮮統治の解剖』, 52~55면.
18 阿部薰, 1927, 「융화는 혈족적 결합에서-결혼보호법을 제정하라」 『朝鮮統治の解剖』, 45면.

2) 마치다의 융합·동화정책에 대한 비판론

마치다 조사쿠는 일본의 조선 병합은 조선을 위해서라기보다는 일본을 위해서라고 솔직하게 말하고 있다. 그는 「자치반대론자에게 일언한다」라는 글을 통해, 오가키 다케오(大垣丈夫)가 「조선통치정책에 대하여—세상의 속론을 배척한다」라는 글에서 "제국의 조선 병합은 단순히 제국을 위해서가 아니라, 조선의 행복과 동양평화의 확보를 위해서였다"라고 말한 것에 대해, 진실을 호도할 필요가 없다면서 이를 비판하였다. 그는 "(일본의) 국가 생존의 필요상, 신성한 자기방어의 필요에서 나온 것이라는 것을 정직하게 말하는 것이 좋다"고 말했다. 그는 "'조선을 위하여' 운운 하는 단어를 사용하는 것은 너무 속이 빤히 들여다보인다"고 지적하였다.[19]

마치다는 「조선통치의 결함을 논하여 우가키 총독대리에게 줌」이라는 글을 통해 자신은 동화정책 자체에 대해 부정적임을 밝혔다. 그는 우선 "종래 우리 제국의 조선통치에는 소위 '동화정책'이라는 인습정책이 있다. 그 정책은 제1대 통감 고 이토공(伊藤公) 이래 역대의 통감, 총독이 묵수하여 이어온 것이기 때문에 동화라는 것을 마치 제국의 국시라든가 하는 식으로 오해하는 사람도 있는데, 동화는 곧 통치방침이며 정책이지 결코 국시라고 할 만한 것은

---

19 町田長作, 1929, 「자치반대론자에게 일언한다」『記者が見た朝鮮』, 京城: 民衆時論社, 125면. 그는 1928년에 조선어로 출판한 『백의동포에게 고함』(8~9면)에서도 "일본이 한국을 병합한 직접적인 이유는 일본의 국방과 동양의 평화를 위해서였다"라는 취지로 썼다.

아니다"고 지적하였다. 그는 "제국의 대 조선 국시라고 하는 것은 동양평화를 위하여, 신성한 자기 방어를 위하여 조선을 병합하고, 조선을 완전한 문화적 영토로 만든다는 것"이라고 주장하였다.[20] 마치다는 아래 인용한 글과 같이 식민지민의 동화는 사실상 불가능한 것이라고 보고 있었다.

> 동화가 곤란하다는 것은 프랑스가 다년간 식민지에서 시험하여 실패한 사실에서도 확인된다. 이에 반하여 전제(專制)를 지향하는 독일이 도리어 비동화정책(非同化政策)을 펴서 비교적 효과를 본 사실이 있다. 영국의 식민지 본위의 자주적 정책의 가부는 별도로 하더라도, 네덜란드도 또한 동화를 강요하지 않고, 미국의 쿠바, 하와이, 필리핀 통치도 식민지 본위의 정책을 펴서 결코 동화를 강요하지 않음은 동화라는 것이 도저히 성공할 수 없고, 이를 무리하게 강요하면 도리어 유해무익하여, 마침내는 그 민족의 실질을 상하게 하기 때문이다. 몇 천년 동안의 인습인 제도, 문물, 풍속, 습관의 전통을 변경하고 파괴하는 것은 실로 용이한 일이 아니며, 이와 같은 일을 하는 것은 일면 부자연한 무리가 수반된다. 왜냐하면 이들은 대개 그 민족이 다년간 경험으로부터 필요하고 최선이라 생각하여 쌓아온 것이고, 소위 민족의 적소 생활양식으로, 이를 변경하는 곤란은 감히 말할 것도 없다.

---

20 町田長作, 1929, 「조선통치의 결함을 논하여 우가키 총독 대리에게 줌」 『記者が見た朝鮮』, 24~25면.

> 그렇다면 동화라는 것은 결코 강요할 수 있는 것이 아니고, 동화하든 하지 않든 그것은 피치자의 마음에 달려 있으며, 그 성부(成否)는 결코 통치 상에 하등 관계가 없다.[21]

즉 서구 열강의 식민지 지배정책을 되돌아볼 때, 식민지에서의 동화정책은 모두 실패로 돌아갔으며, 동화는 식민지민의 수천 년간의 제도, 문물, 풍속, 습관의 전통을 변경하고 파괴하는 것으로 결코 용이한 일이 아니라는 것이다. 따라서 그는 "통치와 동화는 전혀 별개의 문제로서, 만일 통치 정책이 동화를 실현할 수 있다면 그것은 일종의 부산물"일 것이라고 보았다.[22] 즉 통치의 결과로 동화가 따라온다면 모르겠지만, 동화를 목적으로 한 통치는 불필요하다는 것이 그의 생각이었다. 마치다는 "스페인, 포르투갈, 프랑스 등은 모두 동화정책으로 쓴 경험을 맛보고 있다"면서, 심지어 "동화(同化)는 곧 동화(同禍)로서 결코 어떤 이익도 가져다 줄 수 없다"고 주장했다.[23]

이와 같은 마치다의 주장은 앞서 본 아베 가오루가 "일선 양 민족의 융합 동화에 일본 민족의 존망이 달려 있다"고 말할 정도로

---

21 町田長作, 1929, 위의 책, 25~26면.

22 町田長作, 1929, 위의 책, 26면.

23 町田長作, 1931,「갱신의 組床에 잇는 조선통치의 편린관」『朝鮮統治新論』, 10~11면. 이 글은 아베 가오루가 편집한 『조선통치신론(朝鮮統治新論)』에 실려 있으며, 이 책에 실린 아베 외의 다른 필자들과는 달리 마치다의 필명이 빠져 있다. 그러나 이 글의 전체적인 논지로 볼 때, 마치다의 글이 틀림없는 것으로 보인다.

'동화'를 중시했던 것과 상당한 차이가 있다. 또 마치다는 아베가 긍정적으로 보았던 '내선인의 결혼'에 대해서도 비판적이었다. 그는 이를 '잡혼'이라고 지칭하면서, "잡혼이 잘 진행되어 그 수가 많아져서 혼혈아가 나오게 되면 양 민족이 융합되어 동화의 결실을 거둘 수 있을 것이라고 하는데, 이는 자못 의문스럽다"고 지적한다. 그는 잡혼을 통한 동화는 세계의 역사를 보아도 성공한 전례가 거의 없다고 말한다. 그는 잡혼은 서로 연애를 한다든가, 아니면 특별한 이익이 있는 경우에 이루어질 수 있는 것이라고 본다. 그는 여기서 말하는 특별한 이익의 경우로서, 네덜란드의 식민지인 자바, 수마트라, 보르네오 등에서 원주민인 말레이족을 관리에 임용하지 않고, 혼혈아만을 관리에 임용함으로써 말레이족 여성들이 네덜란드인 남성들을 선호했던 것을 들었다. 이런 식으로 특별한 이익을 주지 않는다면, '내선인의 결혼'은 쉽게 이루어질 수 없다는 것이 마치다의 주장이었다.[24]

마치다는 또 다수 일본인들의 조선 이민을 통한 조선인의 동화도 사실상 불가능하다고 보았다. 그것은 "100인으로 1인을 동화하는 것은 가능하지만, 1인으로 100인을 동화하는 것은 불가능하다"고 보았기 때문이다. 일본이 일본에 건너온 중국인, 조선인, 그리고 아이누 등은 동화하였지만, 개항 이후 해외로 이주한 일본인들은 도리어 그쪽에 동화되고 있는 상황을 언급하면서, '인종의 동화성'

24 町田長作, 1931, 「갱신의 俎床에 잇는 조선통치의 편린관」『朝鮮統治新論』, 5~7면.

즉 용해력은 보통 5퍼센트 정도로 볼 수 있어서, 조선인 1,800만 명을 동화시키려면 일본인 3억 6,000만 명이 필요하다고 보았다. 그는 독일이 폴란드인을 동화시키기 위해 독일인을 폴란드로 보내고, 폴란드인을 독일로 보내기도 했지만, 폴란드인의 언어, 습관, 종교 등을 변화시킬 수 없었던 예를 들면서, 일본이 조선인을 동화시키는 것은 결코 가능한 일이 아니라고 결론을 내렸다.[25]

마치다는 당시 '일선동조론(日鮮同祖論)'을 앞세워 '일선동화(日鮮同化)'를 주장하는 이들에 대해서도 신랄히 비판하였다. 그는 "동화를 제창하는 사람들 중에 역사적 인연을 말하는 사람들이 있다. 당신들의 조상과 우리의 조상이 같은 뿌리에서 나왔다든가, 혹은 이명동인(異名同人)이라든가, 친족관계에 있었다든가, 옛날에는 서로 신세를 졌다든가, 언어 풍속 습관이 비슷하거나 일치한다든가, 혹은 해부학 상 골상이 비슷하다든가 등등 여러 가지 것을 들어 이를 제창하고 있지만, (중략) 이러한 것들이 역사적 사실이라 해도, 또 역사가 아무리 어떻다 해도, 그러한 이유를 들어 오늘날의 사람들에게 (동화를-인용자) 강제할 이유는 되지 못한다"고 비판하였다. 그는 오늘날의 사람들은 기본적으로 이해득실에 의해 움직이는 것이지, 어떤 명분이나 역사적 근거에 의해 움직이지는 않는다고 보았다. 따라서 조선인에게 이익이 되지 않는 한, 일본인에 동화될 리

25 町田長作, 1931, 위의 책, 7~8면.

는 없다고 본 것이다.[26] 그러면 조선에서는 어떻게 해야 한다는 것일까. 그는 다음과 같이 말한다.

속령 통치의 어려움은 어찌 조선만의 것이겠는가. 영국의 남아프리카, 호주, 캐나다, 인도, 동아시아, 프랑스의 아프리카, 극동 제령(諸領), 또 네덜란드, 포르투갈, 스페인, 미국 등 속령(屬領)을 가지는 각국은 모두 이 문제로 머리가 아팠다. 그러나 오랜 세월에 걸쳐 그것을 유지하고 있는 것은 반드시 역대의 통치관 중에 몇 사람의 위인이 나와서 그에 의해 제도와 문물을 쇄신하고, 민의에 합치하든가, 혹은 비정(秕政)을 고치거나, 혹은 시대의 폐해를 광정하여 민중생활의 안정을 구축함으로써, 항상 퇴세(頹勢)를 만회할 수 있었던 것이다. 이에 반해 역대 통치관이 모두 범용(凡庸)하였거나, 혹은 위기를 만나 적임자를 얻지 못했다면 마침내는 불측(不測)의 변이 일어나 분리 또는 독립을 보게 된 것은 역사가 분명히 말해주는 것이다. 미국의 독립이 그러하였다. 최근의 아일랜드, 이집트의 독립도 역시 그러하다. 그리고 성패(成敗)의 흔적을 추적해보면, 대체로 착취정치(搾取政治)와 동화정책(同化政策)을 취한 곳은 다수가 실패하였고, 어느 정도의 방임주의(放任主義)와 토인(현지 주민) 본위의 비동화정책을 취한 곳은 대체로 평온하였다. 어느 속령에서나 문제는 대부분 생활난에서 일어나 정치문제에 미쳤기 때문에, 민중의 생활 안정 여하가 입국(立國)의 안위를 결정

26 町田長作, 1931, 위의 책, 9~10면.

한다는 것은 두말할 나위가 없을 것이다. 기아(飢餓)는 실로 칼보다도 날카로운 것이다.[27]

즉 식민지에서는 현지 주민에 대한 무리한 동화주의 정책을 취하는 것보다, '어느 정도의 방임주의'와 '현지 주민' 본위의 비동화주의 정책'을 취하는 것이 오히려 더 평온한 상황을 유지할 수 있다는 것이었다.

이상에서 살펴본 것처럼 아베 가오루는 일선인의 동화가 조선 통치에서 매우 중요한 정책이라고 본 반면, 그가 근무하던 『민중시론』사의 사장 마치다 조사쿠는 일선인의 동화는 원천적으로 불가능한 것이라고 보고 있었다. 이러한 차이는 결국 조선인의 참정권 문제를 놓고, 아베 가오루가 조선인의 내지 의회에의 참여를 위한 참정권 부여론을 주장한 것에 반하여, 마치다 조사쿠가 조선에 독자적인 조선의회를 개설하여 자치권을 부여해야 한다고 주장하는 차이로 이어졌다.

27 町田長作, 1929, 「朝鮮統治의 갱신에 際하여 최고통치관에게 요망한다-소위 교육제일주의 시대」『記者が見た朝鮮』, 48~49면.

3. '내지연장론'과 '조선자치론'

1) 아베의 '내지연장론'

아베 가오루가 쓴 수많은 논설 가운데 가장 눈에 띄는 것은 그의 조선인에 대한 참정권 부여론이다. 그가 가장 먼저 출판한 책인 『적나라한 조선』(1925)에 실린 글에서 그는 이 문제에 대해 상세히 서술하고 있다. 그는 우선 사이토 총독의 부임 이후 총독부에서 '내선인의 차별 철폐'를 내세우면서 상당히 선전을 하고 있지만, "내선인의 차별 철폐는 단순한 관리의 채용에만 그치지 않는다"면서, "조선인에게도 내지인이 가지고 있는 것과 같은 모든 권리를 부여해야 한다"고 주장하였다. 그는 "금일 조선의 현상을 보면, 납세의 의무는 지고 있지만, 주장의 권리는 부여하고 있지 않다. 이와 같은 불합리한 처사가 어디에 있는가. 당국은 마땅히 조선에도 제국 헌법을 연장시켜 조선인에게도 참정권을 부여해야 한다"고 주장하였다. 그는 사이토 총독 부임 당시 '내지연장' '일시동인'을 제창하고, '문화적 동화'를 조선통치의 요체로 삼고 있는데, "그렇다면 무엇 때문에 조선에도 제국헌법을 적용하여 조선인에게도 내지인이 가지고 있는 것과 같은 권리를 향유하도록 하지 않는가"라고 지적하였다. 그는 특히 이를 '동화'의 문제와 연결시켜, "당국은 입으로는 동화를 말하면서, 조선인에게는 제국 신민과 같이 향유할 수 있는 헌법의 권리조차 부여하지 않고 있다"면서, 이는 "문

을 잠가놓고 안으로 들어오라고 하는 것과 마찬가지"라고 비판하였다.[28]

윤갑병 등의 국민협회가 1924년 6월, 일본의 제50의회에 참정권 부여를 요구하는 건백서를 제출하면서 "조선의 현상은 참정권을 부여하지 않으면 제2의 대폭탄이 터질 것"이라고 부언한 것에 대해, 아베는 "나도 이에 크게 공명하는 바"라고 말하면서, 참정권 부여론을 전개하였다.[29] 아베는 "국민협회 유지들의 주장과 같이 참정권 부여의 요구는 2,000만 조선 민중의 열망하는 바"라고 동의하고, "이제 내지에서는 보통선거가 실시되고, 내지에 재주하는 3만여 조선인에게도 참정권이 부여된다"면서, 그런데 "조선의 민중뿐만 아니라, 재조선 내지인도 참정권을 부여받지 못한다는 것은 그 모순이 매우 심한 것"이라고 지적하였다.[30]

그는 조선총독부가 시행하고 있는 중추원 제도는 조선인 연소자들에게 조소를 받고 있는데, 중추원의 이완용이나 다른 귀족들은 얼마든지 일본 귀족원의 의원으로서 활동할 만한 인물이므로, 그들에게 귀족원 의원이 될 수 있는 길을 열어주어야 한다고 주장하였다. 또 부면협의회 제도는 단순한 자문기구이지만 조선인들에게 일정한 권리를 부여한 것에는 의미가 있다고 평가하면서도, 선

28 阿部薰, 1925, 「조선인에게도 참정권을 주라－국민 당연의 요구」 『赤裸裸の朝鮮』, 93~94면.

29 阿部薰, 1925, 위의 책, 95면.

30 阿部薰, 1925, 「조선의회의 개설도 可－英領 식민지의 모범을 취하여」 『赤裸裸の朝鮮』, 101면.

거 및 피선거권 자격을 제한하여 5원 이상의 납세를 요구하는 것은 조선인의 참여를 제한하는 것이기 때문에 불공평한 일이라고 지적하였다. 따라서 아베는 그러한 구차한 일은 하지 말고, '내지'와 마찬가지로 중의원 선거법을 조선에서도 시행해야 한다고 주장하였다.[31]

아베는 귀족원이나 중의원에서 조선 출신 의원이 불령한 주장을 펴게 될 것을 우려하여 이를 반대하는 이들에 대해, 불령한 주장을 차라리 의회에서 공공연히 하도록 하는 것이 더 안전하다고 주장했다. 권리를 합법적으로 주장할 수 없을 때, 위법한 수단에 의지하여 목적을 달성하려 하기 때문이라고 그는 설명했다. 그는 조선 민심이 동요하고 있는 것은 사실이며, 이것을 억누르면서 발산할 곳을 만들어주지 않으면 언젠가는 폭발하게 될 것이라고 보았다. 따라서 "조선인들로 하여금 의회를 통하여 내지인과 함께 제국의 국민으로서의 생활을 누리도록 하는 것이 옳다"는 것이 그의 주장이었다. 그는 "일본은 하나의 '제국'인 이상, 여러 민족을 똘똘 뭉쳐서 하나로 만들 만큼의 대아량이 없어서는 안 된다"고 주장했다. 그런 점에서 일본은 조선에서 제국헌법의 시행을 거부해서는 안 된다고 그는 생각했다.[32]

아베는 1925년의 책에서는 영국령 식민지를 모델로 하여, 조

31 阿部薰, 1925, 위의 책, 103~104면.
32 阿部薰, 1925, 위의 책, 104~105면.

선에 식민지의회를 건설하는 것도 고려해볼 수 있다고 썼다. 그럴 경우 제국의회에서 조선 출신 의원이 의사진행을 방해할 우려도 없고, 조선의회에서 대의사(의원)들이 식민지 민중의 의사를 대표하여 자유롭게 토의할 수 있을 것이라는 점에서 긍정적으로 보았다.[33] 따라서 그는 조선인 참정권의 문제는 "제도나 방법의 여하에 구속되지 않는다"고 썼다. 즉 본국 의회에 조선 대표를 파견하는 참정권 부여의 방법이든, 식민지 의회를 만들도록 허용하는 자치의회 개설의 방법이든 어느 쪽이든 좋다는 것이다.[34]

그러나 그가 더 선호한 것은 '내지연장론'의 입장에서 본국 의회에 조선대표를 파견하는 참정권을 부여하자는 쪽이었다. 그는 1924년경에 쓴 글에서 "조선인에게 참정권을 부여한다고 하는 것은 국책 보급상에서도 가장 필요한 일이라고 하는 것이 대체적인 의견인데, 오인(吾人)도 같은 생각이다"라고 하였다. 그는 "조선 민인에게 참정권을 부여한다고 하는 것은 저들의 욕망을 만족시킴과 함께, 이 위험한 구역에 있는 조선 민인의 사상을 일변시키는 일면에서는 내선융화를 도모함에 있어서 가장 양호한 효과를 거둘 수 있는 것으로, 일선 민족의 결합을 더욱 굳게 할 것이다"라고 하였다. 그는 "당국은 조선인이 의회에서 불령론을 개진할 것을 두려워하고 있지만, 불령론이 공공연히 의회에서는 행해지는 것은 매

33 阿部薰, 1925, 위의 책, 105~106면.
34 阿部薰, 1925, 「보선과 조선인 참정권 문제-조선인에게도 적용하라」 『赤裸裸の朝鮮』, 106면.

우 어려운 일이다. 당국자는 대영단을 내려, 조선에도 내지와 마찬가지로 중의원 의원의 선거법을 시행하고, 조선인에게도 참정권을 부여해야 한다"고 주장하였다.[35]

그러면 구체적으로 어떻게 중의원 의원 선거를 하자는 것인가. 그는 1926년 말 갑자구락부가 일본 제52의회에 제출한 청원서를 인용하여 자신의 구상을 펼쳤다.[36] 일본인과 조선인 공직자들이 함께 만든 경성의 갑자구락부가 제출한 청원서의 주요 내용은 ① 중의원의원선거법 별표 가운데 경성부, 부산부, 평양부, 대구부를 넣고, ② 중의원 의원 수는 '내지'의 인구 비례에 준하여 이를 정하고, 선거의 방법은 특별히 조선의 사정을 참작하여 법규를 정하며, ③ 귀족원령을 개정하여 조선의 귀족에게도 내지 귀족들과 같이 귀족원 의원의 특권을 인정해주며, ④ 조선 재주자로서 국가에 공헌이 있고, 학식이 있는 자는 발탁하여 귀족원 의원 칙선의 길을 열어달라는 것 등이었다.[37]

갑자구락부의 이러한 요구는 결국 받아들여지지 않았는데, 이에 대해 아베는 "같은 제국 신민이면서 조선에 재주하는 조선인 및 내지인은 무엇 때문에 모국의 동포와 같이 헌정 정치의 양민이 될

35 阿部薰, 1926, 「鮮人참정권 문제의 해결과 불평분자의 회유방책」 『朝鮮統治策に關する學說』(이종식 편), 京城: 新朝鮮社.

36 이와 관련된 자료는 다음과 같다. 「朝鮮在住者に參政權の實行, 甲子俱樂部の總會で論戰の末委員附托」 『朝鮮新聞』 1926년 6월 23일자 6면; 조선총독부 경무국, 1927, 『朝鮮の治安狀況』(쇼와2년판), 136~138면.

37 阿部薰, 1927, 「회생의 피보라-참정권 문제 해결책(1)」 『朝鮮統治の解剖』, 139면.

수 없는가"라고 비판하였다. 그는 "조선의 문화가 낮다면 그에 상응하는 참정권을 부여하면 된다. 전혀 이것을 인정하지 않는 것은 도리에 어긋남이 심한 것이다. 내지의 문화도 초기의 제국의회가 열린 시기에는 아직 유치한 상태에서 벗어나지 못했다. 때문에 당시에는 선거인의 자격을 제한하는 제한선거법을 채용하였고, 현재도 북해도와 같은 경우는 지역을 한정하여 선거법을 시행하고 있다. 그 후 문화가 향상함에 따라 서서히 그 범위를 확장하여 최근에 이르러서는 보통선거법을 채용하기에 이르렀다. 보선권을 행사하려고 하는 현대의 내지인도 반드시 문화인이라고만 말하기는 어렵다. 아마도 그 가운데 몇 할은 선거권의 의의조차 이해하지 못하는 저급한 사람들일 것이다. 국가가 이들에게도 평등한 선거권을 부여하기에 이른 것은 그들이 아무리 저급한 무산자의 사람들이라 해도 균등하게 국가를 구성하는 일 요소이기 때문이다"라고 지적하였다.[38]

2) 마치다의 조선자치론

한편 마치다 조사쿠는 아베의 '내지연장론'과는 달리 '조선자치론'을 주장하고 있었다. 그는 우선 조선통치의 형식에 관해 식자들 간에 두 가지 의론이 있다면서, 그 하나는 '내지연장주의론'이며,

38 阿部薰, 1927, 위의 책, 140~142면.

다른 하나는 '자치론'이라고 정리했다. 그의 의하면, 내지연장주의론자들의 주장은 "제국의 조선 통치는 동화정책인 이상, 어디까지나 제도, 문물, 풍속, 습관도 이에 동화시키지 않으면 안 되고, 장래의 조선을 내지와 같이 만들기 위해서는 민중의 참정권도 내지제도를 연장하여 이를 부여하여, 대의자(代議者)를 모국의 입법부에 보내자는 것"이라고 요약했다. 반면에 자치론자들의 주장은 "조선의 몇 천 년래의 전통적 인습을 내지(內地)식으로 동화시키는 것은 도저히 불가능하다. 그리하여 이 민족에게 참정권을 내지와 마찬가지로 부여하는 것은 부적당하다. 조선에서 대의자를 모국의 입법부에 보내는 것으로는 하등의 효과가 없고, 이 제도를 도입하여 실패한 역사는 독일 기타의 여러 나라에서 누누이 확인하는 바이다. 그것보다는 식민지에 자치제를 도입하여 혹은 지방자치를 인정하고, 혹은 식민지의회를 설립하고, 혹은 식민지헌법을 만드는 것이 필요하다"는 것으로 요약했다.[39]

마치다는 1926년경에 쓴 것으로 보이는 「조선통치와 언론계의 기관(奇觀)」과 「자치반대론자에게 일언한다－자치는 민중의 권리 또는 의무이다」라는 글에서 내지연장론과 조선자치론의 논쟁에 자신이 참여하게 된 과정에 대해 정리하고 있다. 그에 의하면, 1925년 5월 모(某)씨가 조선인의 참정권 문제를 거론하자, 마치다는 『민

39 町田長作, 1929, 「조선통치의 결함을 논하여 우가키 총독 대리에게 줌」 『記者が見た朝鮮』, 30면.

중시론』지에 「영국 식민지를 모범으로 하는 조선의회를 설치하라」는 글을 실었고, 이 글에서 그는 일부에서 주장하는 조선 귀족의 귀족원 참여 요청에 대해, 의회에 참여하려면 귀족원과 중의원 모두에 참여해야 하지 왜 귀족원 참여만을 주장하는가 하고 비판하고, 조선인들의 참정권 문제 해결의 방법으로 식민지헌법의 제정과 '조선의회' 설치를 제창하였다고 한다. 그런데 1925년 11월 경성일보 사장 소에지마 미치마사(副島道正)가 총독부 기관지인 경성일보에 「총독정치의 근본의」라는 글을 통해 자치론을 제창하였다. 이에 일선인 단체인 갑자구락부, 조선인 친일단체인 각파유지연맹, 보천교, 국민협회 등의 대표들은 사이토 총독을 직접 만나 자치론이 총독부의 근본 방침인가 질문을 던졌고, 사이토는 총독부는 여전히 '내지연장주의'를 고수하고 있다고 답했다. 사면초가에 빠진 경성일보는 사설을 통해 소에지마의 글은 총독부측의 주장과는 관계가 없다고 하면서도, 다시 조선자치론은 조선을 영원히 통치하기 위한 가장 타당한 통치방식이라고 주장했다. 이에 샤쿠오 슌조가 『조선급만주』 1926년 1월호에 「자치론자에게 주어 조선통치의 근본방침을 논한다」라는 글을 실어, 자치론을 격렬히 비판하였다.[40] 이에 마치다 조사쿠도 『민중시론』에 1926년 2월호에 「내지

40 샤쿠오 슌조는 1923년에 쓴 글에서 재조선 일본인 사회는 조선인들에게 참정권을 주거나 자치권을 주는 것 모두에 대해 반대하는 입장이라고 전하였다. 釋尾春仍, 1923. 2, 「朝鮮に於ける參政權問題: 朝鮮に貴衆兩院議員選擧法施行の可否, 朝鮮議會開設の可否」『朝鮮及滿洲』 183, 2~3면(이승엽, 2012, 「'문화정치' 초기

연장주의론을 반박하고, 조선자치제의 시행을 제창한다」라는 글을 실었다고 한다.[41]

일본 정부와 조선총독부는 내지연장론과 조선자치론 가운데 전자를 따르고 있었는데, 마치다는 "과연 내지연장이라는 것이 실행 가능한 것인가 하면, 그것은 거의 불가능한 것이라고 생각한다. 왜냐하면 내지연장이란 즉 동화의 의미로서, 국가가 강제권을 가지는 제도, 법규조차 완전히 연장하지 않는데, 어떻게 모든 것의 연장이 완전히 가능하겠는가. 만일 그것이 가능하다면 하나의 기적이며, 세계적 기록이다"라고 지적하였다.[42] 그는 세계사적으로 내지연장주의에 기초한 동화정책이 성공한 경우는 없다고 본 것이다. 그는 프랑스가 동양 및 아프리카 식민지에서 동화주의 정책을 추진하고 있지만, 그 경우에도 식민지에서 가능한 한 현지 주민의 법규를 사용하고, 현지 주민의 재판은 백인과 현지민의 재판소 가운데 어느 재판소에서 재판을 받아도 될 수 있도록 자유선택권을 부여하고 있다고 설명했다. 또 독일의 경우에도 식민지법과 영사재판소법의 두 가지 법률을 두고, 식민지인은 가능한 한 지방 고유의 제재를 적용하면서도, 독일 법률을 적용하는 독일 본국 재판소에

권력의 動學과 재조일본인 사회」『일본학』 35, 108면 참조).

41 町田長作, 1926, 「조선통치와 언론계의 奇觀」『朝鮮統治策に關する學說』(이종식 편), 신조선사, 67~74면; 町田長作, 1929, 「자치반대론자에게 일언한다－자치는 민중의 권리 또는 의무이다」『記者が見た朝鮮』, 121~123면. 내지참정론과 조선자치론에 대해서는 박찬승, 앞의 책, 315~319면에 상세한 설명이 있다.

42 町田長作, 1929, 「조선통치의 결함을 논하여 우가키 총독 대리에게 줌」『記者が見た朝鮮』, 30~31면.

항소할 수 있는 권리도 동시에 인정한다고 설명했다.[43] 즉 서구 열강의 경우에도 식민지에서 완전한 내지연장주의를 실시하고 있는 나라는 없다는 것이다.

또 헌법의 시행과 관련해서도 일본이나 프랑스는 식민지인에게 헌법 상의 의무는 강요하지만, 권리는 인정하지 않고 있다고 지적하였다. 미국은 아예 식민지에서 미국 헌법을 시행하지 않는다고 명백하게 해두고 있다고 설명했다. 그런데 일본의 경우에는 식민지에도 헌법이 미친다고 하면서도, 실제로 헌법 상의 권리는 거의 인정하지 않고 있다는 것이다. 마치다는 이러한 상황에 대해 지금까지는 별 저항이 없었지만, 앞으로 인지가 열리게 되면 조선 민중은 결코 가만있지 않을 것이라고 경고하였다.[44]

마치다는 이처럼 조선에서는 일본 본토의 헌법과 법률도 그대로 시행되지 않고, 총독이 공포하는 제령(制令)이 시행되고 있고, 그 밖에도 지방행정, 위생경찰, 산업, 문교, 통신운수, 풍속 습관 등에서 모두 '내지'의 것을 연장하는 것은 불가능하기 때문에 '내지연장주의'는 성립할 수 없다고 주장하였다. 그는 자신이 조선인들에게 '내지' 의회에의 참정권을 주는 것을 반대하는 것은 그것이 위험하기 때문이라기보다는 아무 효과가 없다고 보기 때문이라고 말했다. 그는 '내지 의회 참정권'을 주는 것보다는 그들에게 자치를 허

43 町田長作, 1929, 위의 책, 32면.
44 町田長作, 1929, 위의 책, 32면.

여하여 '조선의회'를 설치하는 것이 바람직하며, 더 욕심을 내서 말한다면 영국 식민지를 모방하여 식민지헌법을 시행하는 것이 바람직하다고 주장했다. 그는 자치반대론자들은 자치권을 주면 그것이 독립의 전제가 되지 않을까 우려하지만, 조선인들의 민의를 살펴 그것에 합치하는 정책을 편다면 오히려 민심을 수람할 수 있고, 그 결과 의사소통이 원활하게 되어 참된 '내선융화'가 여기에서 시작될 수 있을 것이라고 주장했다. 또 그는 자치반대론자들이 말하는 것처럼 자치가 독립의 제1보가 될 수도 있지만, 영국의 식민지는 자치를 허용함으로써 오히려 독립의 위험을 막고 있다고 주장했다. 그는 자치도 막고, 언론 집회 결사의 자유도 억압하게 된다면 조선은 겉으로는 평온하겠지만, 속으로는 불만이 쌓여 결국 폭발하게 된다면서 1919년의 독립소요가 그것을 잘 말해준다고 지적하였다.[45]

마치다는 자치반대론자들에 대해 "일부 논자들은 '자치'라는 말을 매우 싫어하고, 자치와 독립을 오해하여 자치론자들을 모두 불령사상을 가진 자처럼 생각하는데, 그것은 결코 걱정하지 않아도 된다"고 주장하였다. 그는 자치도 영국식의 '식민지 자주'를 인정하는 완전한 자치제는 위험하겠지만, 자신이 주장하는 '국방과 외교'를 제외한 자치제도는 결코 위험하지 않다고 주장하였다. 그는

45 町田長作, 1926,「조선통치와 언론계의 奇觀」『朝鮮統治策に關する學說』(이종식 편), 72~73면.

내지연장주의의 경우에도 결국은 식민지에서 민권을 인정하여 자치제도도 연장될 수밖에 없는 것이라면서, 내지연장주의나 자치론이나 결국은 오십보백보라고 주장하였다. 따라서 차라리 깨끗하게 자치를 부여하여 어느 정도까지는 식민지의 자립을 인정하는 것이 가장 현명한 방법이며, 그 결과 모자국(母子國) 간의 교섭이 깊어지게 되면, 지금과 비교하여 커다란 변화는 없는 것이라고 썼다.[46] 결국 그의 주장을 요약하면, 국방과 외교권은 여전히 일본 본국 정부가 갖고, 식민지 조선에서는 궁극적으로는 식민지 헌법을 제정하여 내정의 자치를 허용하자는 것으로 보인다. 그리고 그 예비 단계로서 우선 '조선의회'를 구성하여 조선인들의 정치 참여를 허용하는 수준의 자치제를 도입하는 것이 바람직하다는 것이 그의 생각이었던 것으로 보인다.

이상에서 살핀 것처럼 아베 가오루는 본국 의회에 조선을 대표하는 의원을 선출하여 보내게 하자는 '내지연장론'을 주장했고, 마치다 조사쿠는 조선 내에 내정에 대한 권리만을 갖는 식민지의회를 인정하는 정도의 '조선자치론'을 주장했다고 볼 수 있다. 1920년대 재조선 일본인 저널리스트들 사이에서는 두 가지 주장이 대립하고 있었는데, 같은 『민중시론』사 안에서도 두 사람의 생각이 서로 달랐던 것이다.

---

46 町田長作, 1929,「조선통치의 결함을 논하여 우가키 총독 대리에게 줌」『記者が見た朝鮮』, 36~37면.

4. '문화정치'에 대한 비판

1) 아베의 '문화정치' 비판

아베는 일본의 조선지배정책을 ① 1905~1910년의 이토의 보호정책시대, ② 병합 단행 후의 데라우치, 하세가와 총독의 직할제 동화정책 시대, ③ 조선소요사태 이후 사이토 총독의 일시동인 내지연장의 문화정책 시대의 세 시기로 나누어 보았다.[47] 그는 "사이토 자작의 소위 문화정책은 3월의 소동에 기인하는 조선인의 불평·불만·불쾌를 절멸하고, 조선인의 동화·융합을 제일의로 하는 것이다. 사람들은 제2기의 데라우치, 하세가와 총독의 정책을 '무단적 압박정치'라고 부르고, 사이토 자작의 시정방침을 '문화적 회유정책'이라고 부른다. 그러나 데라우치, 하세가와의 무단정치도, 사이토 자작의 문화정책도 단순히 형식에 지나지 않는다. 중요한 것은 이것을 행하는 동기의 여하에 있는 것이다. 조선인이 말하는 것처럼 무단에서 문화로 바뀌었다고 하는 것은 세간에 겉모습이 좋아서 기쁜 일이지만, 문화의 이름 아래 무단적으로 이루어져서는 무단의 이름 아래 회유가 행해졌던 것과 얼마만큼 차이를 보일지 알 수 없다"고 지적하였다. 그는 사이토의 '문화정치'를 '문화적 회유정책'이라고 부르고, 이러한 정책이 데라우치의 '무단적 압박정치'와 얼

47 阿部薰, 1925, 「대책의 추이와 문화정치－무단, 문화 양 정책의 가부론」『赤裸裸の朝鮮』, 9면.

마나 다를지 의심스럽다고 비판하였다. 그는 그 예로서 "총독부의 대관(大官)이 폭탄을 두려워하여 뒷길을 통해 사무실로 출근하고, 공격을 두려워하여 언론의 자유를 억압하고, (지방에는-인용자) 하나의 신문 발행조차 허가하지 않고, 하나의 총독정치를 찬양하는 것이 아니면 정치연설을 허용하지 않는" '문화정치' 시대의 실상을 지적하였다.[48]

그는 '문화정치'의 실상으로서 '모순된 언론정책'을 가장 먼저 들었다. 그는 "사이토 총독은 성명한대로 언론의 자유를 주어서 조선 언문 신문의 발행을 허가하였다. 그리하여 동아일보, 조선일보, 매일신보, 시대일보의 4신문이 경성에서 발행되고 있지만, 여전히 지방에서는 신문 발행이 허가되지 않고 있다. 아무리 필요하다고 해도, 아무리 운동을 해도 발행을 허가하지 않고 있다"고 지적하였다. 그는 "금일 이것을 인구에 할당해서 보면, 430만 명당 겨우 1개의 신문이 있을 뿐으로, 물론 하나의 신문도 허가되지 않았던 시대에 비하면 암흑의 사회에 광명이 왔다든가 언론자유가 인정되고 있다고 말할 수 있지만, 이와 같은 상태에 놓여 있으면서 세계를 향하여 언론 자유 운운 하는 것은 매우 심한 헛된 말이다"라고 비판하였다.[49]

또 그는 "동아일보 이하의 두 신문에 대해서는 함구령이 내려

48 阿部薫, 1925, 위의 책, 11면.
49 阿部薫, 1925, 「언론의 자유인가 압박인가－모순된 언론정책」 『赤裸裸の朝鮮』, 22면.

져 언론이 극도로 압박을 받고 있다. 맹렬했던 조선일보가 백회 발행 중 23회의 발매 금지를 당했고, 과격한 언론을 보인 동아일보가 50회 중 30회의 배포 금지를 당하고 있다"면서 언론에 대한 압박을 비판하였다. 그는 "당국자는 언론의 취체가 다소 가혹한 것은 불령선인 및 일부 조선인에 대한 취체 상 부득이한 것이라고 변명하지만, 이와 같은 고식적이고 퇴영적인 방법으로는 도저히 이민족의 통치는 완전히 행할 수 없다. 이제 좀 더 철저한 '문화정치'를 행해야 하지 않을까. 조선인의 언론이 두려워서 그 언론을 억압한다고 하는 것은 참된 문화주의가 아니다"라고 지적하였다.[50]

또 그는 노인 중심의 회유정책에 대해 비판하였다. 즉 "총독부의 문화정책은 신조선의 실력있는, 우리 형제들인 청년을 무시하고, 구 한국시대의 유물인 양반 유생에 편중하고 있다. 즉 생기가 넘치는 자를 열등시하고 골동품을 사랑하는 것이다. 노인근성에서 오는 동병상련에서 오는 것이 최근 문화정책인지도 모르겠지만, 이것으로 내선융화가 달성될 수 있다고 생각한다면 커다란 문제이다"라고 비판하였다. 청년층에 대한 무시를 지적한 것이다.[51]

그는 또 총독부의 조선인 관리를 중심으로 한 회유정책에 대해서도 비판적이었다. 즉 조선인 관리로 하여금 '내지'사정을 알린다는 취지에서 매년 군수 30여 명을 선발하여 내지시찰단으로 파견

50 阿部薰, 1925, 위의 책, 23~24면.
51 阿部薰, 1925, 위의 책, 33면.

하고 있는 것, 그리고 각 도에서도 '내지시찰단'을 조직하여 파견하는 것, 조선인 여자교원을 내지에 파견하여 시찰케 하는 것 등 '내지시찰단'의 효과에 대해서도 비판적이었다. 또 '내지'에 조선사정을 철저히 알린다는 명목으로 총독부 당국에서 활동사진반을 조직하여 각 주요 도시에서 영사를 하고 있는 것, 도지사 및 각국 부장을 '내지'에서의 지방관 회의에 출석시키는 것, 지방개량강습회에 부(府)사무관, 군수 속관(屬官)을 파견하는 것 등에 대해 "당국은 융화는 관리(官吏)에게만 필요하고 민중에게는 필요가 없다고 말하고 있는 것은 아닌가 하고 물어보고 싶다"고 비판하였다. 그는 내지시찰단의 구성원에 대해 "생계를 위해 자기들의 공적을 과장하는 소관리들뿐이거나, 아니면 화장장에 이미 계약금을 걸어놓고 그 구멍으로 들어갈 번호표까지 타놓고, 이도 빠지고 눈도 안 보이는 구시대의 유물들뿐"이라면서, "민중에 대해서는 하등의 방법도 강구하지 않고, 이와 같은 무리들을 새로운 조선의 대표로 자리에 모신다고 해서, 내지를 시찰시킨다고 해서 무엇이 되겠는가"라고 비판했다.[52]

그는 또 치안정책에 대해서도 비판적이었다. 그는 "당국은 입만 열면 조선에 있어서 치안유지를 자랑하고 있지만, 병합 이래 매년 3,000만 내외의 치안유지비를 지출하고-군대의 경비만으로도 금일까지 1억 8,000만 원 지출하였다고 들었다. 면마다 주재소 혹은 파

52 阿部薰, 1925, 위의 책, 33~34면.

출소를 설립하고, 경찰관 3만 명을 전 조선에 배치하고, 그 위에 2개 사단의 상비군이 주둔하고 있다. 노급전함(弩級 戰艦)이나, 최노급전함(最弩級 戰艦)이 필요에 응하여 전 조선의 도처에 들락거리고, 비행기는 끊임없이 날아 정찰을 하고, 이처럼 군비가 정연한 금일에 이에 대하여 몸에 촌철도 가지지 않고 오랜 동안 양반의 전단(專斷)정치에 시달리면서 피와 살을 빼앗겨 뼈와 가죽만 남은 조선인이 일시적으로 꼼짝 하지 않고 있는 것은 당연한 결과이다. 이것을 양언(揚言)하여 조선 내에서의 치안이 평정되었다, 민심은 안정되었다고 과장하는 것은 너무 경솔한 것이라 하지 않을 수 없다"[53] 즉 엄청난 경찰력과 군사력으로 조선 사람들을 제압하고 있으면서, 이를 '치안이 평정되었다'고 말하고 있는 데 불과하다는 것이었다.

그는 "조선의 불온함은 제1기로부터 제2기에 들어서고 있다. 소위 스트라이크적 폭동이 끝나고 사보타지적 이반이 시작되고 있는 것이다"라고 주장하였다. 그는 표면상 배일을 표방하는 단체는 그림자를 감추고 있지만, 문화를 표방하는 단체들은 여전히 남아서 뿌리 깊은 배일(排日)을 배양하고 있다고 보았다. 그는 "저들은 일본의 통치에는 반항하지 않으면서 자강불식의 수양을 하고 있다"면서, "금일의 조선은 표면으로는 진정되어 있지만, 바로 화산의 분화구처럼 언제 폭발할지 알 수 없는 악류(惡流)가 끊임없이 지

53 阿部薰, 1925, 「지하에 흐르는 惡流－조선의 현상」『赤裸裸の朝鮮』, 4면.

하에 흐르고 있다"고 주장하였다.[54]

그는 사이토 총독의 교육정책에 대해서는 일단은 긍정적으로 평가하였다. "사이토 총독은 취임 이래 문화주의를 선전하고, 내지연장을 표방하고, 착착 그 시설의 완비에 노력, 특히 교육사상의 보급 발달에 뜻을 두고, 3면 1교주의를 계획하고, 이것이 완비됨과 함께 다이쇼(大正) 11년 2월에는 조선 교육령을 발포하여, 학제 전반에 걸쳐 대 쇄신을 단행하고, 새롭게 조선총독부 제 학교제(諸學校制), 조선공립학교 관제 및 보통학교, 여자고등보통학교의 각 규정을 제정하고, 또 특별한 사정이 있는 경우에 조선인으로 하여금 소학교, 중학교, 고등여학교에 입학할 수 있는 길을 열고, 내지인도 보통학교, 고등보통학교, 여자고등보통학교에 입학할 수 있도록 하고, 일시동인의 성시(聖視)에 의하여 내선인교육의 차별 철폐를 한 일은 그 사이에 다소 결함이 있다고 해도 크게 그 공적을 인정하지 않으면 안 된다"라고 평가하였던 것이다.[55]

그러나 그는 "조선에서의 조선인의 교육방침을 수립하고, 그리고 종래의 과대망상적인 교육방침의 개혁을 단행함과 함께, 조선에도 의무교육령을 시행하고, 소학교육의 철저를 기해야 한다"고 주장하였다.[56] 특히 그는 "조선에서도 의무교육령을 시행하여 내선인 공히 안심하고 교육을 받을 수 있도록 해야" 하고, 학생들에게

---

54 阿部薰, 1925, 위의 책, 4~5면.
55 阿部薰, 1925, 「내지연장과 공학주의-교육정책 비판」『赤裸裸の朝鮮』, 75면.
56 阿部薰, 1925, 위의 책, 75면.

월사금을 받지 말아야 한다고 주장하였다.[57] 그는 "사이토 총독은 내선인의 차별 철폐를 단행하였다고 선전하고 있으나, 동일한 천자 밑에 있는 적자가 왜 동일한 교육을 받을 수 없는지, 이러한 불합리한 모순은 하루빨리 고치지 않으면 안 된다"라고 주장하고,[58] "조선에서도 내지와 마찬가지로 의무교육령을 시행하고, 조선인 자녀로 하여금 내지인 자녀와 마찬가지로 의무교육을 받게 하는 것이 문화정책의 견지에서 볼 때 가장 급선무가 아닐까"라고 말하였다.[59]

그는 또 대학이나 전문학교를 세우는 것보다는 기초교육을 더 완비해야 한다고 주장하였다. 즉 "막대한 국비를 쓰고, 대학교나 전문학교를 난설(亂設)하는 것은 고려해볼 문제이다. 오인은 결코 중학교 대학교를 설치한다고 하는 것에 반대하는 것은 아니지만, 국민의 기초적 교육이 완비되지 않은 조선에서 각각 상급의 학교를 난설하는 것은 생각해볼 일이다. 국비는 국민 전체를 위하여 그 복리증진을 위하여 써야하는 것은 당연하다"라고 주장한 것이다.[60]

그는 중등이나 고등교육보다는 초등교육을 위한 시설에 더 투자를 해야 한다고 주장했다. 즉 "당국은 현재의 학교 시설을 좀 더 완비해야 한다. 금일 조선에서의 각 교사(校舍)를 보면 당당한 것

57 阿部薰, 1925, 「모순된 교육정책」 『赤裸裸の朝鮮』, 78~80면.
58 阿部薰, 1927, 「초등교육의 철저를 기하라」 『朝鮮統治の解剖』, 109면.
59 阿部薰, 1927, 위의 책, 110면.
60 阿部薰, 1925, 「모순된 교육정책」 『赤裸裸の朝鮮』, 82면.

도 있지만, 내부로 들어가 보면 실로 빈약하다. 재정긴축에 의하여 각 학교는 국고 보조의 대삭감에 따라 거의 경영난에 빠져 있다. (중략) 초등교육기관은 학교조합, 또는 학교비평의회라고 하는 극히 빈약한 단체에 의하여 경영되고 간신히 유지되고 있는 현상이다. 심한 학교에서는 1교사(校舍)에 6학급을 수용하여 가르치고 있는 경우도 있다. 재계불황은 마침내 납세 불능으로 되어, 학교경비는 더욱더 궁핍하고 금일에는 참고서는커녕 교원의 봉급도 지불하지 못하는 모습이다. 이와 같은 상태에서는 과연 완전한 제2, 제3의 국민을 교양하는 일이 가능할까. 문화정치의 공적을 선전하기에 앞서 우선 초등교육의 완비를 기해야 하지 않을까"라고 지적하였다.[61]

그는 또 전문학교나 실업계 중등학교에 대해서도 비판적이었다. 즉 전문학교로서는 고공, 고상, 고농이 있고, 실업계 중등학교로서 관립 실업학교가 2교, 공립농학교가 20교, 공립상업학교가 9교, 기타 공립실업보습학교가 여러 개 있을 뿐이어서, 상업학교 졸업생 같은 경우는 불황의 영향도 있었지만 공급과잉의 현상을 보이고 있다고 지적하였다. 반면에 공업학교는 너무 부족하다고 지적하였다. 즉 "공업학교는 고공 외에 관립의 경성공업학교가 하나 있을 뿐이어서, 얼마나 조선의 교육계가 불철저한가 알 수 있을 것

61 阿部薰, 1927, 「머리는 감추어도 엉덩이는 감추지 못한다-교육정책의 해부(4)」 『朝鮮統治の解剖』, 112~113면.

이다. 현대 조선에 사업을 일으키려 하는 사람들이 가장 불편을 느끼고 있는 것이 공업학교 정도의 기술원을 모두 내지에서 구하지 않으면 안 되는 점이다. 장래 조선에서 사업 중 가장 성할 사업이 토목공사임은 다시 말할 필요도 없는데, 그 가운데 가장 중요한 방면이 한각(閑却)되어 토목기술원을 모두 조선 밖에서 구하지 않으면 안 되는 것은 교육 행정상 커다란 결함이다"라고 지적한 것이다.[62]

그는 보통학교의 교육 내용에 대해서도 비판적이었다. 그는 학교에서 가장 중요하게 가르치고 있는 것은 일본의 위대한 점이라고 보았다. 즉 "일본은 세계에서도 탁월한 3000년래의 역사를 가지고 있고, 현재 3대국의 하나로서 국위가 날로 융성하고, 이는 영성문명(英聖 文明)한 천황폐하의 능위(稜威)가 주신 것이다"라고 가르친다는 것이다.[63] 반면에 조선에 대해서는 "금일 조선은 과거 4000년을 되돌아볼 때, 실로 비참한 일들이 많았고, 여러 차례 외적에 정복되었다"고 가르친다는 것이다.[64]

그가 볼 때, 이는 잘못된 것이었다. 그는 "일본의 역사 3000년은 광영일 것이다. 그러나 어떤 나라의 국민도 자기 역사를 자랑한다. 3000년의 역사는 인류사상에서는 결코 오래된 것이 아니다. 오래

62 阿部薰, 1927, 위의 책, 114~115면.

63 阿部薰, 1927, 「독립인가, 자치인가, 인종인가-교육정책의 해부(1)」『朝鮮統治の解剖』, 101면.

64 阿部薰, 1927, 「과거보다는 장래로 - 내선인의 진로 - 교육정책의 해부(2)」『朝鮮統治の解剖』, 105면.

된 것을 자랑한다면, 어떤 국민도 몇 만 년을 경과하지 않은 경우가 없을 것이다. 가끔 보도되는 인간의 미이라가 1만 년 전의 것이며, 2만 년 전의 것이라고 하는 것을 보아도 분명한 사실이 아닐까. 일본은 일 고도(孤島)에 격절(隔絶)해 있고, 그 때문에 외부와의 교섭이 적었기 때문에 사쿠라가 피는 낙천지(樂天地)에서 안온한 역사를 가졌다. 그러나 낙천지에 있었다는 것이 꼭 자랑할 만한 소질을 보여준 것이었다고 말하기는 어렵다"라고 지적하였다.[65] 또 조선에 대해서도 "조선에도 대정치가가 있었다. 대외교가도 결코 적지 않았지만, 슬픈 일은 천혜가 모자라는 반도의 나라를 건설하여, 북방으로 강대한 대 민족과 접하고 있었던 것이 대재난이었다고 말할 수 있다. 저들은 대단히 혹독하고 잔학했다. 그러나 문명에 이르러서는 일본의 선배였던 시대도 있고, 중국이나 러시아 문명을 일본에 전해준 일도 있었다. 유학(儒學)과 불교(佛敎)도 전해주었다. 일본은 3천년 이래 외적에 정복을 받지 않았다는 것을 자랑한다. 이와 마찬가지로 조선은 특수한 민족성, 특수한 문화를 발휘하였다는 것을 자랑으로 삼아야 할 것이다"라고 말하였다.[66] 즉 조선인 학생들에게도 열등감이 아닌 자부심을 심어주어야 한다는 것이었다. 왜냐하면 기본적으로 현대의 교육은 완전한 자주독립의 인격을 갖춘 인간을 양성하는 것이 그 목표이기 때문이라는 것이다. 그

65 阿部薰, 1927, 위의 책, 106면.
66 阿部薰, 1927, 위의 책, 105면.

는 "명치유신 이래 우리 학교 및 사회교육은 우리에게 위대한 인물이 되어라, 군인이라면 대장이 되어라, 관리라면 대신이 되라고 가르쳤다"면서, 그런데 조선에서는 "자네는 독립자주의 인간이 되어서는 안 된다. 자네는 오늘도 내일도 영구히 나의 노예가 되어라"라고 가르칠 수는 없다는 것이다. 조선에서도 역시 "독립자주의 인간이 되라. 그리고 국제사회에서 활약하라"고 가르쳐야 한다는 것이다. 그리고 "독립자주의 인간을 만든 후에, 그 사람과 대화를 하고 금후의 일선문제를 협정하지 않으면 안 된다"는 것이 그의 주장이었다.[67]

이상에서 살펴본 것처럼 그는 사이토 총독의 '문화정치'에 대해 상당히 비판적이었다. 그러나 그는 "일본의 조선 통치는 조선인의 마음을 구하는 것은 불가능하였지만, 금일까지는 결코 그 의식주까지 압박하지는 않았다. 오히려 산도 푸르게 하고, 생산도 증가하였고, 생활정도도 향상하였고, 향학심이 발흥하여 현저히 지적 향상을 보기에 이르렀다. 풀 한포기도 없었던 황막한 산도 푸르게 되었다. 실로 격세지감을 느끼게 한다. 일본은 영국이 아일랜드에 한을 남긴 것처럼 조선인으로부터 원망을 살 만한 죄악을 범하지는 않았다"면서, "다만 조선통치에 대해서는 정략적 낙관론을 배제함과 함께, 빵을 이유로 한 조선통치 구가(謳歌)는 절대로 금해야 한

67 阿部薰, 1927, 「독립인가, 자치인가, 인종인가-교육정책의 해부(1)」『朝鮮統治の解剖』, 98~100면.

다”고 지적하였다.[68]

2) 마치다의 ‘문화정치’ 비판

사이토 총독이 1927년 12월 제네바 군축회의 대표로 출장을 떠나면서 우가키 가즈시게가 임시총독대리로 오게 되자, 마치다는 사이토 총독이 사실상 총독을 퇴직한 것으로 보았다. 그래서 사이토 총독 임기 9년을 평가하는 「재선(在鮮) 9년간의 치적을 논하여 사이토 총독을 전송한다」라는 글을 『민중시론』에 게재했다.

이 글에서 그는 ‘문화정치’의 방향성에 대해 근본적인 문제를 제기하였다. 그는 “조선의 실정을 알지 못하는 내지 재주자는 다이쇼 8년 3월 1일 전 조선에서 돌발한 독립소요 사건을 가리켜 이것을 데라우치식 무단정치의 반발에 기인하는 것으로 해석”했다고 보았다. 즉 “조선 재주 내지인, 관민은 모두 무능하고 무단 횡포하며, 언제나 조선인을 학대하고, 혹사하고, 통치의 재능도 없으며, 동화의 온정도 없고, 마침내는 조선인의 저주를 불러와 민족자결 등을 창도하도록 하기에 이르렀다”고 보았다는 것이다.[69]

그 결과 “하라 수상은 무인 중에 가장 덕망이 높은 사이토 자작

68 阿部薫, 1925, 「정의의 깃발을 들고 일어서는 지금-야마토민족의 사명」 『赤裸裸の朝鮮』, 8면.
69 町田長作, 1929, 「在鮮 9년간의 치적을 논하여 사이토 총독을 전송한다-소위 문화정책시대」 『記者 が見た朝鮮』, 6면.

을 추천하고, 실무자로서 민완한 미즈노 박사를 안배하여 덕과 힘의 양면에서 통치의 근본적 쇄신을 계획하였고, 여론도 이러한 인선을 적당하다고 인정하였다"는 것이다. 그러나 마치다가 볼 때, "이러한 단정은 모두 책상 위의 추론으로 정곡을 얻지 못한 것"이었다. 즉 "저들은 아무리 정의를 창도하고, 아무리 선정을 약속하여도 조선 민족의 만족을 얻는 것은 절대 불가능하다는 것을 알아차리지 못했다"는 것이다. 왜냐하면 그가 보기에 독립 소요의 이유는 다년간의 비정, 학대와 같은 폭정에 있었던 것이 아니라, 독립에 대한 열망 그 자체에 있었다고 보기 때문이다. 즉 "비정에 학대받았기 때문에 독립하려 한 것이 아니고, 독립을 위하여 비정을 열거하였다"는 것이다.

즉 "저들은 정치의 선악을 운위한 것이 아니라, 그 본심은 병합을 되돌려 구 한국을 재현하고 싶다고 바란 것"이었다는 것이 그의 해석이다. 따라서 "사이토 총독 이하 신간부가 여하히 선정을 표방하고 인심 완화에 노력해도 저들이 환영하지 않는 것은 당연하다"고 본다. "내지 재주자는 이러한 조선인의 심리를 알지 못하고, 피상적인 관찰에 빠져서 무단정치를 문화정치로 고치든가, 혹은 실력정치를 덕망정치로 고친다든가" 하면 문제를 해결할 것 같은 착각을 하였다는 것이다. 그러한 착각의 결과, 사이토 총독은 조선에 들어오자마자 암살단의 폭탄 세례를 받았고, 덕화정치를 표방하면서도 순사를 무장시키고 감옥을 확장하지 않으면 안 되었다는 것

이다.[70]

마치다는 이와 같이 조선인들이 요구하는 것은 '문화정치'가 아니라 '독립'이라는 점을 지적하면서, 사이토 총독과 우사미 총독부 내무부장은 무단정치의 핵심이라 생각한 헌병제도를 폐지하여 경찰제도로 바꾸었는데, 이는 대 실책이었다고 보았다. 그는 3·1운동 이후 "독립운동자가 교묘히 인심을 선동하는 외에, 국경의 대안에 운집한 불령배들은 점차로 그 수가 증가하여, 어느 나라, 어느 부등등이라 칭하면서 무력침입을 행하고, 관공서를 습격하여 관민을 살상하여, 내외의 형세는 매일 험악하게 되어 가고 있었다. 이처럼 물정이 아직 소연한 시기에도 불구하고, 헌병제도를 폐지하여 경찰제도로 고친 것은 대실책이었다"고 지적하였던 것이다.[71]

그는 "조선인이 비정을 말하면서 헌병제도의 폐를 들어 말한 것은 물론 헌병 중에 불법행위자도 있었겠지만, 오히려 그것보다 더 큰 이유는 헌병의 위력이 순사 이상으로 강했기 때문이다. 그런데 총독부측에서는 가능한 한 자기의 책임을 회피하기 위하여 민중의 소리를 빌려 헌병제도에 죄를 뒤집어씌워 경찰권의 회수를 계획하였다"는 것이다. "그 결과는 마치 불에 기름을 부은 것과 같은 모양이 되어, 인심은 위력의 감퇴와 비례하여 더욱 더 악화하고, 불령배는 더욱 더 발호 도량하기에 이르렀다"고 그는 주장했다. 그는 "총

70 町田長作, 1929, 위의 책, 7~8면.
71 町田長作, 1929, 위의 책, 8~9면.

독과 총감이 이와 같이 덕화정치를 표방함에도 불구하고, 불상사는 도처에서 속출하였고, 지방에서도 토착한 다수의 농업이나, 광업, 임업 내지 상업 등등을 경영하는 내지인은 조선인의 악화에 학대받았고, 헌병 폐지로 치안유지가 이완되어 생명재산의 위험을 느끼는 경우가 적지 않아, 앞을 다투어 도회지로 피난하였으며, 지방개발소라든가 하는 오지에는 거의 내지인의 발걸음이 끊기게 되었다"고 지적했다. 또 "압록강변의 경비는 종전에 겨우 8백 명 정도의 헌병으로, 그것도 육군 경비(經費)로 대략 완전히 행해지고 있었으나, 하루아침에 헌병이 경찰로 대치되자 2,000명의 순사가 필요하게 되었다"면서, "그것도 오히려 불충분하여 무장 결사의 불령배는 자주 국경을 넘어왔고, 그러한 사건의 건수는 매일 증가하고 있어 거의 손을 놓은 모양이라 할 정도로 불온하게 되었다"고 주장하였다.[72]

마치다는 "당시의 새로운 관료진은 위로는 총독과 정무총감, 아래로는 하료(下僚)에 이르기까지 바보같은 꿈을 꾸고 있었다. 그리하여 그 꿈에 무궁화처럼 덧없는 꿈이 있었음에도 불구하고 오히려 어디까지나 그 몽상에 도취하려고 노력한 것이었다"라고 사이토 총독 시기의 총독부를 혹평하였다.[73]

사이토 총독 시기에 행한 일들에 대해서도 그는 혹평하였다.

---

72 町田長作, 1929, 위의 책, 9~10면.
73 町田長作, 1929, 위의 책, 16면.

"우선 차별의 철폐로 내선인 관리를 동등하게 대우한 것은 좋았지만, 순사보를 순사로 승진시켰기 때문에 조선인 순사는 내지인 순사의 지휘를 받으려 하지 않고, 범인의 신문이나 수색 사무에 큰 지장을 초래하여 경찰사무가 집행되지 않는 일도 있었다"고 지적하였다. 또 "언론 집회 결사의 자유를 존중한다고 한 결과, 곧 실행하라고 압박을 받았고, 교육기관이 내지인에게 후하고 조선인에게 박한 것은 무슨 이유때문인가 하는 말도 들었다. 구관(舊慣)을 존중한다면서 묘지규칙을 철폐하라든가, 일시동인이라면서 조선인 관공리를 반은 채용하라든가, 내지인 관리에게 재조선 수당과 사택료를 지급하면 조선에게도 이를 지급하라든가, 그밖에 과세가 많은 것, 등용이 적은 것 등에 대한 여러 잡다한 불평(시정안-인용자)들이 속출하였는데, 대체로는 실행 불가능한 것들이었다"면서, "문화정치도 하등 효과가 없었다"고 비판했다.[74]

그는 사이토 총독 등이 부임 이래 상당한 통치상의 개선과 신정책의 성과로서 "혹은 지방자치를 허하였다든가, 언론 결사의 자유를 어느 정도 인정하였다든가, 교육을 보급하였다든가, 교통을 열었다든가, 수리 관개사업을 조장하였다든가, 대머리산을 녹화하였다든가 하는 여러 가지를 늘어놓았다"고 하면서, 그러나 "현행 지방자치제도를 진정한 자치제도라 할 수 있는가. 언론 결사의 자유가 어느 곳에서 완전히 인정되었는가. 기타 교육 수리 관개 교통

74 町田長作, 1929, 위의 책, 16~17면.

식림 위생 통신 같은 것은 아마도 누가 총독이 되었어도 자연의 세와 시대의 요구여서 어느 정도까지 발달하였을 것이다"라고 이들 정책을 비판하였다.[75]

결국 마치다는 "이런 점에서 관찰하면 역대 총독 중에 사이토 자작은 가장 무능한 총독의 제1인자이다"라고 주장하였다. 그는 "전임자 하세가와 총독도 심한 무능력자였지만, 우리는 오히려 하세가와 백작에게 동정을 보낸다. 그는 당시 데라우치 수상의 대행자로서 조선총독의 대명을 받들고 주의 방침은 모두 전임자의 의사를 답습할 정도로 따로 새로운 주의 정책을 내세우지 않았다. 그런 가운데 예측하지 못한 가운데 조선인이 세계적 사조에 움직여서 독립소요를 일으켰던 것으로, 책임을 지고 사직하기까지 하였다. 만일 그가 책임을 진다면 위기의 배태 때문이 아니라, 이러한 일을 미리 방지하지 못한 것으로 이는 중대한 과실임을 면할 수 없다"면서, "이에 반하여 사이토 자작은 부임 당초에 정치적 갱신을 표방하였음에도 불구하고, 그 계획이 모두 그림 속의 떡이 되었다"고 비판하였다.[76]

이상에서 살펴본 것처럼 마치다는 조선의 독립을 요구하는 조선인들에게 '문화정치'는 별다른 의미가 없는 것이라고 보았다. 그는 사이토 총독이 공연히 '문화정치'를 제창하면서 헌병경찰제도를

---

75 町田長作, 1929, 위의 책, 17면.
76 町田長作, 1929, 위의 책, 18면.

일반경찰제도로 바꾼 것, 일선인 관리 간의 차별 철폐를 약속한 것, 언론 집회 결사의 자유를 존중한다고 한 것, 교육기관의 차별을 없애겠다고 한 것 등으로 혼란만 야기했다고 보았다.

그러나 그렇다고 해서 마치다가 조선인들의 독립운동에 공감을 한다든가 한 것은 아니었다. 그는 『백의동포에게 고함』이라는 소책자에서 일본은 자국의 국방을 위해 한국을 병합했으며, 막강한 국방력을 갖고 있기 때문에 조선을 독립시켜 주는 일은 결코 없을 것이라고 보았다. 따라서 조선인들의 독립운동은 부질없는 일이며, 독립운동가들은 차라리 조선인 동포들이 여러 방면에서 실력을 기르도록 도와주는 것이 바람직하다고 주장하였다. 그는 당시 조선인들이 생활난을 겪고 만주·일본 등지로 유리도산하고 있는 것, 조선 내에서 일본인들에게 좋은 일자리를 다 빼앗기고 있는 것 등은 모두 조선인들이 실력이 없기 때문이라면서, 먼저 실력을 기르라고 충고하고 있었다. 그는 생존경쟁은 사회발달의 원칙이라며 조선인도 분투노력해야한다고 주장하였다. 그는 또 일본은 이미 조선에 교육, 철도, 도로, 위생, 회사, 전기 등에 많은 투자를 하여 조선 민중에게도 큰 도움을 주고 있다고 주장하였다.[77] 이러한 주장은 전형적인 '문명시혜론'으로서, 일제 지배당국과 입장을 같이 하는 것이었다. 그가 사이토 총독의 '문화정치'를 비판한 것은 무단통치로부터의 후퇴가 독립운동가들로 하여금 '독립'의 허황된 꿈을

77 町田長作, 1928,『白衣同胞에게 告함』, 京城, 民衆時論社.

계속 갖게 하고, 독립운동을 더 활성화시키지 않을까 하는 우려에서 나온 것이었다.

5. 마치며

이상에서 1920년대 경성에서 편집되고, 히로시마에서 발간된 시사잡지 『민중시론』을 통해, 기자 아베 가오루와 사장인 마치다 조사쿠가 조선의 통치정책에 대해 각각 어떤 견해를 갖고 있었는지 비교해 보았다. 특히 일본의 조선 동화주의 정책, 조선인에 대한 참정권 부여, 사이토 총독의 '문화정치'의 세 가지 이슈를 중심으로 두 사람의 견해를 비교해 보았다.

첫째, 두 사람은 일본의 동화주의 정책에 대해 어떤 견해를 갖고 있었을까. 아베는 우선 일본의 조선 병합을 조선 민족을 위한 것으로 긍정적으로 평가하면서, 일선 양 민족의 융합과 동화를 매우 중시하였다. 그는 일선 양 민족의 융합 동화는 단순히 조선통치만이 아니라, 장차 일본 민족의 존망에 관계되는 중대한 문제라고 할 정도로 이 문제를 중시했다. 그러나 그는 총독부의 구체적인 동화 정책에 대해서는 비판적이었다. 즉 관리와 노년층을 중심으로 한 '내지시찰단' 파견, 조선인 교육에서의 일본의 과거 역사에 대한 자랑, 병합 이래의 통치성적에 대한 선전 등으로는 양 민족의 융합 동화는 불가능하다고 비판하였다.

반면 마치다는 일본의 조선 병합은 조선 민족을 위한 것이 아니라, 일본의 국가 생존의 필요상, 신성한 자기방어의 필요에서 나온 것이라고 말했다. 그는 동화는 식민지민의 수천 년간의 제도, 문물, 풍속, 습관의 전통을 변경하고 파괴하는 것으로 결코 용이한 일이 아니며, 따라서 서구 열강의 식민지 동화정책도 모두 실패로 돌아갔다고 지적하였다. 그는 일선인의 동화는 아예 불가능한 것으로 보고, 총독부의 동화정책을 비판했다. 따라서 그는 총독부가 취하고 있는 동화정책, 즉 일선인의 결혼 장려, 일본인의 조선이민 장려, 일선동조론의 강조 등은 모두 부질없는 일이라고 보았다. 그는 무리한 동화주의 정책보다, '어느 정도의 방임주의'와 '현지 주민' 본위의 비동화주의 정책'을 취하는 것이 오히려 더 평온한 상황을 유지할 수 있다고 주장했다.

둘째, 조선인들의 정치참여와 관련하여, 두 사람은 어떤 의견을 갖고 있었을까. 아베는 내지연장주의에 입각하여 조선인들에게도 참정권을 주어야 한다고 주장했다. 참정권을 주는 방법으로는 본토의 귀족원이나 중의원에 의원으로 참여할 수 있는 권리를 주거나, 조선에 독자적인 의회를 만들어 주는 안이 있는데, 후자보다는 전자가 더 바람직하다고 보았다. 그는 조선인 의원들이 본토의 의회에 참여하여 불령한 발언을 할 것을 우려하는 이들에 대하여 그것은 기우에 지나지 않는다고 주장했다. 또 조선에서 중의원 의원을 선거할 때에는 조선의 실정에 맞게 선거권과 피선거권을 제한하는 선거법을 정하면 된다고 보았다.

반면 마치다는 내지연장론자들에 대해 조선에서는 헌법도 시행되지 않고, 따로 제령으로 통치하고 있기 때문에 내지연장주의는 실행 불가능한 이론이라고 주장하였다. 또 중의원을 일부 선출하여 도쿄에 보낸다고 해도 이렇다 할 효과가 없을 것이라고 지적하였다. 따라서 그보다는 조선의회를 구성하여, 국방과 외교를 제외한 자치를 허용해주는 것이 바람직하다고 주장했다.

셋째, 사이토 총독의 '문화정치'에 대해 두 사람은 어떤 견해를 갖고 있었을까. 아베는 사이토 총독의 '문화정치'에 대해 부분적으로 긍정 평가를 내렸다. 하지만, '문화정치'의 실상으로서 제한적인 신문 발간의 허용, 신문에 대한 잦은 발매금지와 발행정지, 양적인 팽창만을 목표로 하는 교육 정책, 조선인 아동에게 열등감을 심어주는 교육 내용, 관리나 노년층을 주요 대상으로 하고 청년을 무시하는 회유정책 등을 들어 '문화정치'를 비판하였다.

마치다는 조선의 독립을 요구하는 조선인들에게 차별을 다소 완화하는 '문화정치'는 별다른 의미가 없다고 보았다. 그는 내지연장론에 입각한, 차별없는 '문화정치'는 사실상 불가능하다고 보았다. 그는 또 사이토 총독이 공연히 '문화정치'를 제창하면서 헌병경찰제도를 일반경찰제도로 바꾼 것, 일선인 관리 간의 차별 철폐를 약속한 것, 언론 집회 결사의 자유를 존중한다고 한 것, 교육기관의 차별을 없애겠다고 한 것 등은 혼란만 야기했다고 보았다. 마치다는 앞서 본 아베 가오루보다 '문화정치'에 대해 훨씬 더 비판적이었다. 이는 그가 사이토의 '내지연장주의'에 비판적이면서, '조선자치론'을 주장하고 있었던 것과 관련이 있는 것으로 보인다.

이상에서 살핀 바와 같이 아베와 마치다는 일본의 통치정책에 대한 관점이 상당히 달랐다. 두 사람 가운데 특히 마치다는 총독지배정책에 대해 상당히 비판적이었는데, 그 가운데에서도 내지연장주의의 문제점, 참정권 부여의 무의미함, '문화정치'의 근본적인 한계 등을 지적한 것은 당시 다른 재조선 일본인 저널리스트들의 글에서 보기 드문 것이었다.

6장

다키 구메지로(多木久米次郎)의 조선 진출과 농장 경영

이규수

1. 시작하며

1876년 개항 이후, 일본인들은 조선에 이주하여 일본인 사회를 형성했다. 조선은 제국 일본의 최대 이주 식민지였다. 재조일본인 사회는 일본의 조선에 대한 지배권의 확대·강화와 연동되었다. 일제강점기 말, 조선에 거주한 일본인 수는 75만 명을 넘었다.[1] 이것은 당시 일본의 작은 현(縣) 정도의 규모로, 일본인 전체와 비교해도 그 비중은 결코 적지 않다. 여기에 통계에서 누락된 조선군을 비롯, 조선 출장이나 단기 파견, 여행, 조선 경유 만주 이주 등 다양한 형태로 식민지 조선에 체재한 일본인은 그 몇 배에 달한다. 일본인 대다수는 다양한 경로로 조선을 '체험'했고, 식민지의 '기억'은 패전 이후 일본 사회의 한국 인식을 형성하는데 중요한 기제로 작용한다.

---

* 이 논문은 2016년 대한민국 교육부와 한국학중앙연구원 (한국학진흥사업단)을 통해 해외한국학중핵대학육성사업의 지원을 받아 수행된 연구임(AKS-2016-OLU-2250001).

1 재조일본인의 인구는 1876년 54명에서 원산 개항 직후인 1881년에는 3,417명이었다. 1883년에는 인천 개항에 따라 4,003명, 1894년에는 청일전쟁의 승리에 의해 1만 2,303명으로 증가했다. 더욱이 러일전쟁이 개시된 1904년에는 3만 1,093명으로 증가했고, 러일전쟁이 일본의 승리로 끝나고 조선에 대한 일본의 지배가 거의 확실해 진 1905년에는 1년 전인 1904년보다 1만 명이 늘어난 4만 2,460명의 일본인이 조선에 거주했다. 이후에도 일본인 거류민은 계속 증가하여 1910년 한국강점 당시에는 이미 17만 명이 넘는 재조일본인이 조선에 건너왔다. 재조일본인의 연도별, 출신지별, 산업별, 지역별 인구의 변화양상과 특징에 대해서는 이규수, 「재조일본인의 추이와 존재형태－수량적 검토를 중심으로」, 『역사교육』125, 2013 참조.

재조일본인 연구는 역사학과 문학 등 다양한 영역에서 이루어졌다. 관련 연구 성과 또한 방대하다.[2] 재조일본인은 일본 제국의 식민지 침략과 수탈이 국가 권력과 그들이 지원하는 민간인이 결합하여 총체적으로 수행되었음을 실증하기 위한 주요 연구 대상이었다. 일본인의 조선 이주 과정을 둘러싼 실증 연구와 재조일본인의 왜곡된 조선 인식에 대한 비판도 제기되었다. 그럼에도 재조일본인 연구에는 여전히 규명되어야 할 영역과 대상이 적지 않다. 무엇보다 재조일본인 연구는 '제국'과 '식민지'의 경계에 존재했던 재조일본인이 지닌 '식민성'과 '근대성'을 동시에 파악해야 할 주제이다. 따라서 재조일본인 사회의 다양한 계층 구성과 그에 따른 행동 양태의 차이를 고려하지 않고, 재조일본인으로 상징되는 '지배 계층'과 그에 대한 조선인의 '저항'에 초점을 맞춘 연구는 지배 시스템 자체를 심층적으로 이해하지 못한 한계를 드러낼 뿐이다.

2 선구적인 저서만을 소개하면 다음과 같다. 김의환, 『부산근대도시형성사연구』, 연문출판사, 1973 ; 이현종, 『韓國開港場硏究』, 一朝閣, 1975; 김용욱, 『한국개항사』, 서문문고, 1976 ; 손정목, 『한국개항기 도시변화과정 연구-開港場.開市場.租界.居留地』, 일지사, 1982 ; 손정목, 『한국개항기 도시사회경제사연구』, 일지사, 1982; 高秉雲, 『近代朝鮮租界史の硏究』, 雄山閣出版, 1987; 木村健二, 『在朝日本人の社會史』, 未來社, 1989; 梶村秀樹, 『朝鮮史と日本人(梶村秀樹著作集1)』, 明石書店, 1992; 高崎宗司, 『植民地朝鮮の日本人(岩波新書790)』, 岩波書店, 2002; 고석규, 『근대도시 목포의 역사 공간 문화』, 서울대학교출판부, 2004; 橋谷弘, 『帝國日本と植民地都市』, 吉川弘文館, 2004; 城本悠一·木村健二, 『近代植民地都市 釜山』, 櫻井書店, 2007; 이규수, 『식민지 조선과 일본, 일본인』, 다할미디어, 2007; 홍순권 외, 『부산의 도시 형성과 일본인들』, 선인, 2008; 김수희, 『근대 일본어민의 한국 진출과 어업경영』, 경인문화사, 2010; 최혜주, 『근대 재조선 일본인의 한국사 왜곡과 식민통치론』, 경인문화사, 2010; 이형식 편저, 『제국과 식민지의 주변인－재조일본인의 역사적 전개』, 보고사, 2013 등을 참조.

이와 관련하여 재조일본인 연구의 선구자라 할 수 있는 가지무라 히데키(梶村秀樹)의 논점을 강조하고 싶다. 주지하듯이 가지무라는 근대 일본 서민의 생활사에서 조선을 비롯한 식민지의 생활사는 일본인 역사 연구자가 '의도적으로 피해 왔던 영역'이었다며 일본의 배외주의를 극복하려 노력했다. 가지무라는 조선의 '내재적' 발전을 강조하면서 조선인의 눈에 비친 재조일본인의 존재 형태에도 주목했다.[3]

가지무라는 재조일본인을 조선 지배의 최전선에 위치한 '침략의 첨병'으로 규정한다. 이러한 역사 인식에 대해 일각에서는 그가 '식민지 수탈론'을 강조하는 것으로 받아들이고 있는 듯한데, 이것은 명백한 오해다. 가지무라가 어떠한 측면에서 재조일본인을 '침략의 첨병'으로 분석했는지에 대해 이해할 필요가 있다. 가지무라는 재조일본인의 존재 형태와 의식 구조를 규명하면서 그들의 굴절되고 착종된 의식이 전후 일본 사회에 무자각적으로 계승되었다는 점을 강조한다. 그는 재조일본인의 침략성만을 강조한 것이 아니다. 재조일본인 나아가 제국 일본의 식민 정책을 규명하는데 식민지 지배 집단의 내부 구조에 대한 이해가 결여되어 있다면 재조일본인 연구는 한계를 지닐 수밖에 없다는 점을 강조한다. 요컨대 가지무라는 '식민성'과 '근대성' 가운데 전자에 방점을 두고 있다.[4]

---

3 梶村秀樹, 『朝鮮史と日本人(梶村秀樹著作集1)』, 明石書店, 1992.

4 현재 일본 사회에 '헤이트 스피치'(hate speech)로 상징되는 '혐한론' 내지는 '식민지 시혜론'이라는 역사 인식이 현존하는 한, '지배와 저항'의 관점에 입각한 재조

이러한 관점에서 여기에서는 재조일본인 엘리트 계층에 주목하려 한다. 분석 대상은 조선의 '비료왕'으로 알려진 효고(兵庫)현 베후(別府) 출신의 다키 구메지로(多木久米次郎, 1859~1942)이다. 그는 20살에 가업인 어비상(魚肥商)을 이어받은 뒤, 1890년 인조 비료(過燐酸肥料) 제조에 성공하고 1885년 다키제비소(多木製肥所)를 창업했다. 이후 자본의 축적과 함께 1918년에는 주식회사 형태로 조직을 변경하고 조선에 진출했다. 그는 전북을 거점으로 대규모 소작제 농장을 경영하고 광산업과 산림업에도 진출하는 등 식민지 경영의 다각화를 도모하기도 했다.

또 정치인이기도 한 다키는 이른바 '조선통'으로도 유명하다. 다키는 조선 진출 이전 효고현 농회장과 효고현 의원 등을 거쳐 1908년 중의원에 첫 당선(6선)된 다음, 1939년부터는 귀족원 의원으로 재임했다. 특히 그는 제국의회에서 식민지 참정권 문제와 산업 통제 문제 등 사업 기반과의 관련에서 식민지 정책 형성 과정에도 영향력을 발휘했다. 김현의 연

다키 구메지로

일본인 연구는 지배와 피지배의 역사적 경험의 극복과 식민 지배의 비판이라는 측면에서 현재성이 있다. 그러나 연구 시야를 20세기 한국 근대로 확대해서, 식민지 시기의 변화 양상에 초점을 맞추면, 지배와 저항의 관점은 식민지에서 재조일본인을 매개로 발현되는 다양한 사회적 현상을 이해하는 데 일정한 한계를 지닌다. '식민지 수탈론'에 입각한 재조일본인 연구의 현황과 의의에 대해서는 이규수, 「'재조일본인' 연구와 '식민지수탈론'」, 『일본역사연구』33, 2011을 참조.

구에 따르면, 참정권 문제에서는 재조일본인만이 아니라 일본 국내의 재일조선인에게도 참정권을 부여해야 한다는 주장을 펼친 것으로 알려져 있다.[5]

이하에서는 기존에 밝혀진 다키의 주요 행적과 1958년에 간행된 전기, 『다키 구메지로』[6]를 비판적으로 검토함으로써 재조일본인이 조선에 구축한 식민지 사회의 구조적 특성은 무엇이며, 또 그런 사회구조적 특성은 식민지 지배 정책과 서로 어떤 연관성을 지니

---

5 金玄, 「植民地朝鮮と多木久米次郎ー朝鮮における事業基盤と参政権問題」, 『海港都市研究』 4, 2009. 다키는 1931년 3월 17일 중의원에 "정부는 깊이 조선 통치의 실정을 감안해 점차 참정권을 부여하여 상호 관세를 철폐하며 보조금을 증액하고 지방의회 제도를 창정함과 동시에 총독을 각원(閣員)으로 들어가게 하는 등 정치경륜을 일신하여 일본 영토의 연장인 실적을 올려 속히 일시동인의 틀에 이르기를 바란다"는 '조선 통치 경륜에 관한 건의서'를 제출했다. 다키는 건의안의 제출 이유를 다음과 같이 말하고 있다. 즉 "조선은 단지 식민지가 아니라 일본 영토의 일부로 그 문화와 인물도 일본의 지방에 비해 반드시 열등하지 않은 상태에 있다. 그런데 지금 통치의 방식과 그 실질은 어디까지나 식민지로 이를 취급하고 있다. 헌법에 의한 신민의 권리를 부여하지 않고 의무를 부담하지 않는 것도 일시동인의 틀에 이르는 모습이 아니다. 그 가운데 조선 인사(人士)로 일본에 거주한다는 이유로 참정권을 행사할 수 있는 자는 40만 명에 달함에도 불구하고 조선에 있는 55만 명의 일본인에게서 참정권을 빼앗는 것은 심각한 모순이다. 이것이 본 안을 제출하는 이유이다"고 말했다. 『동아일보』, 1931년 3월 19일 1면, 〈朝鮮統治經綸 關係建議案, 多木久米次郎代議士 提出〉.

6 다키 구메지로의 전기는 1942년 3월 다키 사후, 관련 자료의 수집과 더불어 간행될 예정이었으나 패전 전후의 상황에서 간행되지 못하고 1958년에 이르러 완성되었다. 기무라 겐지(木村健二)의 증언에 따르면, 조선 관련 자료는 다키 집안 소장 기록문서와 각 관계 회사 보관 서류 등 방대한 분량으로 추정되지만, 전기 편찬에 활용된 원자료는 편저자 이외에 현재 다키화학비료주식회사가 공개하고 있지 않다. 이 글에서 인용한 다키 관련 자료는 필자가 기무라 겐지 선생으로부터 제공받은 전기 편찬 당시의 초고용 원고지 형태의 문서를 전기와 비교 대조하면서 활용한 것임을 밝혀둔다. 전기 편찬의 경위에 대해서는 多木久米次郎傳記編纂會編, 『多木久米次郎』, 非賣品, 1958, 1~3면 참조.

고 있는지를 살펴보겠다.

특히 '조선총독부-재조일본인 엘리트(다키 구메지로)-조선인'이라는 세 주체의 상호 관계에 주목한다. 다키 구메지로의 조선 진출 과정과 이후의 행적, 특히 토지 매입을 통한 소작제 농장 경영에 대한 분석을 통해 총독부와 재조일본인의 관계 나아가 그에 대한 조선인의 대응 등을 다각적으로 살펴보려 한다.

2. 조선 시찰

다키가 처음으로 조선을 시찰한 것은 1908년 여름이었다. 다키는 1908년 1월 비료 제조 기술을 습득하기 위해 7개월에 걸쳐 미국, 영국, 프랑스, 독일, 네덜란드, 이탈리아 등 해외 여러 나라를 시찰했다. 다키의 유럽 시찰 여행은 그의 해외 진출 '욕망'을 자극했다. 가업으로 물려받은 비료 제조를 위한 신기술 개발만이 아니라, 미국의 텍사스 주 농장 등을 둘러보면서 대농장 경영에 대한 안목을 높이는 계기가 되었다. 다키는 일정을 마치고 귀국 길에 시베리아 철도를 경유해 만주와 조선을 시찰했다.[7]

당시 시찰 기록은 미국 유학 출신의 아사히신문 기자, 간다 마사오(神田正雄)가 감상록으로 집필한 것으로 추정되는 「구아유기(歐

7 「歐州旅行」, 『多木久米次郎』, 515~526면 참조.

亞遊記)」와 다키의 개인 구술을 회사 직원이 정리한 「구아낭만잡상(歐亞浪漫雜想)」으로 남아 있다. 다키는 「구아유기」에서 조선의 토지와 산림, 광물 등 풍요로운 자원에 주목하여 산업 발전의 장래성을 다음과 같이 말하고 있다.

> 나는 안동(安東)현에서 압록강을 건너 한국 의주로 들어갔다. 처음 보고 놀란 것은 북한에 있는 풍부한 산림이었다. 매년 벌채한 양은 800만 엔이라는 거액에 달하고, 초산(醋酸) 제조만 하더라도 300만 엔을 넘는다고 한다. 게다가 산림은 무진장이라고 한다. 더욱이 산림이 풍부할 뿐 아니다. 비료 없이 경작한다는 논 이외에도 오곡을 얻을 수 있는 경작지도 있다. 과일은 배, 포도, 사과 등 우리나라에서는 도저히 찾아볼 수 없는 좋은 품종을 생산하고 있다. 기후가 양호한 미국 품종 목화 재배에도 적당하다. 만약 상당량의 비료를 사용하면 지금보다 두 배의 생산량을 거둘 수 있다는 것은 결코 헛된 꿈이 아니다. 현재 농사시험장이 설치되어 착착 연구가 진행되고 있다. 가까운 장래에 틀림없이 효과를 거둘 것이다.[8]

다키는 최초의 조선 시찰을 통해 '풍부한 산림'과 '오곡을 얻을 수 있는 경작지' 등 농림업 발전의 가능성이 높은 조선을 직접 확인했다. 더욱이 자신의 주력 사업인 비료의 판매처로서 조선을 주

8 「大農場を開く」, 『多木久米次郎』, 226~227면.

목했다. 조선에 대한 토지 투자와 비료 판매는 결코 '헛된 꿈'이 아니라는 것을 스스로 인식했다. 다키는 기후도 좋은 조선의 토지에 '상당량의 비료'를 사용하고 관개 시설을 정비한다면 수확량이 증대될 것으로 확신했다.

일본 귀국 이후 다키는 조선 진출의 가능성을 타진했다. 먼저 다키는 조사단을 조선에 파견했다. 토지 투자에 앞서 사전 실지 조사가 여러 차례 이루어졌다. 1911년 비료회사 직원 히라노 후사타로(平野房太郞)를 파견했고, 1913년에는 직원 우에노 모토히코(上野元彦)를 전북 지역에 파견했다. 다키로서는 조선 진출을 가늠하기 위해 당시 일본인 대지주가 집중 진출한 전북 지역에 대한 사전 조사가 필요했을 것이다. 이들은 전북 지역의 토지와 택지 등의 매물을 조사했다.[9]

다키는 조선 시찰 보고서인 「구아유기」에서 '가까운 장래에 틀림없이 효과를 거둘 것'이라고 말한 것처럼 조선에 대한 투자의 가치는 인정했지만, 곧바로 조선 진출로 이어지지 않았다. 두 차례에

9 일본인의 토지 매수는 1904~10년간 급속히 증대했다. 예를 들어 1910년경 군산지방 부근에서 일본인 지주의 소유 면적은 총경지면적의 5~10%에 달했다. 일본인의 소유 면적은 대부분 전답에 집중되어 1909년 현재 전체 지목의 83%에 이르렀다. 지역별로 보면 익산, 임피, 김제, 옥구, 만경 등에 집중되어, 1910년에는 이 5개 군만으로도 일본인 소유총면적의 83%를 상회했다. 호남의 곡창지대는 토지개량 투자의 위험성이 낮을 뿐만 아니라, 토지생산성의 상승이 가장 높을 것으로 예상되는 최고의 투자처였다. 이에 대해서는 裵民植, 「韓國.全羅北道における日本人大地主の形成」, 『農業史硏究』22, 1989; 李圭洙, 『近代朝鮮における植民地地主制と農民運動』 信山社, 1996 등을 참조.

걸친 사전 조사에도 불구하고 조선 진출에 매우 신중했다. 물론 다키는 이미 조선에 진출한 일본인들의 토지 투자 현황과 조선 경험담 등의 정보를 어느 정도 인지했을 것으로 추측된다. 한국강점 이전 조선에 진출한 상업자본가는 조선 투자의 가치성에 일찍이 주목했다.

예를 들어 오사카 출신으로 전북 지역에 대농장을 개설한 후지이 간타로(藤井寬太郞)는 1911년 4월 일반 투자자를 상대로 「조선토지담」(朝鮮土地談)이라는 제목의 강연회를 개최하는 등 '실업가의 임무는 군대보다 오히려 중요하다'며 실업가의 조선 진출을 주창했다.[10]

한국강점 이후 일본인 상업자본가의 조선 진출은 효율적인 지배 정책의 일환으로 장려되었다. 상업자본가 측에서도 일본 상품의 조선 반입과 미곡 등의 일본 유출 과정에서 얻을 수 있는 높은 수익률은 관심을 끌기에 충분했다.[11] 특히 조선의 저렴한 지가와 소작제 농장 경영을 통한 고율의 토지 수익률은 상업자본가와 지주 계층의 조선 진출을 가속화시켰다. 다키 역시 식민지 조선에 진출한 일본인의 동향을 파악하면서 진출 시기를 가늠했을 것이다.

---

10 후지이 간타로의 조선 진출과 농장 경영의 실태에 대해서는 이규수, 「후지이 간타로(藤井寬太郞)의 한국진출과 농장경영」, 『대동문화연구』49, 2005 참조.

11 당시 고율의 토지수익률은 일본인의 대규모 토지집적으로 이어졌다. 1901년부터 1904년까지 일본인 지주의 밀집지대의 1정보당 평균 토지수익률은 전북 군산 부근 25.7퍼센트, 전남 나주 부근 25.7퍼센트, 광주 부근 18.1퍼센트였다. 吉川祐輝, 『韓國農業經營論』, 大日本農會, 1904, 131면.

다만 이미 조선에 진출한 일본인들의 동향을 살피면서 자신의 진출 방식과 시기 조절이 필요했다. 또한 중의원 당선 이후 정치가로서의 의정 활동 등도 조선 진출에 고려해야 할 사항의 하나로 작용했을 것이다.

다키의 토지 조사는 계속되었다. 1915년에는 '효고현 만한 관광 여행단'에 직원을 파견했고, 같은 해 4월 10일부터 25일까지 효고현 농회장 자격으로 '제1회 효고현 농회 조선 시찰단'을 조직했다. 조선 시찰단은 부산, 삼랑진, 대구, 수원, 경성, 인천, 진영, 개성, 평양, 군산 등 조선 각지를 시찰하면서 조선 진출의 가능성을 타진했다. 시찰단은 조선의 농사, 축산, 임업, 양잠, 이민 및 농산물 수출입 상황을 조사하고, 일본 농업 경제의 불황을 타개하기 위해 식민지 진출을 도모했다.

1916년 9월에는 '제2회 조선시찰단'이 조직되었다. 다키는 여기에도 직원 히라노 후사타로를 합류시켰다. 조선에 도착한 히라노 후사타로는 다키의 지시를 받아 일행과 함께 조선 각지를 시찰하고 농지구입 교섭을 담당했다. 시찰단은 조선의 농업 상황에 대해 북쪽은 밭, 남쪽은 논이며, 이들은 거의 '무(無)비료'로 경작하고 있기 때문에 '양종(良種)의 보급'과 '재배법의 개량'을 통해 생산량의 증대 가능성이 높고, "조선에 대한 농업 경영이 유리하다는 것에 착목하는 자가 점차 많아졌다. 근래 경지와 산림을 구입하여 사업에 착수하는 자가 있다. 이는 본 농회가 실시한 시찰 계획 실행의 효과라고 볼 수 있다"[12]는 보고서를 작성했다.

이처럼 다키는 유럽 시찰을 마치고 귀국하면서 자신의 눈으로 조선을 확인했다. 다키는 귀국 이후 조선에 대한 투자의 가능성을 타진하기 위해 직원을 파견하거나 시찰단을 조직하여 여러 차례 조선을 조사했다. 다키는 새로운 사업장으로서 조선이 유망하다는 것을 확신했다. 특히 주력 사업인 비료를 둘러싼 조사는 투자의 가능성을 높이기에 충분했다. 그러나 조선 시찰 이후 실제로 투자가 이루어진 것은 다키 제비소가 주식회사 형태로 전환될 무렵인 1917년 이후였다. 러일 전쟁 이후 조선에 대거 진출한 일본인 지주의 토지 수익률에 비해 진출이 상대적으로 늦은 '후발' 투자자로서의 다키는 무엇보다 토지 투자의 수익성에 신중을 기할 수밖에 없었을 것이다. 시찰과 조사를 거듭 하며 조선 진출의 기회를 타진하다가 조선의 실지를 시찰한 지 10년여 만에 드디어 다키는 토지 매수 작업에 착수했다.

3. 토지 매입

다키는 조선 방문과 시찰을 통해 토지 투자를 결심하고 1917년

12 兵庫縣農會,『第17回兵庫縣農會年報』, 1916, 37면(金玄, 앞의 논문, 80면에서 재인용).

부터 토지를 매입하기 시작한다. 토지 매수는 시찰 당시부터 주목한 조선 제일의 도작 지대인 전북 지역이었다. 〈표 1〉은 다키가 매입한 토지의 구입 연도, 면적, 소재지, 구 소유자, 구입 대금을 나타낸다. 1917년 11월, 다키는 전북 김제군 진봉면(進鳳面), 성덕면(聖德面), 만경면(万頃面) 일대에 산재한 이명구(李明九)의 토지의 매입을 시작으로 1918년 6월, 김제군 내 죽산면(竹山面) 대창리(大倉里)에 있는 이완용(李完用)의 토지를, 같은 해 7월에는 야마모토 다다사부로(山本唯三郎)가 경영하고 있던 야마모토(山本) 농장의 토지를 각각 매입했다.[13]

〈표 1〉 다키의 토지 매입 현황

<table>
<tr><th>연월</th><th>면적(정보)</th><th>소재지</th><th>구 소유자</th><th>구입대금(엔)</th><th>농장명</th></tr>
<tr><td>1917. 11</td><td>570.2325</td><td>전북 김제군 진봉면, 성덕면, 만경면</td><td>이명구
(李明九)</td><td>105,000</td><td rowspan="3">만경농장</td></tr>
<tr><td>1918. 6</td><td>71.2012</td><td>전북 김제군 죽산면 대창리</td><td>이완용
(李完用)</td><td>18,000</td></tr>
<tr><td>1918. 7</td><td>540</td><td>전북 김제군 진봉면, 성덕면, 만경면</td><td>야마모토 다다사부로
(山本唯三郎)</td><td>170,000</td></tr>
<tr><td>1919</td><td>184</td><td>전북 익산군 망성면 화산리,
용안면 구산리</td><td>무라오카 쓰노스케
(村岡角輔)</td><td>141,000</td><td>함열농장</td></tr>
</table>

13 多木久米次郎傳記編纂會編, 『多木久米次郎』, 非賣品, 1958, 229~230면.

1919	73.7	전북 정읍군 고부면, 소성면, 영원면	기타오 에타로 (北尾栄太郎) 기타오 다카노부 (北尾孝信)		고부농장 (강경농장)
1920	442	전북 익산군 함열면 와리	미쓰오카 마사유키 (光岡正行)	810,000	함열농장
1931	506	충남 부여군 규암면, 타수면	김현갑 (金顕甲) 외 4명		부여농장
합 계	2,387.1047				

출처: 多木久米次郎傳記編纂會編, 『多木久米次郎』, 非賣品, 1958, 230~234면.

토지 매입은 1917년부터 1920년에 걸쳐 집중적으로 이루어진다. 소유지는 전북을 중심으로 충남 일부에까지 확대되어 1931년 현재 소유 면적은 총 2,387정보에 달했다. 이는 전북 지역 30정보 이상의 지주 가운데 두 번째에 해당한다. 다키는 1917년에 농장사무소를 김제 읍내에 설치했다. 김제농장에는 초대 농장주임으로 우시오 도시로(牛尾寿郎)를 임명하여, 조선인 직원과 함께 농장을 관리했다. 다키는 1924년 사무소를 김제 읍내에서 진봉면 고사리로 이전했고 만경농장으로 농장명을 바꿨다. 1919년에는 익산군 망성면 화산리, 용안면 구산리에 있는 토지를 매입하여 강경농장을 개설했다. 또 정읍군 고부면, 소성면, 영원면에 있는 토지도 매입하여 고부농장을 설치했다.

1920년에는 익산군 함열면 와리에 소재한 미쓰오카(光岡) 농장을 매입하여 함열농장을 설치했다. 함열농장의 설치로 농장 경영의 본거지는 김제에서 함열로 이전되었고, 강경과 고부의 농장을 김제농장에서 분리해 함열농장 관할로 옮겼다. 다키는 함열농장을 농장 경영의 중심지로 삼아 김제농장에서 관리하던 일부 농장까지 흡수하여 새롭게 재편했다. 재편 이후, 다키는 농장 근처에 별장을 짓고 1931년까지 조선에 머무르면서 농장 경영을 지휘했다. 1931년에는 충남 부여군 규암면의 토지를 매입하여 부여농장도 개설했다.

앞에서도 지적했듯이 다른 대지주에 비해 다키의 토지 매입이 상대적으로 늦어졌다. 당시 상황에 견주어 다키의 토지 매입에는 어떠한 특징이 있을까? 첫 번째 특징은 다키가 법적 소유권이 명확한 토지를 선별 구입했다는 점이다. 이는 '토지조사사업'의 종료 시점과도 중첩되는 시기에 토지 매입이 이루어진 결과이기도 하지만, 다키는 실지 조사 등을 통해 당시 토지 매입을 둘러싸고 조선에서 발생한 정황을 숙지했을 것이다. 한국강점 이전 일본인 지주의 토지 집적 과정은 조선 사회 내부의 관행, 예를 들면 당시의 지권인 문기(文記)의 구입 방식과 등록 수속 과정에서 촌락의 중개인 등의 존재 때문에 많은 제약을 받았다. 그 결과 일본인 지주는 식민지 권력의 비호 아래 방대한 토지를 획득했음에도 불구하고 토지 소유권의 이중 매매로 혼란이 가중되었고, 법적 소유권의 확정 과정에서도 많은 장해에 직면할 수밖에 없었다. 다키는 이러한 일본인 지주의 토지 집적 관행에서 파생하는 문제를 잘 알고 있었고, '토지조사사업'의 마무리 시점을 기다리며 매입했을 것으로 판단된다. 다키가 조선 방문 직후 곧바로 토지 매입에 서두르지 않은 것도 이러한 정황이 작용했을 것이다.[14]

두 번째 특징은 다키의 토지 매입과 총독부와의 관계이다. 다키는 1908년 유럽 여행 도중 중의원으로 첫 당선되었다는 소식을 접했고, 이후 조선 진출을 도모하면서 총독부와의 정보 교환이 사전에 이루어졌다. 다키는 중의원 의원이라는 신분을 활용하여 총독부 관료와의 친밀한 관계를 유지했고, 이를 활용하여 토지 매입 정보를 사전에 충분히 제공받았을 가능성이 크다. 매수지 가운데 이완용의 토지가 포함되었다는 사실도 이를 뒷받침한다. 1918년 6월 23일 다키는 조선에서 일본 본가에 서한을 보냈는데, 당시 정황을 다음과 같이 전하고 있다.

---

14 일본인 지주 사이에 발생한 이중 매매의 문제를 조정하기 위해 1904년 5월 전북 군산에 설립된 군산농사조합의 설립 과정과 활동 내용에 대해서는 이규수, 「러일전쟁 직후 일본인 지주의 한국 진출-『군산농사월보』의 검토를 중심으로」, 『사림』 54, 2015 참조. 더욱이 토지 집적 방식은 일본인이 직접 토지 매매 교섭에 나서지 않고, 독점적인 매입자로서 촌락의 대리자를 불러 일방적인 주도 아래 이루어졌다. 요컨대 "본방인(本邦人)이 나아가 구입을 교섭하지 않았다. 본방인이 토지를 구입할 의지가 있다고 표명할 때는 촌락의 대리자는 경지를 팔려는 자를 대표하여 적게는 몇 십 두락부터 많게는 몇 천 두락을 매도하기 위해 2~3리 혹은 멀리는 5~6리 떨어진 곳으로부터 방인 소재지에 찾아와서 매입인을 찾았다. 본방인이 스스로 나아가 땅을 매입하지 않았다"(加藤末郞, 『韓國農業論』 裳華房, 1904, 249~250면)고 서술되어 있는 바와 같이 촌락의 대리자가 '경지를 팔려는 자를 대표'하여 일본인과의 토지 매매를 교섭했고, 그 과정에서 문기의 빈번한 이중 매매가 이루어졌다.

조선에서도 21일 도착한 날에는 92도 정도로 심각한 한발(旱魃)인 듯합니다. 지난 22일부터 갑자기 많은 비가 내려 관민 모두가 기뻐합니다. 조선에서 사업의 진척도 잘 되어가고 있습니다. 부산에서도 해륙간의 연락이 있습니다. 공장의 발흥(勃興), 전철, 수도, 시구(市區) 개정, 항만 개보수 등 많은 성과가 있습니다. 농업은 비배(肥培)가 적다는 것이 최대 결점인데, 그나마 밀집해서 심는 것은 다행입니다. 봄의 작황은 비교적 내지보다 좋습니다. 경성의 모습도 일신되어 매우 경기가 좋습니다. 이번에 야마가타 이사부로(山縣伊三郎) 정무총감을 비롯해 모든 분들이 매우 친절합니다. 각 국장과 과장을 한꺼번에 초대했는데 모두 모임에 와서 만났습니다.[15]

서한에 등장하는 야마가타 이사부로는 통감부 부통감으로 있다가 한국강점 이후에는 조선총독부 정무총감이자 중추원 의장을 역임한 인물이다. 다키는 의정 활동의 일환으로 조선을 방문해 정무총감과 총독부 관료와의 면담을 추진했다. 제국의회 중의원 의원 다키와 총독부 관료의 면담 과정에서 양자 간의 내밀한 의견이 교환되었을 가능성이 크다. 다키는 조선 진출을 모색하던 자신의 의향을 전달했을 것이고, 총독부 당국은 '조선통' 의원에 대한 로비 차원에서라도 매수 대상지의 소개와 알선이 이루어졌을 것으로 추측한다. 조선 진출의 '후발 주자'로서의 다키는 조선총독부와 유착

15 多木久米次郎傳記編纂會編, 『多木久米次郎』, 非賣品, 1958, 231면.

관계 내지는 인적 네트워크가 없었다면 토지 매입은 물론 사업을 원만하게 진행하기 쉽지 않았을 것이다.

다키는 토지 이외에도 산림에도 관심을 보였다. 조선 시찰 당시 집필된 「구아유기」에서도 확인할 수 있듯이 다키는 조선에 산림과 광물 등 풍부한 자원이 존재한다는 것을 인식했다. 산림을 벌채하여 벌어들일 수 있는 이득에 대해서도 대략 800만 엔이라고 산출했다. 〈표 2〉는 다키의 임야 소유지를 나타낸다.

〈표 2〉 다키의 임야 소유지

<table>
<tr><th>날짜</th><th>주 소</th><th>면적(町)</th><th>비 고</th></tr>
<tr><td rowspan="2">1918. 4. 10</td><td>경기도(京畿道) 포천군(抱川郡) 영중면(永中面) 풍혈산(風穴山) 국유 임야</td><td>335.24</td><td rowspan="2">대부 허가</td></tr>
<tr><td>경기도 포천군 일동면(一東面), 영중면 관음산(觀音山) 국유 임야</td><td>334.22</td></tr>
<tr><td rowspan="2">1924. 6. 23</td><td>경기도 포천군 영중면 창수면(蒼水面) 소재 불무산(佛舞山) 국유 임야</td><td>516.60</td><td rowspan="2">양여 허가</td></tr>
<tr><td>경기도 포천군 영중면, 풍혈산의 국유 임야</td><td>338.04</td></tr>
<tr><td rowspan="3">1927. 3. 25</td><td>경북(慶北) 영덕군(盈德郡) 지품면(知品面) 송명태(松明台) 임야</td><td>1,166.92</td><td rowspan="3">양여 허가</td></tr>
<tr><td>경북 영덕군 지품면 포도산(葡萄山)</td><td>1,185.32</td></tr>
<tr><td>경북 영덕군 지품면 맹동산(孟冬山)</td><td>1,304.80</td></tr>
<tr><td>1930. 1. 20</td><td>경기도 포천군 일동면 소재 조림성공 임야</td><td>359.62</td><td>양여 허가</td></tr>
<tr><td>1930. 6. 27</td><td>경북 영덕군 달산면(達山面) 팔각산(八角山) 조림성공 임야</td><td>234.44</td><td>양여 허가</td></tr>
</table>

1932. 4. 23	경남 영덕군 영해면(寧海面) 소재 조림성공 임야	729.07	양여 허가
	경남 영덕군 창수면 소재 조림성공 임야	1,473.96	
1934. 2. 3	경북 영덕군 소재 눌곡산(訥谷山) 조림성공 임야	326.68	양여 허가
1934. 2. 21	경북 영덕군 축산면 소재 조항산(鳥項山) 조림성공 임야	109.28	양여 허가

출처: 조선총독부 관보(1918~1934년, 다키의 국유림 인허가 부분 발췌)

알다시피 '임야조사사업'은 1908년 산림법 제정과 함께 시작되었다. 삼림령의 주요 골자는 국유림 임야를 창출하고 사적 임야를 박탈하는 것이었다.[16] 창출된 국유림 임야는 일본인 자본가들에게 대부되었는데 그중에 다키도 포함되었다. 여기에서도 다키는 총독부와의 인적 네트워크를 활용해 산림을 대부 혹은 양여 받았다. 다키는 1916년 국유림 대부 신청서를 총독부에 제출했고, 1918년에 다키 산림부를 경북 영덕군 영동면에 설치했다.[17] 다키의 산림 경영 또한 토지 매입처럼 총독부의 적극적인 후원 아래 이루어졌다.

이처럼 조선 진출이 상대적으로 늦었음에도 불구하고 다키는 총독부의 지원 아래 단기간에 토지를 매입했다. 일본인 대지주의 조선 진출이 한국강점 이전에 활발히 이루어졌던 것을 감안하면 다키의 토지 매입은 상대적으로 뒤쳐진 것이었다. 다키는 한국강

16 강길원, 「한말 일제의 산림조사와 삼림법 성격」, 『한국근현대사 연구』70, 2014, 8면.
17 多木久米次郎傳記編纂會編, 『多木久米次郎』, 非賣品, 1958, 247면.

점 이전에 일본인 지주들이 현장에서 겪었던 이중 매매 문제나 법적 토지소유권의 불안정이라는 제도적인 측면을 고려하지 않을 수 없었을 것이다. 그러나 다키는 '뒤처진' 조선 진출의 불리함을 한꺼번에 해결했다. 여기에는 중의원 의원이라는 정치적인 신분도 토지 매수에 일정 정도 영향을 주었을 것으로 판단된다. '조선통'으로 정계에 이름을 올리기 시작한 다키는 총독부 관료와의 인적 네트워크를 활용하여 집약된 특정 토지를 알선 받아 매입함으로써 조선의 대지주로 부상한다. 당시 일본인 지주가 소작제 농장 경영을 통해 거두었던 고율의 토지 수익률만이 아니라, 자신의 주력 사업인 비료의 판매라는 또 다른 사업 영역을 기대하며 농장 경영을 시작한 것이다.

4. 농장 경영

다키는 농장 설립과 더불어 농장 수익을 극대화하기 위해 소작제 농장 경영의 방침을 세웠다. 가장 우선적으로 실시한 것은 소유지 면적의 실측이었다. 당시 조선과 일본의 계측 단위는 달랐다.[18]

18 당시 일본이 사용하는 면적 단위는 정(町), 단(段), 무(畝), 보(步)이었다. 이 단위는 논밭의 넓이를 말하는데, 1정은 약 3,000평, 1단은 약 300평, 1무는 약 30평, 1보는 약 1평이다. 반면에 조선은 두락(斗落)이라는 면적 단위를 사용하는데, 이는 한 말의 씨를 뿌릴 수 있는 면적을 말하며, 통상 논은 200평, 밭은 300평 정도이다.

다키는 농장 직원에게 지시를 하여 농장 전체를 다시 측량하여 1두락을 정확하게 150평으로 계산하여 새로운 토지 대장을 작성시켰다. 이와 함께 토지 구획을 정리하고, 도로와 수로를 마련하는 등 토지 개량을 실시했다. 소작료 결정은 신토지대장에 의해 규정되었다.

다키는 소작 계약이 종래 소작 관행으로서 구두로 행해졌던 것을 서면 계약으로 변경했다. 소작 계약은 '가정조소작계약증(假定租小作契約證)'에 기초하여 체결했다. 계약 기간은 11월 말부터 이듬해 12월 말까지이고, 소작인 외 연대보증인 4명의 서명이 필요했다. 이러한 내용은 계약 당사자 소작인이 계약 위반을 했을 경우 또는 도주했을 경우 등 어떠한 경우라도 차질 없이 소작료 징수를 하겠다는 내용이었다. 13개 조로 구성된 계약서의 주요 내용을 요약하면 다음과 같다.

假定租小作契約證

이번에 상기 토지에 대하여 본인 등이 연대하여 소작계약을 체결하고 소작기간은 대정 년 11월 말부터 년 12월 말까지로 하여 다음 조항을 명확히 준수하기로 함에 따라 연서계약증을 제출함.

제1조, 농사의 열성, 충실에 노력하며, 종자 경작과 비료 사용, 수

확 등 일반적인 개량 방법은 모두 귀농장의 계약 장려 사항을 실행하며, 조생종 벼는 절대로 경작하지 않고, 일반 작물의 품질을 개선하여 수확의 증가를 도모할 것.

제2조, 면밀한 주의 하에 경지 및 경계 관리를 하고 개선에 노력함은 물론, 귀 농장의 허락 없이 소작지에 나무를 심거나 또는 지형 변경, 지목의 변환 등 부정한 행위를 하지 않을 것.

제3조, 소작료는 이 토지에서 생산한 쌀로 가정 조세액을 납입함은 물론, 만일 가정 조세액을 달성하지 못할 것으로 예상되는 경우, 실제 성숙 상황을 심사하여 판정하며, 이에 대해서 소작인은 하등의 이의를 귀 농장에 제기하지 못함을 승낙함.

제4조, 소작료인 쌀은 귀 농장이 지정한 바에 따르며, 품질을 정선하여 건조 조제에 노력함은 물론, 풀씨나 토사, 이삭, 기타 혼입물이 없는 쌀로 중량 178근을 1석으로 정하며, 상기 조항에 따라 사정된 금액을 근으로 환산하여 매년 11월 21일을 납기로 다섯말 가마니에 넣어 귀 농장이 지정한 수납소에 지참, 납부할 것을 승낙함. 단, 말단의 다섯말 미만의 가마니가 생기더라도 두말 다섯 승 이상은 모두 다섯말 가마니에 넣어서 납부할 것. 또한 품질, 건조 상태 등이 불량하여 근수 증량을 명할 때는 이의 없이 이를 따를 것.

第5조, 연대보증인 중 차압 또는 가처분을 받거나, 기타 이유 여하에 불구하고 기한 내에 그 채무를 이행치 않거나, 또는 이행치 않을 우려가 있다고 인정될 경우에는 언제든지 다른 연대보증인부터 즉시 채무를 이행할 것을 승낙함.

第6조, 소작권은 청모(풋벼)나 입모(자란 벼) 모두, 일절 양도 혹은 전대, 또는 이와 유사한 행위를 하지 않음은 물론이요, 기타 차압 등을 할 수 없게 할 것.

第7조, 소작료를 한번 연체한 경우, 연체료로 소작료 1석에 대하여 하루 두근씩을 증납함을 승낙함.

第8조, 소작료 납부기한 15일전이 되어도 타당한 이유없이 자란 벼를 수확하지 않고 방매할 경우 또는 연대보증인 2인 이상의 신청 또는 농장이 필요하다고 인정할 때는 농장 혹은 소작 관리인 또는 연대 보증인 두 사람 이상의 입회하에 임의로 수확하여 소작료 및 제비용을 이 수확물로부터 차감하더라도 하등의 이의를 제기할 수 없음을 승낙함.

第9조, 소작료 납부기한 이전이라도 농장에서 필요하다고 인정할 때 또는 연대보증인 2인 이상의 신청에 의해 농장 혹은 소작 관리인으로부터 독촉이 있을 경우 즉시 납부할 것을 승낙함. 독촉에 불응할 경우에는 농장 임의대로 본인 등의 소유물을 압수하더라도 이의를 제기할 수 없을 승낙함.

제10조, 도랑과 제방의 보수, 기타 관배수 설비 혹은 경지 개량에 관하여 부역 필요에 응하여 지시에 따라 출현할 것.

제11조, 다음 각 항에 해당되는 경우에는 언제든지, 귀 농장에서 본 계약을 해지하더라도 소작인으로부터 하등의 이의를 신청할 수 없음은 물론이요 소작인으로부터 소작지 또는 기타 필요 혹은 소요된 비용 및 기타 사유에 의해 어떠한 손해를 입더라도 이들 손해에 대하여 지주에게 상환 혹은 배상 청구를 하지 않을 것을 승낙함.

1. 연대보증인 중 소작료 지불 및 기타 다른 의무를 이행하지 않은 자가 있을 경우, 또는 이행하지 못할 염려가 있다고 인정될 때
2. 연대보증인 중 소작료 상기 각항 중 하나 또는 상기 항에 저촉할 경우 또는 저촉할 우려가 있다고 인정될 때
3. 소작지를 황폐하게 하거나 황폐하게 할 우려가 있다고 인정될 때, 혹은 귀 농장에서 필요에 따라 부득이하다고 인정될 때

제12조, 소작인이 본 계약의 의무를 완전히 이행하면 귀 농장은

소작인의 안정을 위하여 본 토지의 소작을 계속하고, 소작인은 상호이익을 위하여 상기 각항을 확실히 이행함은 물론, 소작지를 충분히 애양할 것.

제13조, 본 계약을 위반하거나 농장에 대하여 손해를 끼쳤을 때에는 보증인은 모두 연대책임을 부담함.

대정 년 월 일

김제군 면 리 번지

상기 소작인

상기 연대보증인

상기 연대보증인

상기 연대보증인

상기 연대보증인

다키 농장 다키 구메지로 앞

계약서 1조에서는 농사를 지을 때, 농장의 장려 사항 준수를 요구한다. 2조에서는 농장의 허락 없이 지형과 지목 변경을 금지한다. 3조에서는 소작료는 생산된 쌀로 납부해야 하지만, 납부가 어려울 경우 작물의 성숙도를 토대로 판정하며 이의제기를 할 수 없다. 4조에서는 가장 정제된 쌀로 178근을 1석으로 규정해 11월 21일 납기라는 구체적인 계량법을 통해 소작료 징수를 강제한다. 5조에서는 연대 보증인이 채무 이행을 하지 않을 경우 다른 연대 보증인이 즉시 채무를 이행할 것을 강제한다.

6조에서는 임의로 소작권 양도를 금지하고, 7조에서는 소작료 연체에 대한 연체료를 하루 2근씩 증납하도록 규정했다. 8조에서는 소작료 납부기한 15일 전이 되어도 수확하지 않을 경우에 임의 수확을 금지한다. 9조에서는 소작료 납부기한 이전이라도 농장에서 필요하다고 인정할 때 납입을 독촉하고, 불응 시 농장 임의대로 소유물을 압수하더라도 이의 제기를 할 수 없다. 10조에서는 농사 외 기타 공사에 농장이 필요하면 응해야 하고, 11조에서는 세 가지 조건을 들어 농장에서 이를 토대로 계약을 해지하더라도 소작인은 이의 제기를 할 수 없고, 지주에게 손해배상 요구를 할 수 없다. 12조와 13조는 일반적인 계약 내용으로 계약을 성실히 이행하면 어떤 문제도 없을 것이며, 위반 시 보증인은 연대 책임을 진다라고 규정되었다.

위 계약서는 철저하게 지주의 입장만 반영되어 작성된 것으로, 소작인의 지위 보장에 대한 내용은 없다. 특히 3조, 4조, 8조, 9조, 11조에서는 이의를 제기하지 못하게 하는 내용을 포함시켜 소작인들의 부담을 가중시켰다.

1925년도 만경농장의 규모는 투자금 40만 엔, 소유토지면적 1,668정보, 소작인수 1,173인, 이민호수 132호였는데, 3명의 일본인 직원과 2명의 조선인 직원으로 경영했다. 1927년에는 논 1,270정보에서 쌀 8,401석을 수확했다.[19]

한편 다키 농장에서는 비료의 대부가 금액 면에서 가장 많았다. 다키 비료 중 주요 품목은 구중비료(九重肥料)였으며, 비료 대금은 대부분 나락으로 징수했다. 묘판을 일본식으로 개량하고 구획을 정해서 일정 면적에 적게 파종하는 박파(薄播)와 개량 농기구로 밭을 깊이 가는 쟁기의 사용을 장려했다. 강습회를 열어 땅을 깊게 일구는 방법을 가르쳤으며, 대회를 통해 상품을 증정했다.[20]

다키는 소작계약이 종래 소작관행으로서 구두로 행해졌던 것을 고쳐 서면으로 계약을 맺고 갱신 주기를 3년으로 했다. 또 마름을 두어 소작인들을 관리했다. 봄이 되면, 소작인에게 볍씨, 소, 비료, 수차 등의 물자나 자금을 대부해 주었다. 1929년 이후의 만경농장에서는 품질이 좋고 수확이 많으며 도열병균에 강한 은방주(銀坊主)라는 볍씨를 장려 품종으로 결정하고 그 이외에는 빌려주지 않았다.

---

19 多木久米次郎傳記編纂會編, 『多木久米次郎』, 非賣品, 1958, 230~231면.
20 위의 책, 235면.

5. 소작쟁의

1925년 11월 18일자 동아일보에 '소작인은 원망이 하늘을 찌르고, 마름도 업무중지-문제의 함열 다키 농장'이라는 제목의 기사가 실렸다.[21] 기사의 주된 내용은 함열 농장이 풍흉에 관계없이 소작료를 징수하려 하자, 마름들이 무리한 처사라고 생각하고 다수가 모여 대책을 강구하고 있다는 기사이다. 특히 익산 함열 근처는 농장의 소재지였기 때문에 마름들도 적지 않은데 이들이 모여 대책을 강구했다는 점은 다키 농장의 소작료 징수형태가 얼마나 가혹했는지 짐작하게 한다.

마름들의 문제 제기는 다키 농장이 소작료 징수에서 온정주의는 없고 오로지 기계적으로 징수하려는 태도에 대한 반발이었다. 그럼에도 불구하고 농장에서는 소작인들의 안정이나 생존권 보장보다는 소작료 수취를 통한 부의 축적에만 신경을 썼다. 농장의 이런 불성실하고 냉혹한 태도는 소작쟁의의 밑바탕이 되었다. 대부분의 소작쟁의가 소작인들에 의해 발생되어 소작료 인하와 소작권 이동 금지를 요구하고 있는 모습과는 다른 상이한 점을 갖고 있었다. 이런 면만 보더라도 다키 농장에서 소작료와 소작권 이동 문제는 상당한 갈등을 내포하고 있었다.

21 『동아일보』, 1925년 11월 18일 2면, 〈作人은 怨天尤之 舍音도 盟罷氣勢? 예년보다도 도조를 더 받자고 問題의 咸悅多木農場〉.

한편, 1932년 새해 첫 날 동아일보에 다키 농장의 소작쟁의에 대한 기사가 실렸다.[22] 주요 내용은 김제 농장의 소작인들이 비료대와 그밖의 여러 불평 조건에 대해 농장에 항의하고, 기관에 탄원서를 제출했지만 원만한 해결이 이루어지지 않고 있다는 기사이다. 앞서 계약서에 보이듯 소작 계약 기간은 11월 말~12월 말까지로, 계약만료 기간 즈음에 소작인들은 과도한 소작료 납입에 대해 항의했다. 하지만 협상의 한 축인 농장주임 와시오(鷲尾)는 본인 가족의 안전을 우려해 함열로 피신시키고, 김제 경찰서에서는 경찰을 동원하여 소작인들의 움직임을 주시했다.

상황이 급박하게 전개되는 사이, 농장주임 와시오와 도이(土井)는 1931년 12월 26일 일본 효고현에 있는 다키를 찾아가 조선농장의 쟁의에 대한 제반 사항에 대해 보고했다. 이후 31일에 조선으로 돌아와 바로 협상을 하여 그날 바로 소작농가 모두에게 조(粟) 한 포대씩 주기로 하고, 소작권 이동은 안하기로 하여 원만히 타협했다.[23] 겉으로는 문제가 종식된 것처럼 보였지만, 농장에서는 조를 지급한다는 약속 이행을 하지 않고 갑, 을, 병의 등급을 매겨 갑은 7두, 을은 6두, 병은 5두씩 주기로 결정했다. 이에 소작인들은 원래 결정대로 조 지급을 요구했다.[24]

22 『동아일보』, 1932년 1월 1일 3면, 〈數千作人은 總結束 道郡警合力調停, 관청 조정에도 해결 아직 막연 多木農場爭議擴大〉.

23 『동아일보』, 1932년 1월 5일 3면. 〈多木農場爭議 雙方讓步解決 일본가서 지주 만나보고 各代表一席에 會合코〉.

24 『동아일보』, 1932년 1월 17일 5면, 〈多木農場에 作人 또 不平(金堤)〉.

이렇듯 다키 농장은 소작인들을 기만하는 처사를 반복했다. 협의를 통해 도출된 결정을 지키지 않고, 갑, 을, 병이라는 등급을 매겨 소작인들에게 지급하는 기만적인 태도를 보였다. 농장의 이런 태도로 인해 소작인들의 불만은 고조되었다.

한편 1931년도는 유독 심한 흉년이었다. 그럼에도 불구하고 농장에서는 계약서 내용 준수를 명분으로 소작료를 다른 해와 동일하게 징수했다. 농장의 이런 태도는 소작인들의 생존권을 크게 위협했다. 생존권을 위협받게 된 소작인들이 소작료 인하를 요구했지만 농장에서는 거부했다. 소작인들의 요구사항을 묵살하고, 도, 군, 경이 조정한 합의 결과 이행도 거부하자, 1932년 1월 17일에 소작인 800여명이 소작쟁의를 일으켰다. 당시 중앙일보 1932년 2월 21일자 신문은 다음과 같이 보도하고 있다.

> 다키 농장은 전북 김제군 진봉면 신포리(新浦里)에 사무소를 두고 수천의 소작인을 거느렸는데 작년은 더욱 흉년이었으므로 소작인들은 더욱 참경에 빠졌는데 추수기에 이르러 가혹하게도 소작료가 비싸서 각 소작인들은 자기들의 먹을 것은 고사하고 소작료 납입에도 빠듯하여 어쩔 줄 몰랐다. 농장에서는 소작인들이야 죽거나 살거나 관계할 것도 없이 가차압을 한다는 등, 강제집행을 한다는 등 소작 논에서 나온 벼뿐만 아니라 각 논에서 난 볏집까지 전부를 가져가고도 오히려 소작료가 부족했다. 소작인들은 대표를 선정하여 전북도 내무부

장, 김제경찰서장, 김제 군수에게 진정하였는바 그 후 얼마 지나지 않아 내무부장과 경찰서장, 군수는 다키 농장을 방문하여 소작인들의 구제책을 의논한 결과 각 소작인에게 조(粟) 7두씩을 나누어 주기로 결정되어 작년(1931) 11월 중순 안으로까지 확정하고 각 소작인들에게 통고하였으므로 각 소작인들은 그 날을 고대하고 있었으나 아무 소식이 없다가 나중에는 7두를 6두씩 준다하였는데, 그 역시 지급하지 않자, 작년 11월 17일에는 소작인들이 기다리다 못해 농장에 질문차로 수백군중이 모여 갔는바 농장주임으로 있는 야마다(山田)씨는 겁이나 이웃에 있는 주재소로 도망갔다. 질문차로 갔던 소작인들은 주재소로 찾아가서 농장주임 산전씨를 내어놓으라고 했으나 주재소 측에서는 농장주임을 옹호하고 내어놓지 않음으로 할 수 없이 수백의 소작인들은 주재소로 좇아 들어갔다. 주재소 순사들은 어찌할 줄 몰라 하다가 붉은 잉크를 소작인들에게 뿌렸고, 뒤에 붉은 잉크 묻은 사람만을 전부 검거했다.[25]

이렇듯 다키 농장의 운영방식은 매우 원칙적이고 기계적이었다. 풍흉에 관계없이 소작료를 징수하는 경영 방식은 소작인들의 어려움을 가중시켰다. 다키 농장측은 소작인들의 정당한 요구와 관공서와의 협의 결과 거부, 소작인 대표와의 만남 거부까지 초지일관 무성의하게 대응했다. 그 결과 다키 농장의 소작인들은 소작

25 『중앙일보』, 1932년 2월 21일 5면, 〈金堤多木農場과 駐在所襲擊事件〉.

쟁의를 일으켰다. 하지만 일제 경찰은 정당한 합의 이행 요구를 무력으로 진압했다. 무자비한 대응의 결과 쟁의 주동자를 비롯한 여러 명의 소작인이 검거되었다. 검거 이후, 1932년 1월 24일 동아일보 기사에 다키 농장 소작쟁의 과정에서 붙잡힌 소작인들에 대한 내용이 나와 있다.

> 다키 농장으로 1월 17일에 검거되었던 쟁의 단원 40여명은 피검 이래로 5~6일간을 김제 경찰서에서 엄중한 취조를 거듭하던 바 결국 폭력행위 및 직무집행방해죄로 지난 22일 오전 9시에 25명은 군산검사국으로 압송하여 아직도 취조 중에 있는 10여 명도 석방되어 곧 해결되리라고 한다.[26]

1932년 1월 17일에 발생한 다키 김제 농장 소작쟁의에 대해 당시 사법당국에서는 800여 명의 참가자 중 40여 명을 붙잡아 취조하고, 적극가담자 25명에 대해 군산검사국으로 송치했다. 일제는 소작쟁의를 규제하기 위해 1920년대 중반 치안유지법과 폭력행위 등 처벌에 관한 법률을 제정했다. 이런 배경 속에서 붙잡힌 소작인들의 죄명은 폭력행위와 직무집행방해죄였다.

군산검사국에 송치된 25명은 김기서(金基西) 외 24명이었다. 이

26 『동아일보』, 1932년 1월 24일 3면, 〈暴力輩取扱廾五名送局, 나머지 사람도 곧 결정될 터, 多木農場爭議事件〉.

들은 1월 23일에 군산 검사국으로 전부 압송되어, 기타무라(北村) 검사(檢事)에 의해 소요, 폭력행위, 기물파괴 등 죄목으로 취조를 받았다.[27] 25명을 제외한 나머지 류점희(柳點熙) 등 18명은 열흘만인 26일 오전 9시에 모두 석방되었다.[28]

한편 군산검사국에서 취조를 받던 김기서 외 24명에 대해 기타무라 검사는 14명을 불기소 처분했다. 김기서 외 10명에 대해서는 소요, 가택침입, 공무집행 방해 등으로 군산지청 공판에 회부했다.[29] 이후 김기서 외 10명에 대한 공판일이 19일로 결정되었으며, 담당검사는 나카타(永田), 담당변호사는 히키치 노부치로(引地寅治郎)였다.[30] 19일 오후 2시 군산법원지청에서 김기서 외 10명에 대한 공판이 있었으며, 이들에게는 최고 징역 10개월이 구형되었다.[31] 2회 공판은 22일로 결정되었으나, 사무상 형편에 의해 24일로 연기되었다가 25일로 최종 확정되었다. 25일 오후 1시 군산법원지청에서 이들에 대한 최종 판결이 있었다.[32]

---

27 『동아일보』, 1932년 1월 25일 3면, 〈被檢爭議團卅五名, 모두 예심에 회부될 듯, 多木農場爭議後聞〉.

28 『동아일보』, 1932년 1월 29일 3면, 〈多木農場小作爭議事件 十九名釋放(金堤)〉.

29 『동아일보』, 1932년 2월 1일 3면, 〈多木農場爭議 十一名起訴, 소요 가택 침입 공무 방해 등 十四名은 不起訴(群山)〉.

30 『동아일보』, 1932년 2월 19일 2면, 〈多木農場小作爭議團 明日에 公判, 群山地方法院支廳에서 出廷할 被告는 金基西〉.

31 『동아일보』, 1932년 2월 21일 2면, 〈多木小作爭議事件 最高十個月 言渡來卄二日〉.

32 『동아일보』, 1932년 2월 29일 5면, 〈多木農場爭議團(群山)〉.

전북 김제 다키농장 소작쟁의단 김기서 외 10명에 대한 제2회 공판은 예정일자보다 1일을 연기하여 지난 5일 오후 1시부터 군산 법원 지청 제2호 법정에서 개정되었다. 나카타 판사로부터 다음과 같은 언도가 있었다 한다.

강관순(姜瓘淳), 강상록(康尙綠), 강판금(姜判金), 김규옥(金圭玉)

김기서(金基西), 김영수(金永壽), 김용성(金容盛), 김일두(金一斗)

박중호(朴重浩), 이수동(李守東), 한장관(韓長觀)

이상 11명, 징역 8개월에 집행유예 3년.

소작료 인하와 소작권 보장을 외치며 발생한 다키 농장 소작쟁의는 25명에 대한 일제 당국의 사법처리로 끝났다. 다키 농장은 흉년임에도 불구하고 예년처럼 소작료를 징수하겠다고 소작인들에게 통보했다. 매년 반복되는 고율의 소작료와 비료대, 각종 명목을 농장에 납부해야 하는 소작인들로서는 받아들이기 힘들었다. 생존권을 위협받게 된 소작인들은 소작료 인하와 소작권 보장을 요구하는 한편 관계 기관에 진정해서 합의를 끌어내려 노력했다. 상황이 급박해지자, 관계 기관이 개입하여 농장과 소작인들 사이에 합의안이 도출되었으나 농장측은 변칙적으로 합의를 이행했다. 이런 태도에 분노한 소작인들은 농장을 찾아가면서 1932년 1월 17일 소작쟁의가 발생했다. 첨예하게 대립하고 있는 농장과 소작인들 사이에서 주재소의 대응은 상황을 진정시키지 못했다. 결국 일제 경찰이 개입하여 40여명의 소작인들이 피검되었고, 한 달 남짓한 기간 동안 재판이 진행되어 최종적으로 25명에 대해 징역 8개월에 집행유예 3년이 선고되었다. 이로써 다키 농장 소작쟁의는 막을 내렸다.[33]

6. 마치며

재조일본인은 한일관계의 접점을 이루는 존재다. 재조일본인의 존재 형태를 규명함으로써 일본의 식민 지배가 어떤 메커니즘을 바탕으로 기존의 조선 사회를 재편시켜 나갔는지 실증할 수 있다. 실증 자료가 충분치 못한 상황이지만, 이 글에서는 식민지 지주이자 '조선통' 정치가인 다키 구메지로의 조선 진출 과정과 소작제 농

33 1932년 1월 17일에 발생한 다키 농장 소작쟁의는 2월 25일에 김기서 외 24명에 대해 전원 징역 8개월에 집행유예 3년의 판결로 종료되었다. 이후 동아일보 1932년 10월 28일자 신문에 '다키 농장 소작쟁의 전 농장주임주동'이라는 기사가 실렸다. 전 농장주임은 '마쓰오카 하루요시(松岡春吉)'였다. 기사 내용은 작년 소작쟁의 주동자와 비밀리에 결탁하여 소작쟁의를 대대적으로 실행하려는데 이 배후에 마쓰오카 하루요시가 있었다. 그리하여 일반 지방 인사들과 농장당국에서 사건의 전말을 주목하고 있다는 내용이었다. 1932년 11월 2일자 신문에는 마쓰오카 하루요시와 주동자 이희숙 외 5명에 대해 29일 구류처분을 받아 군산형무소로 이송했다는 기사가 실렸다. 이 외에는 자료의 한계로 더 이상의 내용 분석이 어렵지만, 적어도 다키 농장에서 소작쟁의가 한번으로 그치지 않았다. 또 소작인이 아닌 농장주임이 주도했다는 특수한 형태의 소작쟁의가 있었다.

장 경영의 추이, 그리고 이에 대한 조선인의 반응을 차례로 살펴보았다.

다키는 비료 제조로 자본을 축적하면서 신기술 도입을 통해 대외 팽창을 추구한 엘리트 자본가이다. 그의 해외 진출 욕망은 한국강점 이전 유럽 여행의 귀국 길에 조선을 처음 마주하면서 형성되었다. 단기간의 시찰이었지만 조선의 토지와 산림 등은 그의 욕망을 자극시키기에 충분했다. 토지 매입을 통한 소작제 농장 경영의 이익은 물론, 자신의 주력 산업인 비료 판매처로서의 조선의 가치는 '투자열'을 자극했다. 러일전쟁의 승리와 더불어 삼남 지역에 정착하여 농장을 경영하던 일본인 지주 또한 개척해야 할 고객 가운데 하나였기 때문일 것이다.

다키는 조선 진출에 신중했다. '일확천금을 거둘 수 있다'는 일본 내의 분위기에 편승하지 않고 조선에 대한 실지 조사를 수차례 실시하는 등 적절한 시기에 진출할 준비를 철저히 했다. 한국강점이 단행되고 토지조사사업도 마무리될 무렵, 다키는 드디어 조선 진출에 나섰다. 법적 토지소유권에 대한 불안감이 해소된 상태에서 조선의 최대 곡창 지대인 전북 지역을 중심으로 단기간에 대규모 토지를 확보했다. 여기에는 총독부 관료들의 소개와 알선이 작용했다. 효고현을 거점으로 중의원 의원으로 이름을 알리기 시작한 다키는 총독부 관료들과의 인적 네트워크를 구축하고, 이를 바탕으로 토지 매수에 나섰다. 총독부 관료의 도움 없이는 한국강점 이전에 이미 정형화된 일본인 중심의 지주제 시스템에 쉽게 편입되는 것은 결코 쉬운 일이 아니었기 때문이다. 총독부 권력과 다키의 유착 관계를 엿볼 수 있는 대목이다.

다키는 농장 설치 이후 이른바 근대적인 경영 시스템을 도입했다. 소작계약서를 매개로 고율의 토지 수익률을 올리고자 다양한 방안을 모색했다. 소작계약서에는 여러 불공정 조항들이 대부분이었다. 소작인들은 농장에 이의를 제기할 수 없는 조항이 많았고 대부분의 항목은 모두 농장의 이익을 대변할 뿐, 소작인들을 배려한 항목은 없었다.

다키 농장의 경영 방침은 결국 소작료 수취가 관심 대상일 뿐이었다. 이에 소작인은 농장의 수탈에 대응할 수밖에 없었다. 소작인들은 대표를 선출해 관계 기관에 진정하거나 쟁의 과정에서 주재소에 진입하는 등 생존권을 위한 쟁의를 일으켰지만 관헌 측의 탄압으로 결국 쟁의는 막을 내렸다.

주지하듯이 '식민지 근대화론' 혹은 '식민지 근대성론'이 지닌 최대 결함은 일제강점기의 '근대성'에 주목하면서 '식민성'에는 관심을 갖지 않는다는 점일 것이다. 시작하며에서 제기했듯이 재조 일본인 엘리트 다키 구메지로는 과연 가지무라가 말하는 '침략의 첨병'이었을까. 성급하게 결론내리기에는 규명해야 할 부분이 많지만, 적어도 조선인과의 관계에서 볼 때 근대적인 측면은 거의 찾기 어렵고 오히려 식민지 수탈적인 측면만이 부각될 수밖에 없다.

7장

'동성동본(同姓同本)' = '동족(同族)'이라는 상상

젠쇼 에이스케(善生永助)의 '동족부락(同族部落)'의

발명과 식민지 정치학

홍양희

1. 시작하며

1958년 11월 26일, 일본 도쿄의 '조선근대사료연구회'에서는 2시간가량 조선총독부 관료의 육성 녹음 좌담회가 있었다. 이날의 강연자는 젠쇼 에이스케(善生永助). 조선총독부 관방조사과 촉탁이었던 그는 당시 도쿄에서 활동하던 조선사회경제 연구자였다. "조선의 취락(朝鮮の聚落)에 대하여"라는 주제의 이 강연에서, 그는 식민지 조선에서 행한 자신의 '동족부락' 조사 연구에 상당한 애착과 자긍심을 드러냈다. "나는 조선의 취락 중에서 특히 두드러지고 세상 그 어디에도 없는 것은 동족부락이라고 생각한다"면서, "성씨와 동족부락에 관한 것만은 한 번 더 이야기하면 좋을 것"같다고 연구회에 강연 기회의 허락을 구할 정도였기 때문이다.[1] '동족부락'과 '성씨'에 대해, 그는 하고 싶은 이야기가 꽤나 많았던 듯하다.

사실상, 조선인의 '성(姓)'과 '부락'의 관계, 즉 '동족부락'에 대한 젠쇼의 연구는 식민지시기 조선 사회에 관한 '지식' 형성에 지대한 역할을 하였으며, 그리하여 조선인의 '민족적 특징'을 구성하는데 상당한 영향력을 발휘하였다.[2] 그런 만큼 『조선의 취락(朝鮮の聚落)』

---

1 善生永助, 「朝鮮の聚落について」, 番號 8164(T13), 우방문고. 1958년 11월 26일 약 120분간 진행된 이 강연에는 穗積眞六郞, 近藤劒一, 岸謙, 尾村秀樹, 宮田節子, 姜德相, 崔寧旭 등과 김상이라는 분이 참가하고 있다. 강연의 녹음 파일은 현재 일본의 학습원대학 동양문화연구소 우방문고에 소장되어 있다. 녹음 채록 작업이 되어 있기는 하나 아직 공간되지는 않았다.

2 善生永助, 「朝鮮の民族性」『朝鮮學報』 14, 1959, 14면.

전 3권 중에서도 그가 자신의 인생 역작이자 결정체로 꼽는 것은 바로 『조선의 취락(朝鮮の聚落)』 후편, 즉 '동족부락' 연구였다. 이 책을 처음 시작하면서 쓴 아래의 글 또한 그가 이 연구에 얼마나 많은 자부심을 가지고 있었는지를 보여준다.

> 본편은 오로지 조선의 취락 중에서 가장 특색 있는, 동족부락에 관한 조사연구를 시도한 것이다. 이에 동족부락이라는 것은 동일 조상에서 나와 동본동성(同本同姓)인 자, 한 부락 또는 한 지방에 집단생활을 하는 것을 지칭한다. 조선에서 동족부락의 명칭을 사용하기 시작한 것은 다분히 내가 처음이라고 기억한다. 지난해부터 동족부락에 관해 각종 논문을 발표하면서부터 점차 세간의 주목을 받았다. 근년 이 연구를 시도하는 사람이 다른 데서도 나와, 금일에 동족부락이란 명칭은 매우 빠르게 세상 사람들의 귀에 익숙하게 되었다. 유래 조선의 동족부락은 지나(支那)나 내지(內地)는 물론 널리 세계를 살펴보아도 그 유례를 찾을 수 없을 정도로 다수 존재하는 특수한 것이다.[3]

그가 주장하듯이, "동일 조상에서 나와 동성동본"인 사람들이 한 마을에 집단적으로 거주한다고 하여 이름 붙여진 '동족부락', 이 명칭은 젠쇼에 의해 처음 쓰이기 시작하였다. 세상 그 어디에서도

3 善生永助, 『朝鮮の聚落』 後篇(조선총독부, 1935), 1면. 이 내용은 善生永助, 『朝鮮の姓氏と同族部落』(刀江書院, 1943) 19면에 약간의 수정과 함께 거의 그대로 전재된다.

유례를 찾기 힘든, 조선'만'의 특수한 현상으로 규정된 '동족부락', 이에 관한 젠쇼의 조사 연구는 당대 유수한 학자들의 연구로 이어졌다. 젠쇼의 말에 따르면, 그의 논의는 당시 경성제국대학 교수였던 일본인 학자 아키바 다카시(秋葉隆), 시카타 히로시(四方博)뿐만 아니라, 조선인 학자 김두헌 등으로 이어졌다.[4]

이에 주목하여 동족부락이라는 용어를 버리고 '씨족부락'으로 쓰자는 제안도 있었다.[5] 그러나 '동족'이라는 용어를 쓰는 젠쇼 또한 이를 내용상 '씨족'의 의미로 사용하기 때문에, 이 양자는 단어만 달랐지 사실상 거의 동일한 인식에 지나지 않는다. 이를 의식한 듯 비교적 최근의 마을 연구들은 이를 '동성마을' 혹은 '동성촌락'이라는 용어를 사용하고 있다.[6] 실제 한국에서 '동족부락'이라는 용어는 그 자체로 상당히 함축적 의미를 담고 있다. 한국의 성본(姓本) 질서와 관련하여 고유한 문화 정체성을 드러내기 때문이다. 뿐

---

4 善生永助, 1943, 앞의 책, 19면. 시카타나 김두헌의 동족부락에 대한 연구는 젠쇼의 동족부락 연구를 논의의 출발점으로 삼고 있다. 四方博, 「朝鮮に於ける大家族制と同族部落」『朝鮮』270, 1937. 11; 金斗憲, 「朝鮮の同族部落に就いて」『青丘學叢』18호, 1934.

5 김택규는 『씨족부락의 구조연구』(일조각, 1979)에서 "한국의 경우에도 일어로 적용하던 용어가 그대로 습용되어 왔다고 지적하고 자신도 그 누를 범해왔다"고 하면서, 새로이 '씨족부락' '동성부락'이라는 용어를 제시한다. 임경택, 「조선의 사회경제와 취락: 젠쇼 에이스케의 『조선의 취락』 연구」, 주영하 외 2인 지음, 『제국일본이 그린 조선민속』(한국학중앙연구원, 2006), 143면 재인용.

6 이러한 용어 사용은 주로 조선후기사 연구에서 보인다. 권내현, 「조선후기 호적과 족보를 통한 동성촌락의 복원」『대동문화연구』47집, 2004; 「조선후기 평민 동성촌락의 성장」『민족문화연구』52호, 2010; 김미영, 「동성마을 정착과정에 나타난 친족이념의 변천양상」『실천민속학연구』11, 2008; 김경란, 「조선후기 동성마을의 형성시기에 대한 검토」『사학연구』123, 2016 등의 연구가 있다.

만 아니라 이러한 연구 관점은 지금까지도 학문 영역에 지대한 영향을 미치고 있다는 점에서 포스트 식민성의 문제를 안고 있기도 하다. 식민지 시기부터 젠쇼의 '동족부락' 개념과 '대가족제도'에 대한 논의가 현재까지도 일정한 파급력을 가지고 있기 때문이다. 결국 젠쇼의 마을 연구는 조선 사회에 대한 지식 형성의 주요한 기반이 되어 '식민지 아카데미즘' 형성에 많은 영향을 주었던 것이다.

현재 젠쇼의 마을연구에 대한 논의는 대략 세 가지의 연구 경향성으로 대별된다. 우선, 젠쇼의 마을 조사를 식민주의에 의한 왜곡으로 보는 임경택의 연구가 있다.[7] 『조선의 취락』 전 3권을 기본 텍스트로 삼아 주로 촌락 조사 전반에 연구의 초점이 있다. 그의 연구는 젠쇼의 마을 조사를 1930년대 농촌진흥운동과 관련시켜, 농촌사회의 구조를 재편성하려는 조선총독부의 정치적 의도에 중점을 둔다. 그는 젠쇼의 동족부락 연구를 학문적 엄밀성이나 과학성이 결여된 것으로 파악한다. 특히 동족부락의 장단점 분석이 대부분 표리를 이룬다는 점에서 젠쇼의 연구는 모순적이고 비과학적이라는 것이다.

이에 반해, 또 다른 연구들은 젠쇼의 조사 연구가 가진 실증성에 적극적 의미를 부여하고 있다. 『조선의 취락』이 식민지배의 관

7 임경택, 「일제하 일본인의 촌락 조사와 촌락사회-조선총독부 촉탁 젠쇼 에이스케善生永助를 중심으로」 『민속연구』14집, 2005; 林慶澤, 「植民地朝鮮における日本人の村落調査と村落社會一朝鮮總督府囑託善生永助を中心に」 『韓國朝鮮の文化と社會』5号, 2006; 임경택, 2006, 앞의 논문.

점에서 조사 작성된 것을 전제하면서도, 자료의 실증적 가치에 일정한 신뢰를 나타낸다. 젠쇼의 조사 자료를 토대로, 동족부락의 형성 과정에 대한 논의를 전개하거나,[8] 한국 '종족부락'의 기원과 분포를 분석하고 있기 때문이다.[9]

이렇듯, 앞에서 제시한 두 경향의 연구는 정반대의 방향을 향하고 있다. 그렇지만 젠쇼의 연구가 한국의 문화 전통을 실증한 것인지 아니면 왜곡한 것인지에 초점이 있다는 점에서는 연구의 패러다임을 공유한다. 더욱이 젠쇼의 동족부락 연구를 왜곡 대 실증이라는 구도로 분석하는 것은 흡사 식민지 수탈론 대 근대화론의 구도를 답습하는 듯도 하다. 그런 점에서 이들 연구는 각각 다음과 같은 문제를 안고 있다. 전자의 연구는 동족부락이라는 용어가 그동안 가지고 있었던 그리고 지금도 가지고 있는 학문적 영향력에 대한 설명, 즉 포스트 식민성의 문제를 설명할 수 없다는 난점이 있다. 반면 후자의 연구는 식민지에서 조선에 대한 지식이 생산되는 방식이나 근대적 지식이 구성되는데 작동하는 인식론을 문제화하기 어렵다는 한계를 가진다.

이에 비해 세 번째 경향은 식민지 조선에서 행한 조선총독부의 조사 연구를 조선에 대한 '지식 생산'이라는 측면에서 접근하는 연

8 최윤진, 「1930년대 조선의 동족부락과 동족집단-단성지역 동족부락의 형성과정을 통해서 본 조선후기 향촌사회의 단면」 『전라문화논총』5, 1992.

9 전종한, 「『朝鮮の聚落』(1935)을 통해 본 한국 종족촌락의 기원과 분포」 『문화역사지리』2호, 2014.

구이다. 식민지에서 행한 조사 활동이 제국 일본에서 형성되고 있던 제국의 학지와 결합되면서 이른바 '식민지 아카데미즘'을 형성하였다는 관점이 그것이다.[10] 이 연구에 의하면, 젠쇼의 동족부락 연구는 제국의 시선에 의한 것으로, 조선 민족성의 면모를 구축하려는 조선총독부의 정치적 결과물이다. 필자 역시 이에 연구 관점을 공유한다. 다만 이 연구는 제국의 시선에 작동하는 제국의 학지가 어떠한 방식으로 '동족부락'이라는 조사 연구물과 결합되는지에 대한 구체적 분석으로 나아가지 못하였다.

이에 본 연구는 젠쇼의 '동족부락' 연구를 '지식 구성' 및 '지식의 정치'라는 관점에서 분석하고자 한다. 보다 구체적으로는 조선총독부 촉탁 젠쇼 에이스케가 식민지 조선에서 수행한 '동족부락' 연구, 특히 '동성동본'으로 이루어진 마을 집단이 젠쇼에 의해 '동족'이라는 '혈연공동체'로 발명되는 식민지 정치학, 그리고 그것이 가진 식민지적 효과에 초점을 맞추어 논의를 전개할 것이다.

10 송석원, 「근대일본의 조선 민족성 인식에 관한 연구—제국의 시선을 중심으로」 『일본연구』49, 2011.

2. 촌락 조사와 '동성동본' 마을의 발견

1) 조선 연구의 출발

1919년 3월 1일, 식민지 조선에서 일어난 독립만세운동은 일본 제국의 식민주의자들에게 꽤나 충격적인 사건이었다. 대부분의 시위가 면사무소나 주재소 등을 공격 대상으로 삼았을 뿐만 아니라, 구장들이 촌락의 대표자로서 민의 동원에 실질적 역할을 하였다는 점에서, 이 사건은 조선총독부의 촌락정책이 실패하였다는 것을 반증하는 것이기도 했다.[11] 이로 인해 조선총독부는 조선의 기층사회에 대한 지배를 관철하고 통치를 안정화시키기 위한 정책을 심각하게 고민하지 않을 수 없었다. 그리고 그 일보로 시작된 것이 바로 식민지 조선의 생활 상태 조사였다. 마을 조사 또한 이와 동일한 맥락이었다. 조사 사업을 위해 조선총독부는 일본 본국으로부터 학자 혹은 그 분야 전문가들을 적극 초빙하여 활용하였다. 젠쇼 또한 이러한 시대적 분위기에서 조선총독부의 촉탁이 되었다.

식민지 조선에서 본격적인 촌락 조사는 젠쇼가 처음은 아니었다. 이보다 먼저, 일본 지리학계의 주류와 달리, 인문지리학의 근대적 조사방법론을 체득했다고 평가받는 오다우치 미치토시(小田內通敏)에 의한 조사가 있었다. 일본에서 농촌조사를 한 이력으로 당

11 윤해동, 「한국의 촌락 일제의 지배정책과 촌락재편」『역사비평』30, 1995; 김태웅, 「일제강점기 小田內通敏의 조선통치 인식과 '朝鮮部落調査'」『한국사연구』151, 2010.

시 행정기관에 알려져 있던 오다우치가 중추원의 '구관급제도조사위원회'의 촉탁으로 초빙되었던 것이다. 중추원에서는 1919년 7월부터 사회사정조사에 착수하였는데, 그 당시 조선풍속의 예비조사를 오다우치가 수행하였다. 1920년 8월부터 1925년 9월까지 5년간 4단계에 걸쳐 이루어진 그의 성과는, 이후 젠쇼 에이스케나 무라야마 지준(村山智順) 등으로 이어져 "제국주의적 지식 담론을 생산"하였다는 평가를 받기도 한다.[12]

오다우치의 조사가 중추원 사업의 일환이었다면, 젠쇼의 것은 관방조사과에서 이루어진 사업이었다.[13] 조선의 전반적인 사정에 대한 조사의 필요성을 절감하고 있던 조선총독부는 1922년 총독관방에 새로운 조사과를 설치하였고, 젠쇼는 이곳에서 처음으로 조선 연구와 인연을 맺는다. 그의 회고에 의하면,[14] 원래 그는 대학 졸업 후 "중국대륙에서 웅비하고 싶은 야심을 불태우고", 중국사정 연구에 몰두하였던 중국통이었다. 1910년 와세다대학 졸업 후에는

12 김태웅, 같은 논문, 350~351면.

13 이형식, 「조선총독부 관방의 조직과 인사」『사회와 역사』102집, 2014. 관방제도는 프로이센의 관료제도를 모델로 메이지 일본에 도입된 것으로, 각성의 대신에 직속해서 행정을 관리하는 부분을 관방이라 하였다. 이 관방조직은 일본의 조선 지배와 함께 1907년부터 도입되었다. 식민지시기 총독관방은 비서기능, 인사기능, 회계기능, 행정의 종합조정 기능 등 다양한 역할을 담당하였다. 이는 총독이 조선지역의 행정사무를 총괄하는 종합행정권을 가지고 있었기 때문이다.

14 善生永助, 「朝鮮社會經濟の研究」『朝鮮學報』48, 1968. 이 글은 그동안 조선 연구와 관련된 이력을 젠쇼가 회고적으로 적은 것이다. 그리고 이 글에는 자신이 그동안 행한 연구 업적을 상세하게 기록해 놓았다. 젠쇼의 회고인 이 글에 가장 먼저 주목한 것은 임경택 2005의 논문이다.

신문잡지 기자로 근무하면서 중국 관계 논문이나 기사를 주로 잡지에 게재하였다. 그의 이와 같은 이력은 1917년 『최근의 지나경제』를, 1920년 『전후의 지나』, 1924년 『최신의 지나무역』 등의 출판으로 이어졌다. 당시 그의 이 저서들은 중국경제의 계통적 저술로 호평을 받았다고 한다.[15]

그러했던 그가 조선으로 온 것은 1923년 조선총독부 총독관방 조사과의 조사과장 오니시 이치로(大西一郎)의 추천 때문이었다. 그는 조선총독부의 촉탁이 되어 조선 사회 경제에 대한 조사를 담당하였고, 1935년 말 해임되기까지 총 13년간 조선총독부에 근무하였다.[16] 이후에도 만철 경제조사회 및 산업부자료실에서 2년, 일본척식협회 3년, 만주국 국무원 총무청 기획처에서 2년을, 모두 조선관계 조사 및 그와 관련된 업무를 하였다고 한다. 1942년 도쿄로 귀환한 후에는 중앙협화회, 우방협회, 텐리(天理)대학, 관동관구경찰학교 등에서, 조선사회경제 강의를 하면서 저술 활동을 계속하였다. 1943년부터는 쇼와(昭和)여자대학의 전신인 일본여자전문학교, 쇼와여자대학의 교수가 되었는데, 이후에는 조선 연구에 전력을 다하지는 못하였다고 한다. 그는 별다른 탈 없이 "본업으로 약

15 善生永助, 1968, 같은 논문, 142면.

16 젠쇼는 당시 문서과장이었던 시오타 마사히로(鹽田正洪)에 의해 해임된 듯하다. 『朝鮮行政』 1937년 9월호에 실린 「朝鮮官僚論」에는 문서과장 시절 그가 조선총독부의 고급 촉탁이었던 吉田猶藏, 善生永助, 細川定之亟을 가차없이 잘랐다는 얘기가 나온다. 어떤 이유로 그가 젠쇼를 해임시켰는지는 알려져 있지 않다. 이 정보를 알려주신 고려대학교 아세아문제연구소의 이형식 교수께 감사드린다.

20년, 겸무로서 약 25년 합계 45년간 조선사회경제의 조사 연구라는 일관된 일에 열중해 왔던 것"을 기쁘게 회상하였다.[17]

2) '동성동본' 마을의 발견

그가 식민지 조선에서 수행한 조사 및 연구 중에 가장 핵심적인 것은 '조선의 촌락'이었다. 그는 조선총독부에 촉탁으로 있으면서, 『조선의 인구현상(朝鮮の人口現象)』(1927), 『조선의 범죄와 환경(朝鮮の犯罪と環境)』(1928), 『조선의 물산(朝鮮の物産)』(1927), 『조선의 계(朝鮮の契)』(1926) 등과 같은 생활상태조사보고서를 작성하였다. 1929년부터는 본격적으로 촌락 조사를 시작하였고, 그 결과는 1933년 『조선의 취락』 상편 및 중편, 그로부터 2년 후인 1935년에는 후편을 출간하는 것으로 가시화되었다. 이로써 조선의 마을에 관한 저서 『조선의 취락』 총 3권이 완성되었다. 그의 조선 연구 중 『조선의 취락』 총 3권은 젠쇼가 필생의 업적으로 꼽는 가장 대표작으로, 이 연구는 젠쇼에게 박사학위를 안겨주기도 하였다.[18]

젠쇼는 동족부락에 대한 조사 성과를 주로 조선총독부의 기관지인 『조선』이나 『조사월보』 등에 게재하였다. 이들 논문을 함께 엮기도 한, '동족부락'과 관련된 저작은 모두 3권이 발간되었다.

---

17 善生永助, 1968, 앞의 논문, 142~143면.
18 그는 「조선의 취락」으로 1942년 교토대학에서 농학박사학위를 취득하였다.

『조선의 성(朝鮮の姓)』(1934), 『조선의 취락(朝鮮の聚落)』 후편(1935), 『조선의 성씨와 동족부락(朝鮮の姓氏と同族部落)』(1943) 등이 그것이다. 이 저작들을 통해 그는 식민지 조선에서 '성'과 '마을'의 관계, 그들 마을이 가진 '동족'으로서의 결집과 관념에 대한 논의를 자기 나름대로 완성하였다.

이를 차례로 살펴보면, 가장 먼저 동족부락에 주목한 것은 1934년에 발행된 『조선의 성』이다. 조선총독부 국세조사과에서 발행한 이 책은 국세조사 과정에서 조사된 것을 상부의 지시로 젠쇼가 정리한 것이었다. 이 책의 서문을 쓴 조선총독부 관방임시국세조사과장 야스이 세이치로(安井誠一郎)에 따르면, 1930년 국세조사를 시행하는 과정에서 그 부대조사로 조선인의 '성'에 대한 조사를 함께 수행하였다. 상당한 시일과 인원을 들여 이를 조사하였으나, 당시에는 경비 때문에 보고서를 간행하지 못하였다.[19] 뿐만 아니라 이 당시 조사는 성만을 조사한 것으로, 젠쇼를 비롯한 많은 학자들이 조선에서 성과 본은 뗄 수 없는 것이기 때문에 '본관'을 동시에 조사할 것을 건의하였지만, 결국 성만을 조사하는 것으로 일단락되었다.

그렇지만, 이 조사는 일정한 마을에 동일한 성을 가진 사람들이 집단적으로 거주하고 있다는 사실을 발견하는 계기가 되었다. 그 후 이를 밝히기 위한 조사가 1933년부터 1934년까지 이루어졌는

19 善生永助, 『朝鮮の姓』(조선총독부국세조사과, 1934), 序.

데, 주로 동성이 많은 부읍을 지정하여 동성의 본관을 조사하였다. 이로써, 조선총독부는 식민지 조선에서 "동족집단의 세력이 얼마나 강한지를" 확인하였고, 그 결과를 젠쇼가 『조선의 성』으로 정리한 것이었다.[20]

젠쇼에 따르면, 이 책은 "성의 본질적인 연구가 주안이 아니고, 국세조사의 결과를 기초로 하여 성의 종류, 총수, 분포를 명료하게 하고, 아울러 동족집단부락에 대해 그 본관별 성씨를 아는 것을 목적"으로 한 것이었다. 때문에 전반적으로 기술은 간단하게 하고, 설명도 상당부분 생략하였다고 한다.[21] 이 자료와 거기에 실린 통계는 국세조사의 결과로 얻어진 것이기 때문에 신뢰할 수 있다는 점, 그리고 "성 및 동족집단의 현상"을 알 수 있는 "유일무이의 자료"라는 서술 또한 잊지 않았다. 이 밖에 자료가 광범위하기는 하지만, 한정된 페이지와 경비의 문제 때문에, 조사가 부군도(府郡道) 정도에 그쳤다는 점을 한계로 지적하였다. 자료적 가치가 충분하기는 하지만 이론적 연구는 아니니 후속 연구를 참고하라는 조언 또한 잊지 않았다. 그가 제시한 후속 연구의 하나는 자신이 담당한 『조선의 취락』 후편이었고, 다른 하나는 중추원에서 이마무라 도모(今村鞆)에 의해 수행되던 "조선인의 성명에 대한 기술"이었다.[22]

---

20 같은 책, 1~2면.

21 같은 책, 2면.

22 이마무라는 1934년 9월 조선총독부중추원에서 『朝鮮の姓名氏族に關する硏究調査』를 발간한다. 그는 여기에서 '동족부락'과 같은 개념은 전혀 사용하지 않는다.

동족부락 모습
출처: 조선사회경제사진집(학습원대학, 동양문화연구소)

다음으로 『조선의 취락』 후편이다. 이 책은 그야말로 동족부락과 관련된 젠쇼 연구의 진수라 할 수 있다. 『조선의 성』이 발간된 지 딱 1년 뒤인 1935년 3월 조사자료 제41집으로 발간되었다. 조선총독부 관방문서과에서 1929년부터 조사한지 햇수로 7년 만에 나온 결실이었다. 서문에서 그는 동족부락을 "외형적으로도 내면적으로도 정밀하게 조사하는 것은 조선의 시정 상은 물론 모든 조선 연구를 하는데 기초적인 자료를 제공할 수 있다는 견지에서, 상사의 명을 받아" 착수하였다고 밝혀, 이것이 식민지 통치의 정책상 필요에서 시작되었다는 점을 분명히 하였다. 그리고 『조선의 취락』

전 3권 중 "나는 비교적 본편에 힘을 쏟았다"고 하여 후편에 가장 심혈을 기울였다는 점을 드러냈다.[23]

여기에서 그는 직접 수집한 1,685개의 저명 동족부락에 대한 조사를 하고, 다시 임시국세조사과에서 조사한 1만 5,000여 개의 동족집단을 참고하면서 문헌 및 실지 조사를 통해 여러 자료들을 섭렵하였다고 회고하였다.[24] 그는 이 조사를 조선의 동족부락에 대한 연혁보다는, 현상에 비중을 두고, 특히 통계와 지리적인 측면에서 관찰하였다는 점을 그 특징으로 규정하였다. 실지조사의 경우에는 각도, 부군도, 읍면 등이나 동족부락으로부터 도면이나 사진 등의 자료를 제공받아 작성된 것이기 때문에, 실로 "수천에 달하는 관민의 협력에 의해 이루어진, 존귀한 결정체"라고 명기하면서, 귀중한 자료를 제공해준 분들께 두터운 감사의 말을 전하기도 하였다.[25]

끝으로 『조선의 성씨와 동족부락』은 그가 일본으로 귀환한 후에 출간한 것이다. 1943년 이노우에민족정책연구소(井上民族政策硏究所) 연구총서 제3집으로 발행되었다. 당시는 일본이 치루던 전쟁의 소용돌이 속으로 식민지 조선도 편입되었을 뿐만 아니라, 제3차 조선민사령 개정으로 조선인이 사용하던 성(姓)이 일본식의 씨(氏)로 대체된 시기이기도 했다. 젠쇼의 자서(自序)에 의하면, 이 책은 『조선의 취락』 후편의 골자 요점을 추리고, 그 후에 더한 연구를 추

23 善生永助, 『朝鮮の聚落』 後篇(조선총독부, 1935), 1면.
24 같은 책, 1면.
25 같은 책, 3면.

가하여 좀 더 간결하게 엮은 것이었다.[26] 조선의 취락이 거의 1,000여 페이지에 달하는 방대한 것이었다면 이는 350페이지를 조금 넘는 정도의 분량으로 축약되었다. 『조선의 취락』 후편이 나온 이후 변화된 정치 상황에 대한 부연이나 동족부락의 구체적인 사례들에 대한 기술이 추가되어 있었다. "동족부락의 일대 전환기에 즈음하여, 종래의 조사연구를 정리하고, 동족부락에 대해 재검토"를 하고 싶다는 것이 그가 밝힌 출간 동기였다.[27]

여기에서 특히 주목되는 것은 『조선의 취락』 후편에는 보이지 않던 '조선의 대가족제도'에 대한 연구가 한 개의 장으로 더해졌다는 점이다. 이것은 『조선의 취락』 후편이 나온 다음에 진행된 연구로, 1937년 그가 만철산업부 촉탁으로 근무하던 시절 『조사월보』에 「조선의 대가족제도(朝鮮の大家族制度)」란 제목으로 실렸던 것이다.[28] 요컨대, 식민지 조선에서 동성마을이 젠쇼를 비롯한 식민지 관료들의 눈에 포착된 것은 1930년 10월 실시한 '국세조사'가 그 시발이었다. 동일한 성을 가진 세대가 집단적으로 거주하는 마을, 이의 '발견'은 이들의 '본관'을 조사하는 방향으로 이끌었다. 특히 촌락 조사를 해오던 젠쇼에게 이들은 '동성동본'이란 점에서, 혈족적 공통성을 가진 '동족'으로 인식되었다. 그는 이 마을들을 '동족

---

26 善生永助, 『朝鮮の姓氏と同族部落』, 刀江書院, 1943, 5면.

27 같은 책, 19면.

28 젠쇼는 이후에도 다음과 같은 논문을 발표했다. 善生永助, 「朝鮮の大家族制度と同族部落」 『中國硏究』 6, 1949.

부락'으로 명명하기 시작하였다.[29] 젠쇼에 의해 이들은 비로소 "동족부락"으로 '발견'되었던 것이다.

3. '혈연공동체'로서 '동족부락'의 발명

'동성동본'인 사람들이 다수 거주하는 마을, '동족부락'의 발견은 동시에 '동족부락'이 발명되는 순간이기도 했다. 오래 전부터 존재해 왔고, 존재하고 있었으나, 그동안 그들 마을은 '특별한 그 무엇인가'로 포착되지는 않았다. 반면 젠쇼는 이들 마을에 주목하여, 그것을 '동족부락'이라 명명하고, 분석하고, 정의하였다. 젠쇼의 인식론적 상상에 의해 그들 마을은 하나의 정형화된 모습으로 이해되고 재구성되었던 것이다. 그런 점에서 젠쇼의 '동족부락' 연구는 일종의 '발명'의 과정이기도 했다. 그리하여 '동족부락'은 세계 어디에도 그 사례가 없는 식민지 조선의 '민족성'을 결정짓는 사회적 특이성으로 재창출되었던 것이다.

그렇다면, 젠쇼에 의해 '동족부락'은 어떻게 정의되었는가. 이 장에서는 『조선의 취락』 후편을 기본으로 삼고 『조선의 성씨와 동족부락』을 참고하면서, 그가 조선의 동족부락을 어떻게 재구성하였는지를 추적할 것이다. 우선 그가 정의한 '동족부락'은 "동일한

---

29 善生永助, 1943, 앞의 책, 19면.

조상에서 나온 동본동성인 자, 한 부락 또는 한 지방에 집단생활을 하는 것"을 지칭하였다.[30] 즉 동일한 조상을 공유하고 있는 사람들이 모여 사는 마을을 그는 동족부락이라고 불렀고, '조상이 같음'을 나타내는 일종의 지표가 다름 아닌 '동성동본(同姓同本)'이었다.[31] 그에 의해 '동성동본'은 다음과 같이 설명되었다.

> 성(姓)은 내지의 씨(氏)와 같은 가(家)의 이름(名)이 아니고 완전히 인(人)의 이름이다. 환언하면 성은 가에 부착된 것이 아니고 인에 부착된 것이기 때문에, 가령 그 사람의 가는 변하여도 그 성은 변하지 않는 것이다. (중략) 성이 부(父)의 성에 의해 정해지고 가의 변경에 의해 변화되지 않은 결과, 성은 명확히 남계혈통(男系血統)을 표장(表章)하는 것이 된다. 남계가 계속되고 있는 사이에는 자손은 같은 성을 받는 것이고, 남계의 혈족은 모두 동성(同姓)인데, 성의 기원이 전술한 것과 같은 사정이 있는 이상, 동성이 반드시 남계혈족(男系血族)이라고 칭하기는 어렵고, 실제에서는 남계혈족이 동일하지 않은 동성이 수다하게 존재하고 있다. 거기에서 따로 본(本)이라는 것을 정해, 본과 성이 같은 것을 남계혈족의 표장으로 삼고 있다. 본은 본관(本貫) 또는 향관

---

30 善生永助, 1935, 앞의 책, 1면; 같은 책, 19~20면.

31 식민지시기 동성동본에 대한 연구는 다음의 것이 있다. 坂元眞一, 「"明治民法"의 성씨제도와 "創氏改名"(朝鮮)·改姓名(臺灣)의 비교 분석」『법사학연구』 22, 2000; 세이치야마 가쿠, 「동성동본금혼제도를 둘러싼 민족주의와 가족」『한일공동연구총서』 고려대 아세아문제연구소, 2006; 소현숙, 「'만들어진 전통'으로서의 동성동본금혼제와 식민정치」『대동문화연구』 96, 2016.

(鄕貫)이라 하고, 혹은 본적(本籍), 관적(官籍), 씨관(氏貫), 적관(籍貫), 성관(姓貫), 족본(族本)으로도 칭하고, 단지 본적, 향으로 칭하여, 하나의 남계혈족의 시조(始祖)의 발상지, 또는 그 장기에 걸쳐 정주한 지(地)를 지칭한다. 그 중에는 사성(賜姓)과 같이 사관(賜貫)한 예는 없다.[32]

젠쇼의 설명과 같이, 식민지 조선에서 성은 부(父)에서 (子)로 이어지면서 남계혈족을 드러내는 일종의 기호이고, 성이 같다는 것은 동일한 남계혈족을 의미하였다. 그러나 이것이 수백 년 이상의 시간이 흐르면서 같은 성만으로는 혈족이라는 것을 나타내지 못하는 상황이 발생하였다. 그러자, 남계혈통이 기원하는 공통의 조상, 즉 시조의 발상지이거나 그들 조상이 오랫동안 정주하였던 지역의 명칭을 성과 함께 사용하였는데, 이를 본(本) 혹은 본관(本貫)이라 칭하였다. 이것이 성과 본의 관계이고, 성과 본이 결합하여 공통의 남계혈족임을 드러내는 표장이 되었다. "성과 본이 같은 것은 동일 남계의 혈족이고, 이것을 동본동성으로 칭하고, 즉 씨족을 나타내는 성씨가 되어, 동일 족보에 등재되고 있다"는 것이다.[33] 이들은 혈통을 공유하는 혈족, 즉 '동족'이고, '씨족'이기도 했다.

더욱이 그에 의하면, 조선에는 이러한 마을, 동성동본인 자들이 집단적으로 거주하는 마을이 무려 1만 4,672개였다.[34] 부락 발생 연

32 善生永助, 1935, 앞의 책, 58~59면.
33 같은 책, 59면.
34 같은 책, 723면.

대도 상당히 오래된 것으로 추정되었다. 1930년 각도에 조회하여 양반 유생 등이 정착해 사는 저명한 동족부락 1,685부락에 대해 행한 조사에 따르면, 부락 발생 연대는 불명 458개를 제외하면 500년 이상 오래된 부락이 207개, 300년 이상 500년 미만인 것은 646개로 가장 많고, 100년 이상 300년 미만의 것도 351개나 되었다.[35] 그중 500년 이상의 것은 경상북도에 제일 많았고, 그 다음으로 전라남도, 경기도, 황해도 순이었다. 또 300년 이상 500년 미만의 것은 경상북도를 필두로, 전라남도, 경기도, 경상남도, 황해도 등이었으며, 100년 이상 300년 미만의 것은 경기도가 1위이며, 그 다음이 전라남도, 경상북도, 충청북도 및 황해도 등이었다.[36]

이와 같은 동족부락의 존재는 젠쇼에게 있어, 식민지 조선에서 족보 편찬의 성행과 함께 왕성한 '동족관념'을 드러내는 지표였다. 식민지 조선에서 "조선인 간행출판물 중, 족보의 발행은 항상 수위를 점하"고 있는 것 또한 강한 동족의식을 반영한다고 믿었기 때문이다.[37] 그리하여 그는 이러한 조사 분석에 기반하여 식민지 조선에 특이한 현상으로 동족부락의 특징을 다음 세 가지 측면에서 구성하였다.

우선, 동족부락은 '혈연공동체'였다. 혈연공동체로서 "이들의 가장 큰 집단적 관심사는 자신들의 공통의 조상에 대한 제사"였

35 같은 책, 217면.
36 같은 책, 218면.
37 같은 책, 132면.

다.[38] 제사는 사실상 그들 집단이 하나의 혈류임을 확인하는 의식이자 집단적 정체성을 재생산하는 장이었다. 그런 점에서 이들은 일명 '제사공동체'이기도 했다. 특히 장자에서 장자로 이어지는 '종가'와 그를 둘러싼 '종중', 그리고 그들 집단을 규율하는 '종규'는 동족집단을 구성하는 주요한 장치들이었다. "동족이 한 부락 내지 한 지역에 부락을 구성하고, 또는 집단생활을 영위하는 경우에는 이들 동족 간은 고래의 관습에 의해 반드시 일족의 단체가 조직되어 있다. 그리고 이 동족의 단체를 종중 또는 문중으로 칭하고, 어느 동족단체나 대략 공통의 종규에 의해, (중략) 지배를 받는 범위는 널리 동족 전체에 미친다"는 것이다.[39] 특히 동족집단은 제사뿐 아니라 제반의 사업 수행을 위해 종중의 재산을 가지고 있었다. 종중 소유의 산림은 종산, 전답은 종토, 위토, 종전, 종답으로 칭하였다. 또한 제사비용을 지출하기 위해 설정된 것은 제위전, 제위답이라 불리고, 묘지를 관리하기 위해 설정된 것도 있었다.[40] 이 종중재산의 존재는 그 소유권을 둘러싸고 식민지시기 재산분쟁의 가장 큰 원인 중 하나가 되었다.

다음으로 '동족'적 정체성을 가진 그들은 '운명공동체'였다. 그가 보기에, 조상제사 다음으로 중요한 종중의 대사업은 "풍교(風教)의 부지(扶持)"였다. 이 또한 가문을 유지하는 하나의 방법이라 보

38 같은 책, 133면.
39 같은 책, 391면.
40 같은 책, 413~414면.

았기 때문이다. 이와 함께 특히 중요시 된 것은 자녀 교육이었다. "가문의 영고성쇠는 자제의 장래에 의지해야만" 한다는 믿음에서 나온 것이었다. 자제 교육에 대해 일족은 일종의 강한 연대 의무를 느끼기조차 하였다. 부락 내의 자제라면 친등의 원근을 묻지 않고 교육받을 수 있는 환경을 조성하였고, 기본 재산을 두어 그 수입으로 글방을 운영하거나 혹은 학비를 지원하였다. 교육을 목적으로 하는 계의 종류가 극히 많은 것 또한 대부분의 동족부락이 보이는 특징이라는 것이다.[41]

끝으로 이들은 '생활공동체'였다. 동족부락에서는 혼례 및 장례식 등과 같은 경조사에 함께 모여 일을 논의하고 의식을 진행하였다. 또한 부양자가 없는 노인이나 고아에 대해서도 동족 간에 서로 이들을 돌보는 것을 당연하게 여겼다. 더욱이 빈곤하거나 오랜 기간의 병치레, 그 외의 사정 등으로 궁핍한 생활을 하는 경우에는 동족이 서로 구제하였다고 한다.[42] 이러한 단결력은 각종 계 또는 조합을 만드는 힘이 되어 협동 사업의 발달을 가져왔다. 그런 이유로 이들 부락은 이미 모범부락, 우량부락, 여농공제조합부락, 농가갱생지도부락 등으로 지정되기도 하였다. 근래에는 농업 생산과 아울러 판매에서도 공동생활을 하고, 공회당, 공동창고, 공동작업장, 공동판매소 등을 운영하는 곳도 있었다.

---

41 같은 책, 447~448면.
42 같은 책, 449면.

이상과 같은 논의에서 보면, 젠쇼에 의해 그려진 '동족부락'은 유교적 성본 질서와 종법적 가족 질서에 의해 잘 짜이고 운영되는 '마을공동체'였다. 그의 논의의 핵심은 다름 아닌 '종법'과 그에 따른 '성본' 질서였다. 사실상 이것은 유교라는 프리즘을 통해 조선 사회를 바라보는 것이기도 했다. 그리고 이러한 시선은 비단 젠쇼 특유의 것만은 아니었다. '유교'는 병합초기부터 일본인 정책자나 사법관료들이 조선 사회를 바라보고 인식하는 주요한 '지적 자원'이었기 때문이다.[43] 1910년, 1912년, 1913년 조선총독부에서 발행한 『조선관습조사보고서』에 거의 동일한 논의가 보이는 이유도 바로 여기에 있다 하겠다. "한국에서는 남계혈족을 일족이라 하고, 일족 가운데 분파가 있고 이를 일문이라 한다. 즉 일족의 범위는 혈통이 연속하는 범위로서, 동성동본은 모두 일족에 속한다"는 것이다.[44]

'동성동본은 모두 혈족'이라는 관습 인식, 이러한 전제는 사실상 그들 사이에 존재하는 수많은 이질적인 요소들과 관계들을 삭제시킨다. 실제 조선시대부터 식민지 초기에 이르기까지는 성과 본관이 없는 사람들이 다수 존재하였다. 더욱이 신분이 천한 사람들에게 그것은 굳이 필요한 것도 아니었다. 성과 이름이 모든 사람

43 홍양희·양현아, 「식민지 사법관료의 '가족' 관습 인식과 젠더 질서」 『사회와 역사』 79, 2008, 171~172면.

44 『관습조사보고서』(조선총독부, 1910, 1912, 1913), 정긍식 편역, 『개정판 국역 관습조사보고서』(법제연구원, 1993), 344면.

들에게 자신의 신분을 나타내는 표지가 되는 것은 통감부가 1909년 3월 법률 제 8호로 공포한 민적법에 의해서였다. 이에 의해 모든 사람은 원칙적으로 호적에 등재되어야 했으며, 이를 위해 1915년까지 호적 사무는 경찰관서에서 담당하였다. 호적은 성명과 호주와의 관계로 개인의 신분을 드러내고 입증하는 문서였으며, 호적에 등재되기 위해서는 반드시 성과 본관이 필요하게 되었다. 때문에 달리 성본이 없던 사람들은 호적 등재 당시 이를 만들어야만 했다. 그 과정은 혈연적 동일성에 근거하기보다, 상당부분 임의적이고 우연적인 선택이었을 것임은 미루어 짐작할 수 있다.

조선 후기에 '성'이나 '본관'이 없던 무성층(無姓層)이 유성화(有姓化) 하는 과정 또한, '동성동본은 모두 단일한 혈족'이라는 명제를 무색게 한다. 경상북도 단성현의 호적을 토대로 한 김경란의 연구는 이와 관련하여 많은 시사점을 제공한다. 이 연구에 의하면, 조선후기에 접어든 시점까지도 전 인구의 절반 정도는 성이 없었다. 이후 급격하게 '성관'을 획득하기 시작하여, 18세기에는 많은 사람들이 성관을 갖게 되었다. 그런데 흥미로운 것은 전체적으로 성관의 종류가 오히려 줄어드는 현상이 발생했다는 점이다. 왜일까? 이는 바로 당시 사회에 만연하던 '개관(改貫)'의 분위기 때문이었다. 당대에 권위 있는 성관으로 바꾸는 사람들이 많아 희소한 성관이 소멸하였던 것이다. 뿐만 아니라 처음 성관을 만드는 사람들 또한 새로운 성관을 만들기보다는 기존의 유력 성관을 선택하는 경향을

보였다. 이 중에는 노비가 주인의 주거지를 본관으로 하고 주인의 성을 칭하는 사례도 있었다 한다.[45]

조선후기 동성부락의 형성과 관련한 권내현의 연구 또한 '동성동본'이 '혈족'이라는 것은 상상에 지나지 않음을 드러낸다. 단성현 갈전(喝田)의 대표적 민촌인 진주 강씨 촌락은 성관이 같은 동성촌락이다. 그런데 호적을 통해 이들의 성관을 추적해 보면, 실질적으로 공동의 선조를 둔 부계혈연집단으로 보기 어렵다는 결론이 도출된다.[46] 즉 조선후기 '무성층'이 '성본'을 획득하는 과정이나 동성촌락의 가계의 계보를 보면, '동성동본'으로 묶여져 있는 집단이 그렇게 동일 혈족으로'만' 구성된 것은 아니라는 것이다.

그럼에도 불구하고, '동족부락'이라 이름하고 정의함으로써, 이들 마을은 단일 혈족으로 동질화되는 결과를 가져왔다. 결국 젠쇼의 동족부락 연구는 다양하고 이질적인 관계들조차 '동성동본'이라는 기표 속으로 흡수 내장하여, 하나의 혈연공동체이자 운명공동체이며 생활공동체인 '동족집단'으로 발명하였던 것이다. 이러한 논의 방식은 실질적으로 혈족으로서의 동일성을 가지지 않으나, 동성동본으로 불리는 사람들 모두가 하나의 혈족으로 구성되는 효과를 발생시켰다. 그리하여 '동족 관념'으로 똘똘 뭉쳐있는 사람들

---

45 김경란, 「조선후기 무성층의 유성화 과정에 대한 분석-단성지역을 중심으로」『대동문화연구』 62, 2008; 「조선후기 무성층의 존재형태와 성관 획득 경로」『사학연구』 110, 2013.

46 권내현, 「조선후기 평민 동성촌락의 성장」『민족문화연구』 52, 2010, 4~5면.

로 상상될 수 있었던 것이다.

4. '동족부락'과 식민지 정치학

촌락 조사를 통해 젠쇼가 파악한 식민지 조선은 "동족을 중심으로 발달"한 사회였다. 더욱이 "이렇게 동족부락이 많은 것은 바로 조선의 사회조직과 가족제도의 특이성" 그 자체였다. 아울러 그것은 조선 "문화의 정도, 정치의 반영, 유교의 영향" 등을 반영하는 것으로 인식되었다.[47] 나아가 이에 대한 분석을 통해, 조선 민족성의 지표로서 동족부락이 가진 여러 가지 장점과 단점을 다음과 같이 정리하였다.

그가 제시한 동족부락의 장점을 몇 가지로 정리하면,[48] 첫째, 조상숭배 사상이 강하다. 특히 가장을 중심으로 장유의 질서가 있어 가족제도의 미풍을 유지한다는 것이다. 둘째, 동족관념이 강해 동족 부락민의 단결과 통제가 대단히 원활하다. 셋째, 저명한 인물을 배출하여 지방에 자산가, 덕망가, 학자 등 인물이 많다. 넷째, 유교주의의 교육 도덕이 보급되어 인륜을 지키고 예의가 바르다. 다섯째, 상호부조의 관념이 강하여 향약 및 계 등 조합 사업이 발달하

47 善生永助, 1935, 앞의 책, 216면.
48 같은 책, 989~990면.

였다. 여섯째, 행정자치가 잘 기능한다는 점 등이 지목되었다.

그러나 이러한 장점들은 즉시 단점이 되어 돌아왔다. 가장 주목되는 것은 처음 장점으로 여겨졌던 조상숭배 사상이었다. 그는 조상숭배가 "자신의 조상만을 숭배"하는 것이기 때문에 "국가적 위인 숭배의 마음이 결여되고" "국민적 제사 및 신앙"이 아니라 "귀신 신앙이 왕성"할 뿐이라고 단정하였다. 조선에서는 "모든 것이 동족 본위"이기 때문에, 따라서 "공공적 관념이 결여되어 사회 중심 내지 국가 본위가 아니라는 것"이었다.[49]

젠쇼의 이러한 지적은 동족부락 발생의 원인으로 지목된 '유교'에 대한 문제이기도 했다. 그는 사실상 동족부락의 발생 원인이자, 그것이 운영되는 핵심 원리라고 여긴 유교에 대해서도 상당히 비판적이었다. "양반 유림의 연총(淵叢)이고, 또 학문 문교의 중심"으로 서원, 명족, 유생 등이 많은, 즉 "유교의 세력이 현저하게 발달"해 있는 안동 지방에 체재하면서 느낀 소감을 그는 다음과 같이 피력하였다.

> 명문의 동족부락이 많고, 구가(舊家)의 가구(家構)가 당당하여 일반적으로 의식전례를 중히 하고, 장유의 서를 숭상하고, 계급의 관념이 강해, 존대(尊大)한 장자(長者)가 많았던 것으로 기억하는데, 만일 이것이 유교의 영향이라면 그것은 아주 쓸쓸한 감화가 아니겠는가. (중

49 같은 책, 990면.

략) 유교의 무력한 퇴폐에도 개탄하지 않을 수 없다. 붕당의 알력(軋轢), 과거의 폐해, 학풍의 편협, 유생의 타락 등 조선 유학의 부진에 대해서는 여러 가지 논의할 것이 많은데, 필경 소수의 저명한 학자를 제하면, 그 학문이 훈고 주석의 범위를 벗어나지 못하고, 헛되이 예양(禮讓)의 말절(末節)을 설(說)하니, 진실로 수신제가, 경세제민의 대 정신을 배양할 수 없는 것, 학자가 일부 특권계급의 점유로 돌아가고, 널리 일반 민중 사이에 미치지 않은 결과, 아무리 유생의 수가 많아도, 가령 유서 깊은 향교나 서원이 과시하는 것은 있어도, 시세의 변화에 수반하여, 민심을 선도하고, 사회를 교화하는 힘을 가지지 못하게 된 것은 아닐까 한다.[50]

그에게, 조선의 유교는 강력한 세력권을 형성하고 상당한 영향력을 가지지만, 그것이 당파적이고 훈고학적이기 때문에 조선 사회에서 순기능으로 작동하지 못하였다. 그럼에도 불구하고 지방 유림들의 단결력은 강력하고 지방의 행정 및 생활 전반에 미치는 영향력이 상당하기 때문에 이를 무시할 수는 없다는 것이다. 특히 대부분의 동족부락에서는 "제사, 의례, 도덕, 강학, 생활의 규범은 거의 유교의 규칙을 따르기 때문에, 일면 형식적 폐해가 적지 않지만, 그 일문에서 유교의 감화는 결코 경시해서는 안 된다"고 인식하였다. 이것이 식민지 조선 통치에 마을 조사가 필요한 이유이기

50 같은 책, 720~721면.

도 했다.[51]

그렇지만 유교에 대한 이러한 사고가 젠쇼에 한정된 것은 아니었다. 서구문명론에 경도된 동아시아 지식인들에게 유교 비판은 시대적 조류이기도 했다. 유교의 가족주의가 국가 의식이나 국민의식을 만들어내기 어렵게 하는 것으로 지목되었기 때문이다. 민족주의를 '국족주의'로 정의했던 손문(孫文)이 "중국에는 가족주의와 종족주의가 있을 뿐 국족주의가 없다"고 개탄한 것도 이러한 이유였다.[52] 중국의 문화적 전통에서는 국민 창출과 국가 형성에 필요한 자원이 아무것도 없다고 비판한 양계초(梁啓超) 또한 유교를 염두에 두고 있었다.[53] 이러한 인식은 일본의 후쿠자와 유키치(福澤諭吉)에게도 보인다. 그가 문명화의 최대 장애물로 유교를 평생 공격한 것 또한 여기에서 기인한다.[54] 동아시아를 휩쓸고 있던 문명화 담론은 서구적 모더니티를 기준으로 진화론적 관점에서 국가를 사유하고 있었기 때문이었다. '진화'라는 보편사적 과정 속에 국

---

51 같은 책, 721면.

52 佐藤慎一, 「儒教とナショナリズム」『中國-社會と文化』4号, 東大中國學會, 1989, 36면.

53 같은 논문, 49면. 특히 양계초는 정치적 자각과 일체감을 가진 국민이 일본에는 존재하는 반면, 중국에는 존재하지 않았기 때문에 청일전쟁에서 중국이 패배하였다고 생각하였다.

54 미야지마 히로시(宮嶋博史), 「후쿠자와 유키치(福澤諭吉)의 유교인식」『한국실학연구』23, 2012. 이에 대해 미야지마는 후쿠자와가 유교를 잘못 이해하였다고 비판한다. 이는 유교적 근대성을 주장하는 미야지마의 역사인식에서 비롯된 것으로 보인다. 그러나 후쿠자와의 인식이 옳은가 그른가가 문제가 아니라, 당시 문명론자들이 유교를 문명화의 적으로 인식하였다는 점, 그리고 그 맥락이 중요하다고 볼 수 있다.

가를 위치시키는 사회진화론적 사고는 식민지 조선의 일본인 관료 및 지식인들뿐만 아니라 조선의 지식인들 또한 그 인식을 공유하였다.

나아가, 젠쇼는 동족부락을 '대가족제도'의 연장선에서 사고하였다. 조선에서는 대가족제도가 오래 유지되는 한편에서, 그 변형이라고 할 수 있는 동족부락이 함께 발달했다는 것이다.[55] 그의 이러한 논의는 1937년 조선의 대가족제도에 관한 그의 논문에서 구체화되었고, 1943년 발행한 『조선의 성씨와 동족부락』에 그대로 반영되었다.

> 어떤 지방에 동족이 집단생활을 영위하는 것은 보통의 예로는 한 가족으로부터 분가하여 그것이 점점 증가한 것이 많다. 그래서 부부가 일가를 구성하고 그것이 수대를 거치면 대가족으로 번창하는 것이고, 자손이 그 지방에서 분가하여 소위 동족부락을 형성하는 것으로 된다. 더욱이 대가족의 생성이나 동족부락의 발생에는 여러 가지의 제약이 있는데 대가족 세대가 많은 지방에는 동족부락도 많은 예가 적지 않다. 대가족이든 동족부락이든 동일 혈족의 결과이기 때문에 양자는 극히 밀접한 관계가 있고 조선의 동족부락을 연구하는 데는 그 대가족제의 소장을 일단 명확히 해둘 필요가 있다.[56]

---

55 善生永助, 1935, 앞의 책, 453면.
56 善生永助, 1943, 앞의 책, 105면.

주지하듯이, 대가족제도와 그것의 변형으로서의 동족부락의 조선적 특징은 1930년 국세조사가 그 근거였다. "보통세대의 세대별 총수 및 인구표"에서 11인 이상의 대세대를 보면, "대가족제도의 유풍인 대세대가 각지에 다수 존재한다"는 것을 알 수 있어, "가족제도의 연구 상 대단히 흥미롭다"는 것이다.[57] 더욱이 인구 21인 이상의 대세대는 조선 전체에 983개로 많은 수에 달하는데, 특히 경기도, 전라북도, 전라남도에 많다고 주장하였다.[58] 그렇지만 국세조사의 1세대당 인구에는 가족 이외의 사용인, 동거인도 포함되기 때문에, 경제 상태가 발달하고 인구밀도가 높은 남선지방(南鮮地方)에 대개 대세대가 많은데, 이들 사용인 동거자를 제외한 가족 수에서만 보면, 서북선지방(西北鮮地方)에 오히려 다수 분포하고 있다는 것이었다.[59]

그의 정리에 의하면, 보통세대의 1세대 인원은 전 조선 평균하여 5.26명이다. 각도별 평균은 경기도 5.19, 전라북도 5.12, 경상남도 5.01, 평안북도 5.58, 충청북도 5.39, 전라남도 4.93, 황해도 5.09, 강원도 5.42, 충청남도 5.35, 경상북도 5.28, 평안남도 5.30, 함경북도 5.71, 함경남도 5.75 등이어서,[60] 평균 인원이 6명이 넘어가는 도는 하나도 없다. 도별 평균도 그 차이가 그다지 크지도 않

57 같은 책, 110면.
58 같은 책, 111면.
59 같은 책, 112면.
60 같은 책, 112~113면.

다. 그럼에도 그는 "함경남도가 가장 많고, 함경북도가 이것에 다음이며, 평안북도, 강원도도 많은 편이며, 이들 지방에는 대개 대가족제도의 유풍이 지금 아직 상존하고 있다"고 분석한다.[61] 아울러 세대당 평균 인원 6인 이상의 부군도를 보니, 평안남도, 함경남도, 함경북도 이외에는 1군도 없다고 하여 위의 논의를 보충하였다.[62]

그런데, 그의 논의에서 동족부락과 대가족제도는 사회의 '미개성'과 '원시성'을 드러내는 지표였다. 조선에는 "원시사회에서 부락정치의 폐해가 오래 잔존하여, 자연 동족의 집단부락이 각지에 존재"한다는 논의나,[63] "대가족제도는 원시사회의 유풍"[64] 이라는 그의 주장이 그것이다.

> 대가족제도는 원시사회의 유풍이기 때문에, 근대사회경제조직의 발달과 교통문화의 진보에 수반하여 점차 붕괴해가는 운명에 있는데, 나는 조선의 동족부락을 연구하고, 동족부락은 대가족제도의 변형이라고 관찰하고 있다. 따라서 대가족제도의 상태를 고찰하는 데에는 동족부락의 존재를 항상 염두에 두어야만 한다고 믿는다.[65]

---

61 같은 책, 112면.
62 같은 책, 113면. 6명이 넘는 군은 평안남도 寧遠군 6.26; 함경남도 端川군 6.27 장진군 6.43 풍산군 6.41; 함경북도 명천군 6.05 부령군 6.11 경원군 6.02에 불과하다.
63 善生永助, 1935, 앞의 책, 453면.
64 善生永助, 1943, 앞의 책, 125면.
65 같은 책, 125면.

> 원시시대의 사회구성은 대개 혈속관계자 또는 그 지배자로써 부락이 조직되고 있었다. 무릇 시대가 진보하고, 문화가 열리고, 교통이 발달하고, 생활이 복잡해지고, 외부와의 접촉이 빈번해짐에 따라, 동족만 또는 그 관계자 등에 의해 구성되는 부락은 세가 쇠퇴해지든지, 혹은 그 색채를 점차 희박하게 하여 가는 것이 사회상의 원칙이다. 그런데 조선에는 지금 한 부락이 동본동성의 일족 혹은 그 관계자만으로 구성되고, 혹은 동족 호수가 부락의 대부분을 점하고, 소위 동족부락이 매우 많다.[66]

동족부락과 대가족제도를 원시적 부족사회로 보는 젠쇼는 그들의 상호부조라는 관념을 또한 원시공산사상으로 연결하였다. 상호부조의 관념에 의해 명문우족(名門右族)에 기대어 사는 사람들이 많아 동족이 집중되는 현상을 초래했다는 것이다.[67] 이것은 "원시적 동족공산제의 관념이 잔존"하기 때문에 의뢰심이 강하고, 동족의 부조구제를 바라며, 근면역행의 풍이 결핍되어 문제라는 지적이었다.[68] 특히 산업이 유치하고 문화가 지연된 산지가 많은 서북선지방이 동족부락도 많고 대가족제도가 유지되고 있는데, 원시사회경제 형태를 다분히 보유하고 있다고 분석한 대목이 주목된다. 식민지 조선을 북도와 남도로 나누어 미개의 정도를 구분하는 방식의

66 善生永助, 1935, 앞의 책, 215~216면.
67 같은 책, 453면.
68 같은 책, 991면.

논의는 제국 일본이 수행한 '지식의 정치' 그 자체였다. 식민지 조선에서 일본인 의사들이 행한 체질 인류학과 범죄 인류학의 연구와도 그 논리나 결론이 거의 일치하기 때문이다.[69]

그리하여 젠쇼의 논의대로 말하면, 세계에 유례가 없을 정도로 특이한 식민지 조선의 '동족부락', 그것을 특징지우는 조상제사를 필두로 하는 유교적 생활양식, 대가족제도, 동족 간 상호부조 등의 요소들은 원시 부족사회의 유산이자 씨족사회의 유산으로 귀결되었다. 이러한 그의 분석은 식민지 사회를 원시적이고 미개한 사회로 규정하여 식민주의 본국과 식민지를 위계화 하는 식민주의자의 식민지 재현 방식을 그대로 따라가고 있었다. 특히 식민지 조선의 가족제도를 대가족제도와 유교적 종족주의로 보는 관점에는 역사 발전 단계를 전제하는 사회진화론적 사고가 작동하고 있었다.

앞에서도 언급하였듯이, 사회진화론은 당시 식민지 조선에서 활동하고 있던 식민지 관료 및 지식인들이 거의 공통적으로 가지고 있던 지식 체계였다. 고등법원 판사로서 식민지 조선의 가족 제도 및 관습과 관련된 수많은 논문을 쓴 노무라 초타로(野村調太郎)도 비슷한 사고를 하였다. "사회진화의 단계에서는 가족제 사회에서 개인제사회로 이행"하는데 현재 내지와 조선에서 시행하고 있

69 이러한 논의는 식민지 조선의 혈액형 연구, 식민지 조선에서 여성 범죄 및 초경 연령의 관련성에 관한 연구와 논의 구조가 거의 일치한다. 정준영, 「피의 인종주의와 식민지의학: 경성제대 법의학교실의 혈액형인류학」『의사학』 21-3, 2012; 홍양희, 「식민지시기 '의학' '지식'과 조선의 '전통': 쿠도(工藤武城)의 "婦人科學"적 지식을 중심으로」『의사학』 22-2, 2013 참조.

는 호주가족제도는 가족제와 개인제의 혼합으로서 "과도기에 현재한다". 하지만 식민지 조선은 "이조 말에 이르기까지 거의 변혁을 볼 수 없어서, 고대의 가족제도를 그대로 답습하였기 때문에, 아직 가족제도적 기구는 비교적 강고"하다고 분석하였던 것이다.[70] 이와 같은 일본인 관료들이 가진 조선의 가족제도 이해에는 한편으로는 조선사회를 미개한 사회로 규정하여 식민지배의 정당성을 확보하는 한편, 나아가 식민지 지배가 조선 사회의 진보 발전을 가져올 것이라는 이중의 정치가 작동하고 있었다.

5. 마치며

이 논문은 조선총독부 촉탁 젠쇼 에이스케가 식민지 조선에서 수행한 마을 조사의 결과물인 '동족부락' 연구가 어떠한 방식으로 식민지 정치학을 구사하였고, 그리고 그것이 가진 식민지적 효과는 무엇이었는지에 착목하여 연구를 진행하였다. 이를 위해 세 가지 측면에 초점을 맞추었다. 먼저, 1930년 국세조사와 마을 조사를 통해 젠쇼가 동성동본인 사람들이 집단적으로 거주하는 마을을

70 野村調太郎, 『朝鮮祭祀相續法論 序說』(朝鮮總督府中樞院, 1939). 이러한 논의는 홍양희, 「식민지시기 호적제도와 가족제도의 변용」『사학연구』 79, 2005; 「조선총독부 판사, 노무라 초타로(野村調太郎)의 조선 사회 인식: 가족제도에 대한 인식을 중심으로」『가족법연구』 23-1, 2009 참조.

'동족부락'으로 발견하는 과정을 살펴보았다. 다음으로, '동성동본'으로 이루어진 마을 집단이 젠쇼에 의해 '동족'이라는 '혈연공동체'로 발명되었다는 점에 주목하였다. 끝으로 젠쇼의 동족부락 연구가 식민지 정치학과 관계 맺는 방식을 분석하였다. 이를 통해 다음과 같은 논의가 도출되었다.

우선, 젠쇼 에이스케가 수행한 마을조사 사업은 그가 '동족부락'을 발견하는 계기로 작용하였다. 그동안도 이들 마을은 오랫동안 존재해 왔지만, 그것이 특별한 그 어떤 것으로 포착되거나 의미가 부여되지 않았다. 그런 반면, 젠쇼에 의해 동성마을은 조선에만 존재하는 아주 독특한 현상으로 발견되었다. 더욱이 '동성동본'인 사람들이 집단적으로 거주한다는 점에서, 그것은 혈통의 동일성을 가진 집단, 즉 '동족'으로 인식되었다. 그로 인해 그는 이 마을들을 '동족부락'으로 명명하기 시작하였다. 식민지 조선에서 '동족부락'이 발견되는 순간이었다.

다른 한편, '동족부락'은 하나의 정형화된 모습으로 재창출되었다. 젠쇼에 의해 조사 분석된 '동성부락'은 제사를 공유하는 혈연공동체이자, 운명공동체이며, 그리고 생활공동체였다. 아울러 그가 보기에, 이 마을 공동체를 구성하고 운영하는 기본 원리는 바로 부계혈통주의에 입각한 성본 및 종법적 가족질서였다. 이는 유교의 핵심 원리이기도 했다. 당시 일본인 식민지 관료나 지식인들 대부분이 조선사회를 인식하던 지식 체계가 '유교'였다는 점에서 젠쇼 또한 그들과 다르지 않았다. 유교를 통해 조선 사회를 인식하는 것은 사실상 조선 사회에 존재하던 삶의 다양한 요소들을 가리고, 단일한 방식으로 동일화 하는 지적 오류를 범할 위험성을 내포한 것이었다.

사실상 조선후기부터 식민지 초기까지도 존재하던, 성이나 본관이 없이 살아가던 수많은 '무성층'이 성관을 획득해 가는 과정에 대한 연구들은 '동성동본'이라는 집단에 얼마나 많은 비혈연적 관계들이 내재되어 있었는지를 추측게 한다. 그럼에도 '동성동본'이라는 기표를 통하여 이들 마을은 하나의 '남계혈통'으로 이루어진 '동족'으로 통합되고 발명되었다. '동성동본은 모두 혈족'이라는 전제에서 출발하였기에, 그들 사이에 존재하던 이질적 관계들은 모두 삭제되고 남계혈족으로 동질화되었던 것이다.

이러한 논의 방식은 실질적으로 혈족으로서의 정체성을 가지지 않는 수많은 동성동본인 사람들을 하나의 '혈족'으로 상상하게 하는 효과를 발생시켰다. 그들이 '동족'으로 발명되고 호명되자, 그들은 당연히 '혈통의식'으로 굳게 뭉친 사람들로 관념화되었다. 결국 이것은 '동성동본'='동족'이라는 도식이 확산되는 식민지적 효과로 귀결되었다.

더욱이 이와 같은 젠쇼의 논의는 식민주의자의 식민지 재현 방식을 그대로 구현하였다. 세계에서 유례가 없는, 아주 독특한 '동족부락'은 조선의 '미개성'과 '원시성'을 드러내는 지표가 되었기 때문이다. 특히 동족부락을 원시 부족사회/씨족사회의 유산으로 구성하는 데는 유교, 대가족제도, 동족부조 등이 주요한 구성 요소였다. 식민지 조선의 가족제도를 대가족제도와 유교적 종족주의로 보는 이러한 관점에는 역사 발전 단계를 전제하는 사회진화론적 사고가 작동하고 있었다. 부부 중심의 단혼 소가족을 가족제도의 '진보'로 상정하는 이러한 논리는 조선을 미개적 대가족제 사회로 파악, 식민지 조선의 문화 정체성을 구성하고, 이를 통해 식민주의 본국과 식민지를 위계화하였다. 나아가 이는 식민지 지배가 조선의 진보를 앞당길 것이라는 논리로 귀결, 지배의 정당성이 극대화될 수 있었다.

참고문헌

1장 일본의 한국통치와 구마모토 출신자 인맥 - 나카무라 겐타로를 중심으로

· 자료

『九州日日新聞』

『朝鮮總督府職員錄』

『朝鮮總督府官報』

『宮內省省報』

『四大德巡講誌』, 朝鮮佛教團, 1929.

『朝鮮紳士錄』, 朝鮮紳士錄刊行會, 1931.

德富猪一郎, 『蘇峰自傳』, 中央公論社, 1935.

『昭和二十年度 朝鮮年鑑』, 京城日報社, 1944.

『安達謙藏自敍傳』, 新樹社, 1960.

· 논저

內田じゅん, 「植民地期朝鮮における同化政策と在朝日本人一同民會を事例として」, 『朝鮮史研究會論文集』 41, 2003.

濱田正雄, 「中村健太郎さんを悼む」, 『親和』 197, 1970, 4.

「夏の松原町一相場先生訪問記」, 『親和』 117, 日韓親和會, 1963, 8.

孫知慧, 「植民地朝鮮における中村健太郎と朝鮮佛教團の活動とその意義」, 『東アジア文化交渉研究』 9, 2016.

水谷昌義, 「小川敬吉氏と『小川敬吉氏蒐集資料』」, 『朝鮮學報』 116, 1985.

永島広紀, 『近代日本における'アジア主義'の形成と'朝鮮問題'」, 九州史學研究會, 『境界からみた內と外』, 岩田書院, 2008.

永島広紀, 「'興亞'の實踐據點としての'釜山港'と玄洋社、黑龍會」, 有馬學 編, 『近代日本の企業家と政治』, 吉川弘文館, 2009.

永島広紀, 「朝鮮總督府の'社會教育'と'地方改良'」, 松田利彦 他編, 『地域社會から見る帝國日本と植民地』, 思文閣出版, 2013.

永島広紀, 「朝鮮總督 寺內正毅」, 『寺內正毅と帝國日本』, 勉誠出版, 2015.

永島広紀, 「The Compilation of the Annals of the Korean Emperors Kojong and Sunjong by the Japanese Imperial Household Library and the Yi Royal Household」, 『ACTA ASIATICA』 114, 2018.

이형식, 「경성일보·매일신보 사장 시절의 아베 미쓰이에(阿部充家)」,

『일본역사연구』 42, 2015.

浦川和也, 「小川敬吉と『小川敬吉資料』について」, 『佐賀縣立名護屋城博物館紀要』 9, 2003.

2장 한국병합 전후 시데하라 다이라의 행적과 교육론

· 자료

『教育時論』, 『東邦協會會報』, 『教育報知』, 『教育公報』, 『實驗教授指針』, 『東邦協會會報』, 『教育界』, 『教育研究』, 『新人』 , 『國學院雜誌』, 『教育實驗界』, 『帝國教育』

幣原坦, 『學校論』(1909)

幣原坦, 『朝鮮教育論』(1919)

幣原坦, 『朝鮮史話』(1924)

幣原坦, 『文化の建設-幣原坦六十年回想記』(1953)

· 논저

金泰勳, 「20世紀初頭における日本の對韓教育政策: 韓國民衆の教育救國運動との關わりを中心に」, 日本大學大學院文學研究科教育學專攻博士論文, 1993.

이만규, 『조선교육사 Ⅱ』, 제16장 신교육의 계몽기, 거름, 1988.

이성열, 「을사늑약 전후 일본인 학정참여관 幣原坦의 교육간섭」, 『교육행정학연구』 20-4, 2002.

채수도, 『일본제국주의의 첨병, 동아동문회』 제4부 동아동문회의 교육 및 유학사업, 경북대학교출판부, 2011.

최혜주, 「시데하라(幣原坦)의 고문활동과 한국사연구」, 『국사관논총』 79, 1998.

최혜주, 「시데하라(幣原坦)의 식민지 조선경영에 대한 연구」, 『역사학보』160, 1998.

최혜주, 「오다 쇼고(小田省吾)의 교과서 편찬활동과 조선사 인식」, 『동북아역사논총』 27, 2010.

최혜주, 「개항 이후 일본인의 조선사정 조사와 안내서 간행」, 『한국민족운동사연구』 73, 2012.

최혜주, 「일본 동방협회의 조선사정 조사활동과 조선인식」, 『한국독립운동사연구』 43, 2012.

최혜주, 「1900년대 일본인의 조선이주 안내서 간행과 조선인식」, 『한국민족운동사연구』 75, 2013.

최혜주, 「1910년대 일본인의 조선사정 조사와 안내서 간행」, 『한국민족운동사연구』 81, 2014.

稻葉繼雄(홍준기 옮김), 『구한말 교육과 일본인』 제6장 구한말의 교육행정과 일본인의 역할-학정참여관 시데하라, 온누리, 2006.

臼井勝美外編,『日本近現代人名辭典』, 吉川弘文館, 2001.

鏡味國彦,「古城栗原元吉の足跡」,『立正大學文學部研究紀要』8호, 1992.

今泉淑夫ほか編,『日本思想史辭典』, 山川出版社, 2009.

稲葉繼雄,「舊韓國における教育の近代化とお雇い日本人」,『日中教育文化交流と摩擦』, 阿部洋 編, 第一書房, 1983.

馬越徹,「漢城時代の幣原坦－日本人お雇い教師の先驅け」,『國立教育研究所紀要』115, 國立教育研究所, 1988.

木戸若雄,『明治の教育ジャーナリズム』, 近代日本社, 1962.

尾崎ムゲン,「教育雜誌にみるアジア認識の展開-1900年代はじめの『教育時論』を中心に」,『近代日本のアジア認識』, 古屋哲夫編, 綠蔭書房, 1996.

榑松かおる、菅原亮芳,「民間教育雜誌の成立に關する一斷面(上)ー「教育時論」と「教育報知」をてがかりとして」,『櫻美林論集一般教育篇』15호, 1988.

小澤有作,「幣原坦論序說ーー植民地教育指導者の足跡と思想」,『海峽』1호, 1974.

小熊伸一,「明治後期における教育學術、實際雜誌の創刊とその役割ー『教育實驗界』と『教育學術界』を中心として」,『立教大學教育學科研究年報』34호, 1990.

佐藤由美, 제1장 植民地教育の導入と韓國學政參與官の誕生,『植

民地教育政策の研究』, 龍溪書舍, 2000.

深萱和男,「明治の國文學雜誌-『皇典講究所講演』と『國學院雜誌』」, 『名古屋大學文學部研究論集』46, 1968.

吳倩,「20世紀初頭における商務印書館の教科書と日本」,『アジア文化研究別冊』20호, 2014.

林三平,「『教育時論』における國民教育論の動向-明治教育政策史覺書(2)」,『青山學院女子短期大學紀要』22호, 1968.

朝井佐智子,「東邦協會露西亞語學校の變遷と實態」,『愛知淑德大學現代社會研究科研究報告』7호, 2011.

田中陽子,「明治期『教育研究』誌に揭載された歐美關係の論文と揭載の意義」,『日本家庭科教育學會誌』38권 3호, 1995.

『帝國教育會機關誌「教育公報」』解說編, 大空社, 1984.

教育ジャーナリズム史研究會編,『教育關係雜誌目次集成 第1期・教育一般編』제20권, 日本圖書センタ, 1987.

3장 '조선군인' 가네코 데이이치와 대아시아주의 운동

· 자료

『京城日報』,『매일신보』,『朝鮮新聞』

『真崎真三郎關係文書』(일본국회도서관 헌정자료실 소장).

『守屋栄夫關係文書』(일본국문학연구자료관 소장).

국사편찬위원회, 『윤치호일기 10』, 國史編纂委員會, 1988.

김상태 편역, 『윤치호일기』, 역사비평사, 2001.

大川周明關係文書刊行會, 『大川周明關係文書』, 芙蓉書房出版, 1998.

金子定一, 『日本に対する亜細亜の期待』, 朝鮮大亜細亜協會, 1934.

金子定一, 『日本民族の大陸還元』, 千倉書房, 1939.

金子定一全集刊行會編, 『東北太平記の梗概と原註私註; 在鮮終戦日記抄』, 出版者不明, 1958.

金子定一全集刊行會編, 『甲子革命政変記』, 出版者不明, 1959.

小林竜夫編, 『現代史資料 7 満州事変』, みすず書房, 1964.

朝鮮大亞細亞協會, 『朝鮮に於ける亜細亜主義運動の認識』, 朝鮮大亞細亞協會, 1934.

朝鮮人事興信錄編纂部, 『朝鮮人事興信錄』, 朝鮮新聞社, 1935.

林銑十郎, 『林銑十郎滿洲事件日誌』, みすず書房, 1996.

李膺福, 『朝鮮統治改革論』, 出版者不明, 1933.

· 논저

기유정, 「일본인 식민사회의 정치활동과 조선주의에 관한 연구:

1936년 이전을 중심으로」, 서울대 대학원 박사논문, 2011.

김제정, 「1930년대 전반 조선총독부 경제관료의 '지역으로서의 조선' 인식」, 『역사문제연구』 22, 2009.

서민교, 「만주사변기 조선주둔 일본군의 역할과 활동」, 『한국민족운동사연구』 32, 2002.

손춘일, 「滿洲事變 前後 在滿朝鮮人 問題와 그들의 困境」, 『정신문화연구』 24-2, 2001.

이형식, 「'支那通' 야노 진이치(矢野仁一)의 중국인식과 對中정책」, 『사림』 58, 2016.10.

지승준, 「일제시기 참정권운동 연구: 國民協會·同民會·時中會 계열을 중심으로」, 중앙대학교 사학과 박사논문, 2011.

大塚健洋, 「行地社機關誌月刊『日本』目次及び解題(上)」, 『姫路法學』 3, 1989.

趙景達, 「パン·ツングーシズムと東アジア」, 『アジア研究』 5, 2010.

趙景達, 「韓国併合」の論理とその帰結: アジア主義と同化主義の行方」, 『朝鮮史研究會論文集』 49, 2011.

戸部良一, 「陸軍「支那通」と中国国民党一国民政府否認論の源流一」, 『防衛大學校紀要』 68, 1994.

永島広紀, 「朝鮮半島からの引揚と「日本人世話會」の救護活動一朝鮮総督府.京城帝国大學關係者を中心に」, 增田弘編, 『大日本帝国の崩壊と引揚·復員』, 慶應義塾大學出版會, 2012.

朴廷鎬,「満州事変における朝鮮軍の独断越境過程の再検討」, 北岡伸一編,『国際環境の変容と政軍關係』, 中央公論新社, 2013.

류시현,『최남선평전』, 한겨레출판, 2011.

犬養毅, 鵜崎熊吉,『犬養毅の世界:「官」のアジア共同論者』, 書肆心水, 2007.

海野弘,『陰謀と幻想の大アジア』, 平凡社, 2005.

大塚健洋,『大川周明と近代日本』, 木鐸社, 1990.

小野寺永幸,『東アジア風雲の明星秘録·金子定一の生涯: 五族協和を目指して』, 東北史學研究所, 2009.

坂本悠一編,『地域中の軍隊7 帝国支配の最前線』, 吉川弘文館, 2015.

戸部良一,『日本陸軍と中国:「支那通」にみる夢と蹉跌』, 講談社, 1999.

中島岳志,『中村屋のボース』, 白水社, 2005.

秦郁彦,『昭和史の軍人たち』, 文藝春秋, 1982.

松浦正孝,『「大東亜戦争」はなぜ起きたのか』, 名古屋大學出版會, 2010.

三谷太一郎,『日本の近代とは何であったか』, 岩波書店, 2017.

吉田曠二,『元陸軍中将遠藤三郎の肖像』, すずさわ書店, 2012.

4장 재조일본인 중의원 의원 오이케 주스케 - 식민지 조선의 '정치공간'과 '지역'

· 자료

『朝鮮新聞』, 『釜山日報』, 『朝鮮時報』, 『長崎新聞』, 『長崎日日新聞』, 『東洋日の出新聞』, 『法律新聞』, 『朝鮮寫眞畫報』, 『朝鮮及滿洲』, 『朝鮮公論』

「寺內正毅關係文書」 27-35(일본 國立國會圖書館憲政資料室所藏).

「關屋貞三郎關係文書」 429-2(일본 國立國會圖書館憲政資料室所藏).

『第三十一回帝國議會請願文書表』(일본 國立國會圖書館 議會官廳資料室所藏).

田中麗水 編, 『全鮮商工會議所發達史』, 釜山日報社, 1936.

藤村徳一 編, 『居留民之昔物語』, 朝鮮二昔会事務所, 1927.

松尾哲次 編, 『對馬近代史』, 對馬日日新聞社, 1930.

山本四郎 編, 『寺內正毅日記』, 京都女子大學, 1980.

山本四郎 編, 『寺內正毅關係文書: 首相以前』, 京都女子大學, 1984.

帝國議會會議錄檢索システム(http://teikokugikai-i.ndl.go.jp).

· 논저

김종식, 「1919년 일본의 조선문제에 대한 정치과정: 인사와 관제개혁을 중심으로」, 『韓日關係史硏究』 제26호, 2007. 4.

김종식, 「1920년대 초 일본정치와 식민지 조선지배: 정무총감 미즈노 렌타로의 활동을 중심으로」, 『東北亞歷史論叢』 제22호, 2008. 12.

이동훈, 「재조일본인 사회의 '자치'와 '한국병합'」, (이형식 편저) 『제국과 식민지의 주변인: 재조일본인의 역사적 전개』, 보고사, 2013.

이형식, 「조선헌병대사령관 다치바나 고이치로와 '무단통치'」, (정병욱, 이타가키 류타 편) 『일기를 통해 본 전통과 근대, 식민지와 국가』, 소명출판, 2013.

이형식, 「1910년대 일본제국의회 중의원과 조선통치」, 『史叢』 제82호, 2014. 5.

전성현, 「식민자와 조선: 일제시기 大池忠助의 지역성과 '식민자'로서의 위상」, 『한국민족문화』 제49호, 2013. 11.

Lee Hyoung-sik (Yi Hyŏngsik), "Yoshiro Sakatani, a Member of the House of Peers, the Imperial Diet, and Korean Affairs Expert (Chōsentsu) and Japanese Rule of Korea", International Journal of Korean History, Vol.18 No.1, Feb.2013.

巖原町誌編輯委員會 編, 『巖原町誌』, 巖原町, 1995.

衆議院·參議院 編, 『議會制度百年史 帝國議會史 上卷』, 大藏省印刷局, 1990.

李昇燁, 「植民地·勢力圏における〈帝国臣民〉の在留禁止処分: 〈清国及朝鮮国在留帝国臣民取締法〉を中心に」, 『人文學報』 제106호, 2015. 4.

岡本真希子,「植民地期の政治史を描く視角について: 體制の內と外、そして《帝國日本》」,『思想』 제1029호, 2010. 1.

木村健二,「近代の長崎·對馬と朝鮮」,『歷史評論』 제669호, 2006. 1.

金玄,「植民地統治における諸勢力の基礎研究: 〈朝鮮通〉の役割と動向を中心に」, 神戶大學大學院人文學研究科 (박사학위청구논문), 2009. 미공간.

金玄,「植民地朝鮮と多木久米次郎: 朝鮮における事業基盤と参政權問題」,『海港都市研究』 제4호, 2009. 3.

季武嘉也,『選擧違反の歷史』, 吉川弘文館, 2007.

趙景達,『植民地朝鮮の知識人と民衆』, 有志舍, 2008.

松田利彦,「朴春琴論: その選擧運動と議會活動を中心として」,『在日朝鮮人史研究』 제18호, 1988. 10.

鰐淵咲紀,「日本の植民地支配と朝鮮通議員の役割: 松山常次郎の活動を中心に」, 佛教大學大學院文學研究科 修士學位論文, 2016. 12. 미공간.

5장 재조선 일본인 저널리스트의 조선통치정책론 비교
- 〈민중시론〉사의 아베 가오루와 마치다 조사쿠를 중심으로

· 자료

阿部薫, 『赤裸裸の朝鮮』, 京城: 民衆時論社, 1925.

阿部薫, 『朝鮮統治の解剖』, 京城: 民衆時論社, 1927.

阿部薫編, 『記者が見た朝鮮』, 京城: 民衆時論社, 1929.

阿部薫編, 『朝鮮統治新論』, 京城: 民衆時論社, 1931.

阿部薫編, 『朝鮮問題論集』, 京城: 民衆時論社, 1931.

李種植, 『朝鮮統治策に關する學說』, 京城:新朝鮮社,1926.

· 논저

김동명, 『지배와 저항, 그리고 협력』, 경인문화사, 2006.

마쓰다 도시히코, 『일제시기 참정권 문제와 조선인』, 김인덕 옮김, 국학자료원, 2004.

박찬승, 『한국근대정치사상사연구』, 역사비평사, 1992.

李相哲, 『朝鮮における日本語經營新聞の歷史』, 東京: 角川學藝出版, 2009.

李昇燁, 「'문화정치' 초기 권력의 動學과 재조일본인 사회」, 『일본학』 35, 2012.

이태훈, 『『시사평론』을 통해서 본 국민협회의 근대국가인식과 참정권청원론」, 『역사와 현실』 69, 2008.

지승준, 「일제시기 참정권운동 연구: 國民協會·同民會·時中會 계열을 중심으로」(중앙대학교 사학과 박사논문), 2011.

최혜주, 「아오야기(靑柳綱太郎)의 來韓활동과 植民統治論」, 『國史館論叢』 94, 2000.

최혜주, 「한말 일제하 샤쿠오(釋尾旭邦)의 내한활동과 조선인식」, 『한국민족운동사연구』 45, 2005.

최혜주, 「일제강점기 아오야기(靑柳綱太郎)의 조선사 연구와 '內鮮一家'論」, 『한국민족운동사연구』 49, 2006.

최혜주, 「잡지 『朝鮮及滿洲』에 나타난 조선통치론과 만주 인식-1910년대 기사를 중심으로」, 『한국민족운동사연구』 62, 2010.

최혜주, 「재조일본인 아오야기 쓰나타로(靑柳綱太郎)의 '신일본(조선)' 건설론」, 『東北亞歷史論叢』 54, 2016.

6장 다키 구메지로의 조선 진출과 농장 경영

· 자료

多木久米次郎傳記編纂會編, 『多木久米次郎』, 非賣品, 1958.

吉川祐輝, 『韓國農業經營論』, 大日本農會, 1904

兵庫縣農会,『第17回兵庫縣農会年報』, 1916.

加藤未郎,『韓國農業論』, 裳華房, 1904.

『동아일보』,『중앙일보』

· 논저

金玄,「植民地朝鮮と多木久米次郎ー朝鮮における事業基盤と参政権問題」,『海港都市研究』4, 2009.

고석규,『근대도시 목포의 역사 공간 문화』, 서울대학교출판부, 2004.

김수희,『근대 일본어민의 한국진출과 어업경영』, 경인문화사, 2010.

김용욱,『한국개항사』, 서문문고, 1976.

김의환,『부산근대도시형성사연구』, 연문출판사, 1973.

梶村秀樹,『朝鮮史と日本人(梶村秀樹著作集1)』, 明石書店, 1992.

橋谷弘,『帝國日本と植民地都市』, 吉川弘文館, 2004.

高崎宗司,『植民地朝鮮の日本人』(岩波新書790), 岩波書店, 2002.

高秉雲,『近代朝鮮租界史の研究』, 雄山閣出版, 1987.

城本悠一·木村健二,『近代植民地都市 釜山』, 櫻井書店, 2007.

木村健二,『在朝日本人の社會史』, 未來社, 1989.

李圭洙,『近代朝鮮における植民地地主制と農民運動』信山社, 1996.

손정목, 『한국개항기 도시변화과정 연구ㅡ開港場·開市場·租界·居留地』, 일지사, 1982.

손정목, 『한국개항기 도시사회경제사연구』, 일지사, 1982.

이규수, 「재조일본인의 추이와 존재형태ㅡ수량적 검토를 중심으로」, 『역사교육』 125, 2013.

이규수, 「후지이 간타로(藤井寬太郞)의 한국진출과 농장경영」, 『대동문화연구』 49, 2005.

이규수, 『식민지 조선과 일본, 일본인』, 다할미디어, 2007.

이현종, 『韓國開港場研究』, 一朝閣, 1975.

이형식 편저, 『제국과 식민지의 주변인-재조일본인의 역사적 전개』, 보고사, 2013.

裵民植, 「韓國.全羅北道における日本人大地主の形成」, 『農業史研究』 22, 1989.

최혜주, 『근대 재조선 일본인의 한국사 왜곡과 식민통치론』, 경인문화사, 2010.

홍순권 외, 『부산의 도시 형성과 일본인들』, 선인, 2008.

7장 '동성동본'='동족'이라는 상상

- 젠쇼 에이스케의 '동족부락'의 발명과 식민지 정치학

· 자료

善生永助,『朝鮮の姓』, 조선총독부, 1934.

善生永助,『朝鮮の聚落』後篇, 조선총독부, 1935.

善生永助,『朝鮮の姓氏と同族部落』, 刀江書院, 1943.

善生永助,「朝鮮の民族性」,『朝鮮學報』14집, 1959.

善生永助,「朝鮮社會經濟の研究」,『朝鮮學報』, 48집, 1968.

善生永助,「朝鮮の大家族制度」,『調査月報』제8권 2호, 1937

善生永助,「朝鮮の大家族制度と同族部落」,『中國研究』6호, 1949.

金斗憲,「朝鮮の同族部落に就いて」,『青丘學叢』제18호, 1934.

金斗憲,「朝鮮に於ける大家族制度崩壞の傾向(一), (二)」,『調査月報』제11권 1, 2호, 1940.

四方博,「朝鮮に於ける大家族制と同族部落」,『朝鮮』270, 1937.

須麻守人,「朝鮮官僚論」,『朝鮮行政』1~9, 1937.

野村調太郎,『朝鮮祭祀相續法論 序說』, 朝鮮總督府中樞院, 1939.

조선총독부,『조선관습조사보고서』, 1910, 1912, 1913; 정긍식 편역,『관습조사보고서』, 법제연구원, 1993.

· 논저

권내현, 「조선후기 호적과 족보를 통한 동성촌락의 복원」, 『대동문화연구』 47집, 2004.

권내현, 「조선후기 평민 동성촌락의 성장」, 『민족문화연구』 52호, 2010.

김미영, 「동성마을 정착과정에 나타난 친족이념의 변천양상」, 『실천민속학연구』 11, 2008.

김경란, 「조선후기 동성마을의 형성시기에 대한 검토」, 『사학연구』 123, 2016.

김경란, 「조선후기 무성층의 존재형태와 성관획득 경로」, 『사학연구』 110집, 2013.

김경란, 「姓貫의 階層性에 대한 硏究－西上面과 丹城縣을 중심으로」, 『사림』 43호, 2012.

김태웅, 「일제강점기 小田內通敏의 조선통치 인식과 '朝鮮部落調査'」, 『한국사연구』 151, 2010.

林慶澤, 「植民地朝鮮における日本人の村落調査と村落社會－朝鮮總督府囑託善生永助を中心に」, 『韓國朝鮮の文化と社會』 5号, 2006.

세이치야마 가쿠, 「동성동본금혼제도를 둘러싼 민족주의와 가족」, 『한일공동연구총서』, 고려대 아세아문제연구소, 2006.

소현숙, 「'만들어진 전통'으로서의 동상동본금혼제와 식민정치」, 『대동문화연구』 96집, 2016.

송석원,「근대일본의 조선 민족성 인식에 관한 연구-제국의 시선을 중심으로」,『일본연구』49, 2011.

윤해동,「한국의 촌락 일제의 지배정책과 촌락재편」,『역사비평』30호, 1995.

이형식,「조선총독부 관방의 조직과 인사」,『사회와 역사』102집, 2014.

임경택,「조선의 사회경제와 취락: 젠쇼 에이스케의『조선의 취락』연구」,『제국의 시선으로 본 조선민속』, 한국학중앙연구원, 2006.

임경택,「일제하 일본인의 촌락조사와 촌락사회-조선총독부 촉탁 젠쇼 에이스케(善生永助)를 중심으로」,『민속연구』14집, 2005.

전종한,「『조선의 취락(朝鮮の聚落)』(1935)을 통해 본 한국 종족촌락의 기원과 분포」,『문화역사지리』제2호, 2014.

정준영,「피의 인종주의와 식민지의학: 경성제대 법의학교실의 혈액형인류학」,『의사학』21-3, 2012.

최윤진,「1930년대 조선 동족부락과 동족집단-단성지역 동족부락의 형성과정을 통해서 본 조선후기 향촌사회의 단면」,『全羅文化論叢』5, 1992.

사카모토 신이치(坂元眞一),「"明治民法"의 성씨제도와 "創氏改名"(朝鮮)·改姓名(臺灣)의 비교 분석」,『법사학연구』22, 2000.

홍양희,「식민지시기 호적제도와 가족제도의 변용」,『사학연구』79, 2005.

홍양희, 「조선총독부 판사, 노무라초타로(野村調太郎)의 조선 사회 인식: 가족제도를 중심으로」, 『가족법연구』 23-1, 2009.

홍양희, 「식민지 시기 '의학' '지식'과 조선의 '전통': 쿠도(工藤武城)의 "婦人科學"적 지식을 중심으로」, 『의사학』 22-2, 2013.

홍양희·양현아, 「식민지 사법관료의 '가족' 관습 인식과 젠더 질서」, 『사회와 역사』 79, 2008.

미야지마 히로시(宮嶋博史), 「후쿠자와 유키치(福澤諭吉)의 유교인식」, 『한국실학연구』 23, 2012.

사토 신이치(佐藤愼一), 「儒教とナショナリズム」, 『中國-社會と文化』 第4号, 東大中國學會, 1989.

초출 일람

최혜주 「韓國併合前後における幣原坦の行跡と教育論」, 『朝鮮學報』 247, 2018. 4.

이형식 「'조선군인' 가네코 데이이치(金子定一)와 대아시아주의운동」, 『역사와 담론』 84, 2017. 10.

박찬승 「재조선 일본인 저널리스트의 조선통치정책론 비교—<민중시론>사의 아베 가오루와 마치다 조사쿠를 중심으로」, 『韓國史研究』 179, 2017. 12.

홍양희 「'同姓同本'='同族'이라는 상상: 젠쇼 에이스케(善生永助)의 '同族部落'의 발명과 식민지 정치학」, 『한일관계사연구』 58, 2017. 12.

지은이 소개

| **나가시마 히로키(永島広紀)** 규슈대학 한국연구센터 교수

주요 논저로는 『戦時期朝鮮における〈新体制〉と京城帝国大学』(ゆまに書房, 2011), 『寺内正毅と帝国日本 桜圃寺内文庫が語る新たな歴史像』(勉誠出版, 2015), 「2개의 고종실록 편찬을 둘러싼 궁내성 ― 이왕직의 갈등」(『한국사학보』 64, 2016), 「朝鮮人の帝国大学進学と《学徒出陣》」, (須川英徳編, 『韓国·朝鮮史への新たな視座』, 2017), 「The Compilation of the Annals of the Korean Emperors Kojong and Sunjong by the Japanese Imperial Household Library and the Yi Royal Household」(『ACTA ASIATICA』114, 2018) 등이 있다.

| **최혜주** 한양대 비교역사문화연구소 HK교수

주요 논저로는 『滄江 金澤榮의 韓國史論』(한울, 1996), 『근현대 한일관계와 국제사회』(공저, 방송통신대학교, 2007), 『근대 재조선 일본인의 한국사 왜곡과 식민통치론』(경인문화사, 2010), 「일제강점기 고전의 형성에

대한 일고찰 – 재조일본인과 조선광문회의 고전 간행을 중심으로」(『한국문화』 64, 2013. 12),「한국병합 전후 일본 지식인의 만한경영에 대한 인식」(『한국근현대사연구』 82, 2017. 9) 등이 있다.

| 이형식 고려대 아세아문제연구소 부교수

주요 논저로는「南次郎総督時代における中央朝鮮協会」(『日本歴史』 720, 2008),『朝鮮総督府官僚の統治構想』(吉川弘文館, 2013),『제국과 식민지의 주변인: 재조일본인의 역사적 전개』(편저, 보고사, 2013),「패전 후 조선통치관계자들의 조선통치사편찬」(『東洋史學研究』 131, 2015. 6),「'제국의 브로커' 아베 미쓰이에(阿部充家)와 문화통치」(『역사문제연구』 21-1, 2017. 4) 등이 있다.

| 이승엽 붓쿄대학 역사학부 준교수

주요 논문으로는「李太王(高宗) 毒殺説の検討」(『二十世紀研究』 10, 2009. 12),「'문화정치' 초기 권력의 動學과 재조일본인사회」(『日本學』 35, 2012. 11),「일본 국회도서관 헌정자료실 및 공공문서관 소장 이왕가 관련 문서의 현황과 연구」(『藏書閣』 31, 2014. 4),「植民地·勢力圏における『帝国臣民』の在留禁止処分－「清国及朝鮮国在留帝国臣民取締法」を中心に－」(『人文学報』 106, 2015. 4),「第二次朝鮮教育令成立過程の再検討」(『人文学報』 107, 2015. 9) 등이 있다.

| 박찬승 한양대 사학과 교수, 비교역사문화연구소 소장

주요 논저로는 『근대이행기 민중운동의 사회사』(경인문화사, 2008), 『마을로 간 한국전쟁』(돌베개, 2010), 『민족/민족주의』(한국개념사총서, 소화, 2016), 「스즈키 다케오(鈴木武雄)의 식민지 조선근대화론」(『한국사학사학보』 30, 2014. 12), 「동아시아에서의 제2차 세계대전의 기념과 집단기억」(『동아시아문화연구』 64, 2016. 2) 등이 있다.

| 이규수 히토쓰바시대학 한국학연구센터 교수

주요 논저로는 『近代朝鮮における植民地地主制と農民運動』(信山社, 1996), 『제국 일본의 한국 인식, 그 왜곡의 역사』(논형, 2007), 『식민지 조선과 일본 일본인-호남 지역 일본인의 사회사』(다할미디어, 2007), 『布施辰治と朝鮮』(공저, 高麗博物館, 2008), 『한국과 일본, 상호인식의 변용과 기억』(어문학사, 2014) 등이 있다.

| 홍양희 한양대 비교역사문화연구소 HK연구교수

주요 논저로는 『조선풍속집: 제국의 경찰이 본 조선풍속』(역서, 민속원, 2011), 『고아, 족보 없는 자: 근대, 국민국가, 개인』(편저, 책과함께, 2014), 『성(聖/性)스러운 국민: 젠더와 섹슈얼리티를 둘러싼 근대 국가의 법과 과학』(편저, 서해문집, 2017), 「식민지시기 '의학' '지식'과 조선의 '전통': 쿠도(工藤武城)의 "婦人科學"적 지식을 중심으로」(『의사학』22-2, 2013), 「A Dangerous Tradition: Chohon Discourses and Population Management in Colonial Korea」(Acta Koreana, 2016) 등이 있다.

색인

ㄱ

가네코 데이이치 95
가지무라 히데키 228
갑인회 156
갑자구락부 195
개성학교 73
거류민단 156
경성일보 30, 34
경성일본인세화회 95
경찰제도 216
고모토 다이사쿠 104
고문정치 76
고토 신페이 151
관동군 112
관립중학교 61
교과서 편찬 78
교육시론 43
교육훈 74
교치샤 102
구마모토국권당 20
구마모토영학교 23
구아유기 231
국민협회 192
국방의회 122
국세조사 293
국족주의 291

국체관념 124
근대성 227
근대화론 268
근세 일본 국민사 35
김제농장 238

ㄴ

나카무라 겐타로 28
낙천굴 24
내선만몽동조론 115
내선융화 30
내정개혁안 44
내지시찰단 205
내지연장론 196
내지연장주의 198
노무라 초타로 296
농촌진흥운동 267

ㄷ

다와라 마고이치 77
다키 구메지로 229
다키 농장 253
대가족제도 292, 294
대동방주의 131
대만당 151
대만대아세아협회 128
대아세아주의 124
대아세아협회 95, 121
대아시아주의 121
대아시아주의 운동 130
대일본흥아회 95
대정익찬회 106
대한국학제대강 56
데라우치 마사타케 35, 152
도조 히데키 105
도쿄외국어학교 27
도쿠토미 소호 23, 33
동민회 30, 124
동방협회 46
동성동본 280
동성마을 278

동아연맹 95
동양협회전문학교 27
동족부락 266
동족집단 287
동지회 154
동화교육 86
동화정책 85
동화주의 190

ㄹ

러일전쟁 52
리튼보고서 118

ㅁ

마치다 조사쿠 176
마키야마 고조 153
만경농장 238
만주사변 118, 128
매일신보 30
메이지유신 18, 22
모범학교 79
문명시혜론 220
문화정치 219
미쓰지 추조 79
민중시론 174

ㅂ

보통교육 85
부면협의회 제도 192
부산일보 21
불함문화권 136

ㅅ

사사 도모후사 22
사회진화론 296
세이세이코 23
소에지마 미치마사 198
소작쟁의 252
시데하라 다이라 40
시중회 132

식민성 227
식민주의 267
식민지 공공성 145
식민지 근대성 145
식민지 근대성론 261
식민지 근대화론 261
식민지 수탈론 268
식민지회 164
쓰시마번 18

ㅇ

아다치 겐조 20
아베 가오루 177
아시아주의 95
야마가타 이사부로 241
오다 쇼고 32
오다우치 미치토시 270
오이케 주스케 140
오쿠마 시게노부 148
요코이 쇼난 22
윤치호 130
의무교육령 209
이마무라 도모 275
이재극 62
이타가키 세이시로 100
이토 히로부미 72
일선동조론 135, 188
일선만몽동조론 135
임야조사사업 243

ㅈ

재향군인회 115
제1차 조선 교육령 81
제국교육회 55, 80
제남사건 103
젠쇼 에이스케 264
조선 교육론 42, 84
조선교육조사위원회 82
조선국교육연구회 48, 50
조선대아세아협회 125
조선불교 31
조선상업회의소연합회 147

조선 생활 50년 28
조선시보 20
조선신보 20
조선의 성 274
조선의 취락 265
조선의회 190, 198
조선자치론 178, 196, 198
조선통 229
조선호적법 183
조슈 18
중국비국가론 101

ㅊ

참정권 183, 191, 230
청일전쟁 52
촌락 조사 270
최남선 136
최린 131

ㅌ

토지조사사업 240
투란주의 96

ㅎ

학교론 42, 82
학무아문 49
학부참여관 69
학정참여관 40
한국교육개량안 69, 75
한국교육신계획 79
한국교육조사부 55
한국연구회 63
한성신보 21, 29
한일의정서 54, 70
함열농장 239
헌병경찰제도 219
헌병제도 216
혈연공동체 282
호주가족제도 297

황도정신 130

후지이 간타로 234

후쿠자와 유키치 291

흑룡회 21

2 · 26사건 103, 104

2개 사단 증설 159, 164

일제의 식민지배와
재조일본인 엘리트

초판 1쇄 발행일 2018년 5월 31일

기획 한양대학교 비교역사문화연구소
엮은이 최혜주
지은이 나가시마 히로키 · 최혜주 · 이형식 · 이승엽 · 박찬승 · 이규수 · 홍양희
펴낸이 박영희
편집 김영림
디자인 조은숙
마케팅 김유미
인쇄 · 제본 AP프린팅
펴낸곳 도서출판 어문학사
서울특별시 도봉구 해등로 357 나너울카운티 1층
대표전화: 02-998-0094/편집부1: 02-998-2267, 편집부2: 02-998-2269
홈페이지: www.amhbook.com
트위터: @with_amhbook
페이스북: https://www.facebook.com/amhbook
블로그: 네이버 http://blog.naver.com/amhbook
다음 http://blog.daum.net/amhbook
e-mail: am@amhbook.com
등록: 2004년 7월 26일 제2009-2호

ISBN 987-89-6184-473-4 93910
정가 18,000원

이 도서의 국립중앙도서관 출판예정도서목록(CIP)은 e-CIP홈페이지(http://www.nl.go.kr/ecip)와 국가자료공동목록시스템(http://www.nl.go.kr/kolisnet)에서 이용하실 수 있습니다.
(CIP제어번호: CIP 2018017514)

※잘못 만들어진 책은 교환해 드립니다.

이 책은 2008년 정부의 재원으로 한국연구재단의 지원을 받아 수행된 연구 결과임(NRF-2008-361-A00005).